NARCOAMÉRICA
De los Andes a Manhattan,
55 mil kilómetros tras el rastro de la cocaína

DROMÓMANOS
NARCOAMÉRICA
De los Andes a Manhattan,
55 mil kilómetros tras el rastro de la cocaína

© 2015, Colectivo Dromómanos

Diseño de la colección: Guillemot-Navares
Fotografía de la cubierta: © Milos Jokic / gettyimages
Fotografía de autor: Felipe Luna
Mapa: Óscar Islas Quezada
Traducción del prólogo: Alejandro Fonseca Acosta

Reservados todos los derechos de esta edición para:
© 2015, Tusquets Editores México, S.A. de C.V.
Avenida Presidente Masarik núm. 111, Piso 2
Colonia Polanco V Sección
Deleg. Miguel Hidalgo
C.P. 11560, México, D.F.
www.tusquetseditores.com

1.ª edición en Andanzas Crónicas: marzo de 2015

ISBN: 978-607-421-667-7

Formación electrónica: Quinta del Agua Ediciones, S.A. de C.V.
Impreso en los talleres de Litográfica Ingramex, S.A. de C.V.
Centeno núm. 162-1, colonia Granjas Esmeralda, México, D.F.
Impreso y hecho en México – *Printed and made in Mexico*

Índice

Prólogo

América Latina se ha despertado. Las nuevas generaciones de narradores se dejan ya de titubeos y han decidido afrontar a la bestia, contar el mundo tal como se les cruza, tal como se les resquebraja bajo los pies. Una nueva generación que no se deja extraviar en lo que debería haber sido y no se hizo realidad. Narradores que no requieren desenterrar significados profundos que hagan el vivir diferente. Lo primero que hay que hacer ahora, lo más importante, es observar, entender, describir. Describir cómo se alinean los elementos del desastre. Por decenios la literatura latinoamericana fue un faro para todo aquel que quería escribir, alcanzando su nivel más alto al restregarnos en la cara lo peor, aunque sublimándolo. Cuando pintó la mierda con colores de arcoíris, sólo para abismarnos de inmediato en la desesperación más obscura, sin más consolación que aquella procedente de una prosa magistral en un mundo al que, muy a pesar nuestro, habíamos terminado por pertenecer. Porque éste es el mérito de la literatura y ésta también su labor: acercarnos, revelar, hermanarnos hasta en la misma cloaca. Ayudarnos a entender que ninguno puede considerarse ajeno, o al amparo de aquello que sucede al otro lado del océano, a miles de kilómetros de distancia. Todo nos pertenece, todo depende de lo que elegimos.

Las nuevas generaciones de narradores no buscan vías alternas a las cuales dirigir, desviar o hacer confluir el estado en que se encuentra su propio continente. No les interesan las pinturas de

9

acuarela para colorear la realidad con el fin de agradar a las señoras de izquierda que desde el otro lado del océano gustan de ser escandalizadas y de inmediato tranquilizadas. Un poco de sangre y una historia de amor, una revolución que se transmuta en error pero que salvaguarda el buen corazón de aquel que ha creído. Entretenidos e informados a dosis pequeñas sólo para poder decir «lo sé», pero sin heridas, sin laceraciones. Todo debe poder ser recompuesto en un «al final no puedo hacer nada» que ayer no valía nada pero al que hoy debemos habituarnos a considerar como abominable conclusión de quien no escucha en verdad la súplica, el grito, que llega de donde la democracia ha implosionado. Muerta al primer albor. Las nuevas generaciones de narradores han tomado, han emprendido un camino directo a lo narrado, valiente y despiadado. Un camino de investigación, de estudio inquebrantable, de kilómetros machacados, de documentos pasados a cernidor. Nada puede ser dejado al aire cuando las fuentes son inagotables, cuando la velocidad de la web bombardea continuamente de estímulos e información que siempre requieren ser autentificados. Que muy a menudo son fuentes fidedignas, de primera mano, que llegan a contradecir tesis o a confirmar lo conjeturado, pero nunca pueden ser dadas por hecho hasta no ser verificadas. Sin embargo las nuevas generaciones de narradores no tienen tiempo y si no se apresuran a plasmarlo, lo que tienen por decir puede tornarse caduco, pierde actualidad, pierde peso. A ellos, a nosotros, no nos es concedida tregua alguna: debemos trabajar a ritmos vertiginosos sin concesión de errores. Es una responsabilidad que pertenece a nuestra generación de escritores como a ninguna otra. Esto te enseña a reptar por la información, a detectar de inmediato qué merece ser profundizado y qué simplemente descartado. Esto te vuelve avispado, pragmático. Esto vuelve tu escritura una carrera de obstáculos, frecuentemente accidentada como lo es el trabajo de condensarlo todo, de zurcir noticias, para volverlas plausibles, comprensibles. Las nuevas generaciones de narradores no han querido acudir al revoltijo del realismo, no quieren contar el amor en los tiempos del cólera, no se lo pueden permitir porque no existe más amor para contar, sino devastación, cinismo y pobreza. Aquella pobreza de la que te pone a disposición del mejor oferente, que comúnmente ofrece la peor de las alternativas. Las nuevas generaciones de escritores quieren contar solo la cólera. La cólera que no conlleva amor alguno.

Los Dromómanos, José Luis Pardo, Alejandra S. Inzunza y Pablo Ferri han recorrido América Latina dando cuenta de la compañía más grande del planeta: la de producción de coca. Han recorrido el continente que a través del petróleo blanco bombea dinero a las arterias financieras de todo el mundo. Estos jóvenes narradores usan el método del cronista, las palabras del reportero y la lente del escritor. Restituyendo historias que ninguna grotesca fantasía habría podido concebir. Porque cuentan lugares en los que la realidad es peor que cualquier pesadilla, más increíble que cualquier invención, donde vale mucho más un gramo de coca que una vida.

El capitalismo contemporáneo ha orillado a esta América Latina a una violencia cotidiana que ha alcanzado dimensiones inimaginables. El noventa por ciento de los homicidios queda impune. Matar es mucho más fácil y más económico que recurrir a tribunales. Incluso más remunerativo que amenazar.

Los Dromómanos en *Narcoamérica* atraviesan Honduras, un lugar comúnmente alejado de las crónicas, el país más violento del mundo. En América Central no se juega más la partida de Oriente contra Occidente, entre sandinistas y Farabundo Martí que inquietaban a los Estados Unidos con la constante amenaza de construir estados socialistas en su traspatio. Todo aquello pertenece al recuento de un mundo que no existe más, de un mundo hace tiempo abandonado por los medios para que pueda acaso sólo ser entendido de manera superficial. De un mundo en el que puede suceder de todo, a fin de cuentas nadie hablará, nadie intervendrá. Nadie llegará a pensar que aquello que sucede en Honduras tendrá efecto alguno en nuestra vida cotidiana, ya sea que vivamos en Estados Unidos, el país de los códigos y leyes, o ya sea en la democrática Europa.

Desde Honduras hasta México: José Luis Pardo, Alejandra S. Inzunza y Pablo Ferri cuentan la masacre de Iguala. La única matanza que ha superado verdaderamente el umbral del silencio sobre la desaparición de 43 estudiantes. El 26 de septiembre de 2014, el entonces alcalde de Iguala ordenó a la policía detener estudiantes que se estaban manifestando. La policía los arrestó y los consignó a un grupo de narcotraficantes. Desde la fecha de su desaparición se investiga, en búsqueda de una verdad que no obstante los silencios y las pistas falsas es tristemente notable: en México no existe solución de continuidad entre las fuerzas del orden, la política y los narcos. Estos últimos son el anillo esencial en torno al cual se construye y prospera la economía, en torno al cual todo gira. De México a Honduras los homicidios son cosa habitual, tanto que una madre observa con la misma participación el cadáver de su hijo y el telenoticiero nocturno. Matar en estos rincones del mundo es de praxis cotidiana. Un homicidio no cuesta nada y la impunidad es garantizada dentro de un sistema ineficiente.

Los Dromómanos siguen las huellas de un detective de homicidios de San Pedro Sula, al noroeste de Honduras, la ciudad más violenta del país más violento del mundo. Siguen sus pasos para constatar la forma en que en su trabajo influye la impunidad. Lo que es aún más conclusivo: dada la imposibilidad para rastrear a los culpables, para juzgarlos y castigarlos, la justicia pierde todo sentido. Y he ahí también la prisión, retacada, que al igual que en cualquier parte carece de reglas y de mínima humanidad. El alcalde es impotente, la policía es impotente. Los alcaldes son impotentes, los policías son impotentes.

De Honduras a México, de México a Argentina con el recuento del homicidio del cantautor Facundo Cabral. De Argentina a Brasil, ahora considerado el segundo consumidor de cocaína más grande del mundo. Ya sea de consumo interno o externo. Coca que es sobre todo vendida dentro de los confines de ese país. Una coca de escasísima calidad, como ha dicho Cesar Guedes en 2013, representante de Naciones Unidas: «Es como McDonalds, vende a menor calidad en mayor cantidad». Y con ello la desolación de una realidad regida por la venta y consumo de cocaína, los traficantes en las favelas y mujeres dispuestas a intercambiar su cuerpo por una dosis. Al final el viaje nos conduce a Nueva York, en búsqueda del consumo de coca en Manhattan. Pero descubren con sorpresa José Luis Pardo, Alejandra S. Inzunza y Pablo Ferri que la nueva droga de la clase media neoyorquina es la heroína. Y cuentan la historia absurda de un hombre que viaja desde Queens a California para procurarse 15 kilos de heroína, después de que la policía había arrestado un grupo de dominicanos que la despachaba.

Un mundo de organizaciones sin escrúpulos, de desesperados; un mundo donde la pobreza reina soberana y tiene la llave para hacer nuevos reclutas. Un mundo, nuestro mundo contado a través de historias que muy a menudo se pierden en la crónica. Un mundo que muestra cómo el recorrido de la coca no es sólo geográfico sino sobre todo cultural. La magnífica mercancía que bombea energía y dinero, la magnífica mercancía producida, distribuida, vendida y consumida en un abrir y cerrar de ojos, pero de la que cualquier otro pretexto roba nuestra atención. Sin embargo, las nuevas generaciones de narradores están cambiando las vías literarias, porque su palabra quiere transformar y defender cuanto de humano aún exista en este mundo. Los Dromómanos cuentan un continente desconocido que muchos creen conocer. Cuentan las contradicciones de la sociedad contemporánea por medio de una interpretación novedosísima, que consiste en que la de la miseria del continente, esa desesperación que hace transmutar el propio cuerpo en envase para transportar droga, es una mina de riquezas, porque permite a la materia de materias, es decir la coca, ser transportada. He aquí lo revolucionario: la riqueza generada a partir de la miseria. Y cuentan cómo la resistencia a todo este poder es continuamente confiada a individuos aislados —un policía, un alcalde, un sacerdote, una madre— que buscan oponerse con el solo instrumento del sentido común y la fe en la posibilidad de ser humano. Hoy la nueva literatura implica hacer un ajuste de cuentas con la realidad como lo hicieron José Luis Pardo, Alejandra S. Inzunza y Pablo Ferri. Seguir su viaje significa entender nuestro tiempo.

ROBERTO SAVIANO

La ruta de la Cocaína

Estados Unidos
1. Nueva York
2. El Paso
3. McAllen

México
4. Distrito Federal
5. Estado de México
6. Guerrero

Guatemala
7. San Marcos
8. Ciudad de Guatemala

El Salvador
9. San Salvador

Honduras
10. San Pedro Sula
11. Comayagua
12. Tegucigalpa

Nicaragua
13. Managua
14. Bilwi
15. Sandy Bay

Costa Rica
16. San José

Panamá
17. Ciudad de Panamá
18. Islas Kuna / San Blas

Venezuela
19. Caracas
20. Guasdualito

Colombia
21. Cartagena
22. Medellín

23. Bogotá
24. Cauca
25. Tumaco

Ecuador
26. Quito
27. Jaramijó
28. Manta

Perú
29. Lima
30. Vraem
31. Tacna

Bolivia
32. La Paz
33. Yungas
34. Guayaramerín
35. Chapare
36. Santa Cruz

Paraguay
37. Asunción
38. Pedro Juan Caballero, Amambay
39. Capitán Bado, Amambay

Brasil
40. Río de Janeiro
41. Campo Grande
42. Sao Paulo

Uruguay
43. Montevideo

Argentina
44. Buenos Aires

Chile
45. Arica
46. Santiago de Chile
47. Puerto Montt

Introducción
Una tabla de surf

Apenas llevábamos unas horas a bordo, pero los diez tripulantes ya estábamos mareados por el movimiento incesante de la embarcación, como en un arrullo de pesadilla. Si pudiéramos no prestar atención a nuestro vértigo, hubiera sido una noche tranquila. No se escuchaba nada más que el ruido de las velas del barco que pegaban contra el viento. A nuestro alrededor sólo se veía el mar de noche. Faltaban horas para tocar tierra.

A primera hora del amanecer, nos encontramos con el archipiélago de San Blas, una postal con nada más que agua transparente y arena blanca. Unas cuantas lanchas llenas de provisiones se acercaban a las islas para surtir a los habitantes con lo suficiente para vivir lejos del mundo, desconectados: agua potable, comida enlatada. También algunos antojos: papas fritas, dulces.

Cruzar de Panamá a Colombia en velero implica viajar entre las islas más apartadas del Caribe. Los habitantes, indígenas kuna en su mayoría, nos aseguraban que hay 365 islas en total en el archipiélago: se podría desembarcar en una diferente cada día del año. Algunas están completamente deshabitadas; en otras viven un par de familias en una humilde choza de madera. Cada cuatro meses cambian de isla, de manera que entre todos vigilan un territorio lleno de cocoteros que hace cientos de años era acechado por piratas y que hoy atrae a turistas y a narcotraficantes.

Unos cien mil visitantes pasan por esta zona cada año, ya sea en grandes cruceros o en pequeñas lanchitas a toda velocidad. Se asoman por las proas y observan fascinados las langostas, mantarrayas y estrellas de mar que se alcanzan a ver a través del agua transparente. Incluso se divisan, rodeados de esponjas y coral, los restos de un barco que naufragó hace muchos años. No hay nada que hacer más que snorkelear, pescar y pasear en lancha de un velero a otro en una zona alejada de todos, donde no hay agua potable, teléfono, ni drenaje. Nadie se queda más de tres días.

Después de una noche de viaje desde Portobello, Panamá, nuestro velero se había instalado en Chichimé, una pequeña laguna que bordea dos islotes. De acuerdo al objetivo trazado en nuestro viaje, queríamos cruzar por tierra hacia Colombia en nuestro viejo Volkswagen Pointer —un coche del 2003 del cual sólo nos queda una placa con el número 342-SWD— pero nos advirtieron que era casi imposible. Llevábamos ocho meses conduciendo desde la ciudad de México, por autopistas, por carreteras mal asfaltadas y terracerías. Nos deteníamos en las ciudades y en los poblados para reportear, para escribir, para entender. Finalmente nosotros tres, Alejandra Sánchez Inzunza, José Luis Pardo Veiras y Pablo Ferri Tórtola, habíamos llegado al punto que divide al continente. Una oclusión en esa arteria que es la autopista panamericana impedía seguir el viaje por tierra. No hay carretera que una a Panamá con Colombia, países colindantes. La selva del Darién, que conecta el istmo con Sudamérica, es un territorio casi inexplorado y dominado por paramilitares, guerrilla y narcotraficantes. Mandamos nuestro Pointer en un contenedor y decidimos surcar el mar Caribe por el que hace siglos Henry Morgan y Francis Drake escondieron sus tesoros.

Cada tarde, los kuna se pasean entre los veleros que hacen base en Chichimé, pidiendo un poco de electricidad para cargar sus celulares. A lo largo del día reman entre islas, cuidan las plantaciones de coco, se sumergen hasta lo más profundo del mar, sin nada más que un visor y un arpón en la mano, y salen con cubetas llenas de langostas. Conversan con los turistas. A veces se les escucha cantar al *dada* —el sol— y otras, al *dani* —el agua—. Por las noches no hay mayor ruido que el que hacen las mantarrayas cuando saltan sobre la superficie del oleaje.

El 23 de junio, la noche de San Juan, pasamos de una isla a otra en una pequeña lancha inflable y llegamos a lo que se supone sería una hoguera para conmemorar la fiesta pagana en la que inicia el solsticio de verano. Empezó a llover torrencialmente, así que nos refugiamos en la casa de una familia. Los kuna apenas hablan español y las mujeres son las matriarcas. Estábamos con dos bosnios, una australiana, el capitán Steven, que era francés, y su mujer, colombiana. Nos sentamos en la hamacas. Mientras veíamos caer la lluvia, los dueños de la casa hablaban en su idioma. No entendíamos nada, más tarde nos dimos cuenta de que hablaban de cocaína.

El capitán y su mujer nos empezaron a contar que los narcotraficantes, en su camino hacia el norte, siempre dejan un poco de mercancía a los indígenas. Cada semana pasan lanchas y semisumergibles con capacidad para transportar varias toneladas de droga y dejan a algunas familias uno o dos kilos para que hagan negocio entre los turistas. Un pequeño regalo para mantener la ruta en paz.

Uno de los bosnios se interesó y pidió una muestra. Al indicarlo, la mujer rellenó una bolsita de plástico del polvo blanco y se la dio a su marido para que la vendiera al turista. Le cobró tres dólares. Aquellos conocedores de la cultura de la droga o por decirlo más simple, los consumidores habituales, saben la regla: nunca se pregunta a un traficante —aunque sea narcomenudista— cómo obtuvo el producto. Pero Alejandra, curiosa y en esos momentos algo borracha, empezó a preguntar cómo es posible que a un lugar sin internet, donde es impensable conseguir una Coca Cola o comer carne de res, llegue droga. El hombre, el proveedor, comenzó a gritar en su idioma. La mujer corrió a su lado. Los demás se pusieron en alerta. ¿Es una espía? ¿Una agente de la DEA? El capitán les explicó que Alejandra sólo había hecho una pregunta y todos guardaron silencio. Los ánimos se calmaron. El bosnio, indiferente a la discusión, inhaló.

En los lugares más remotos de la tierra no falta la cocaína.

***

El narcotráfico en América va marcando cada punto que toca: lo pervierte o lo sublima, lo corrompe o lo destruye. Al término de nuestro viaje, que sumaría más de dos años, se nos agolpan los recuerdos desencajados y las imágenes, algunas atroces:

Reinaldo Cruz, un nicaragüense que regresaba de pescar, se encontró un fardo de cocaína a la orilla de la playa y se convirtió en traficante por casualidad.

Detrás de un árbol en Honduras, las moscas y los gusanos devoraban un cadáver abandonado, amordazado, en una bolsa de plástico.

Don Mario, un chofer nicaragüense, llegó a la cárcel cuando se dio cuenta de que el camión que conducía hacia Costa Rica llevaba un millón de dólares escondidos en su interior.

Para lavar dinero, el narcotraficante colombiano Nelson Urrego compró una isla completa, La Chapera, en Panamá.

En Colombia, un sacerdote cerraba su iglesia con un letrero que decía Padre, perdónalos porque no saben lo que hacen, después de un asesinato en su interior.

La abogada Flavia Pinheiro cruzaba las favelas de Río de Janeiro con sus tacones altos tratando de convencer a los narcotraficantes de que no vendieran *crack*.

Pedro tenía 16 años cuando, en Bolivia, sus pies sintieron por primera vez el calor del ácido sulfúrico para extraer la pasta base de cocaína de la hoja de coca.

Miguel Ángel Durrels apareció ahorcado en su celda de manera sospechosa después de haber sido detenido con 60 gramos de marihuana a las afueras de Buenos Aires.

En Uruguay, un presidente de 78 años con un perro de tres piernas, regularizaba por primera vez en América, la producción, distribución y consumo de la marihuana para todo un país.

Mientras en el extremo sur del continente se hablaba por primera vez de un cambio de una política de drogas de más de 50 años, un camión con 15 toneladas de heroína llegaba a Nueva York desde California para proveer a las calles de Harlem.

Este libro es un collage de todas estas historias. A diferencia de nuestro viaje, el orden no es geográfico. Se divide en los problemas que alimentan la cadena de la droga a nivel internacional. *Narcoamérica* empieza en las *crackolandias* de Río de Janeiro para irse hasta el consumo en Nueva York. Salta de México, donde desaparecieron 43 estudiantes, para llegar a las comunas de Medellín, donde unos sicarios nos hablan de por qué asesinan. Se acerca a Chile, donde una *mula* –portador– pasa la vida en la cárcel y cambia a Perú, donde un campesino prefiere plantar hoja de coca que maíz. El libro pasa por Panamá, donde se lava dinero, por las fronteras de Paraguay y Bolivia y se encuentra en Argentina con la mafia policial. Este viaje es a través de la venta, consumo, transporte, muerte y corrupción que ha provocado el narcotráfico en el continente. Los protagonistas de estas historias son quienes nos ayudan a entender los porqués detrás del comercio de la droga.

***

En diciembre de 2011 iniciamos una expedición que iría desde México hasta Chile. En un principio, nuestro proyecto consistía en recorrer el continente haciendo crónicas sobre todo tipo de temas. Amigos tras haber estudiado juntos en España una maestría en periodismo, a nuestro proyecto viajero le habíamos dado un nombre sintomático: *Dromómanos*, del griego *dromos*, carrera, y *manía*, locura. Es decir: afectados de la «inclinación excesiva u obsesión patológica por trasladarse de un lugar a otro», según la definición de la Real Academia Española (RAE). Una vez en camino, por sugerencia de Wendy Selene Pérez, ex editora de reportajes de la revista *Domingo* del periódico *El Universal*, decidimos enfocarnos principalmente en el narcotráfico. Gran parte de nuestro trabajo se fue publicando ahí conforme viajábamos en una ruta de norte a sur: el sentido opuesto que tradicionalmente sigue la droga en su camino a Estados Unidos; el mismo camino que sigue el dinero ilícito. Otros de nuestros reportajes relacionados con este tema fueron publicados en medios como *Gatopardo, Etiqueta Negra, El País, Vice* y *Yorokobu*.

Todo empezó en El Salvador. Mientras conocíamos a los reporteros de la redacción digital de *El Faro*, uno de los medios más valientes con los que nos hemos encontrado, nos dimos cuenta de que el narcotráfico, la violencia y los cárteles signaban buena parte del destino del continente. En ese momento, *El Faro* daba a conocer una tregua entre las pandillas y el gobierno de ese país para reducir la violencia. También en ese tiempo, leíamos en otros medios que en Honduras, dos jefes antidrogas habían sido asesinados y en Guatemala, el presidente Otto Pérez Molina hablaba por primera vez de la posibilidad de legalizar las drogas o por lo menos, la marihuana, mientras los Zetas hacían de ese país su plaza.

No teníamos experiencia en periodismo sobre drogas ni crimen organizado, pero inmediatamente nos atrajo la posibilidad de narrar el continente desde un hilo conductor que de alguna manera explicara el porqué de los muertos, de las desapariciones, de la corrupción y del miedo. A través del narcotráfico se ve todo lo que falla en un Estado.

Tras la sugerencia de Wendy, hicimos un plan en un bar de Santa Tecla en San Salvador, mientras bebíamos cerveza y picábamos unas papas fritas. Para ir más rápido, decidimos viajar por separado para regresar a Guatemala y Honduras y hacer una crónica sobre el tráfico de drogas en cada uno de los países del Triángulo Norte centroamericano; después, nos encontraríamos en Nicaragua. José Luis y Alejandra reportearon Guatemala y El Salvador. Pablo se fue a Honduras, el país más peligroso del mundo, donde semanas antes habíamos estado cubriendo un incendio en Comayagua, en el que murieron 360 personas.

San Marcos, en la frontera de Guatemala con México, era dominado aún por el Cártel de Sinaloa. Prácticamente el resto del territorio de Guatemala estaba ya bajo el mando del cártel mexicano de Los Zetas. Su irrupción había cambiado la lógica de la violencia. De repente había masacres de campesinos y muertos cuyas extremidades no se encontraban jamás. Un colega guatemalteco, Ángel Sas, nos había dicho que el narco en esa zona era traicionero y que siempre detectaban cuando llegaba alguien de afuera. Producto de la paranoia, Alejandra imaginaba que al regresar a la Posada Don José de León, un hotel humilde pero cómodo que cada año alberga el concurso local de belleza de ese estado, la esperarían a ella y a José Luis un par de criminales armados y tendrían que escapar por la ventana del baño.

Por su parte, casi todas las fuentes con las que Pablo trató en Honduras también pensaban que las perseguían para matarlas. La paranoia era contagiosa. Una madrugada, cerca de las tres, pensaba en su hotel de Tegucigalpa sobre las charlas mantenidas con una viuda, la madre de un hijo asesinado y un ex candidato a presidente que decían que el poder en Honduras lo ostentan 14 empresarios —y por tanto, también el narcotráfico—. De pronto, en la calle, debajo de la ventana del hotel, se escuchó una canción de Shakira a todo volumen. Sintió una inquietud, como si algo fuera a ocurrir, como si alguien lo hubiera seguido esos días. La música duró sólo unos tres minutos. Pero en Tegucigalpa siempre se estaba en estado de alerta. Tal vez producto de la paranoia acumulada o de que en este país era posible que algo malo pasara en cualquier momento.

En El Salvador nos encontramos con una nación con 14 homicidios al día, cuya violencia era tal que el gobierno había tenido que pactar con las pandillas. Allí conocimos a Juan, ex pandillero que aún siendo manco siempre solía cargar dos pistolas. De entre sus dedos pendía un rosario, ahora era ministro evangélico en una iglesia —un pequeño patio entre planchas de zinc y metal— en Majucla, una deprimida colonia en las afueras de la capital en la que entonces predicaba la palabra de Dios.

Ver el cuerpo de este hombre de 42 años era como cursar una cátedra de miseria. Bajo una camiseta negra escondía los tatuajes que señalaban su pasado como miembro de la Mara Salvatrucha (MS-13), la pandilla más grande de Centroamérica junto con la Barrio 18. En el abdomen sobresalía la cicatriz de un balazo. Por su nariz chata fluyó el humo del *crack*, la droga fetiche de los desheredados de la posguerra en su país. Su brazo derecho acababa en un muñón producto de un accidente laboral. Nunca volvió a trabajar legalmente. Su *modus vivendi* durante años fue la extorsión, el narcomenudeo y el *sicariato*. Ahora, algunos pandilleros ya no se conforman con eso y están coludidos con el crimen organizado. En aquel momento ya existían narcopandilleros como José Ismael Cisneros, alias «Medio Millón» —bautizado así porque siempre tenía dinero en los bolsillos— quien fue capaz de escapar de una emboscada de 100 agentes y estaba ligado al único cártel salvadoreño que se conoce, el de Texis. Otro, también popular, era Moris Alexander Bercián Manchón, «El Barney», cuya relación con las drogas surgió por vía sanguínea. Su padre Arturo Bercián Rivera, «El Tiburón», era un coronel retirado que trabajó durante décadas para el cártel guatemalteco Los Luciano, que operaba en la frontera entre ambos países.

El Salvador, al igual que Juan, ha caminado por senderos difíciles en las últimas décadas. El país más pequeño de Centroamérica, conocido como «Pulgarcito» —seis millones de habitantes y una extensión similar al Estado de México—, pasó de ser un niño huérfano por la devastación de la guerra, a un joven pendenciero metido en la violencia, el crimen y el narcotráfico. Cuando estábamos ahí, Pulgarcito recién había entrado a la lista negra del Departamento de Estado estadounidense porque la circulación mensual de droga había subido a cuatro toneladas.

La administración del presidente Francisco Flores elaboró planes de cero tolerancia para atajar el problema de las pandillas. Aunque nunca se concretó en una ley, cualquier persona con tatuajes era acusada de asociación ilícita. La violencia desatada por las maras se combatió desde la impunidad policial y la falta de garantías judiciales. Héctor Rosemberg, quien trabajó durante 20 años en Fe y Alegría, una organización de prevención de la violencia y readaptación social, aseguraba que eso provocó el hacinamiento en las cárceles y creó un nuevo ADN delictivo. La población penitenciaria había pasado de 5 mil a 25 mil reos en los últimos 10 años.

Entre los presos que esta política dejó estuvo Mario, el hermano del pastor Juan. Contaba que lo apresaron porque lo confundieron con un conocido suyo, quien había cumplido un «encargo».

24

No quiso especificar más. Lo que sí detalló es que en el patio de la cárcel se sentaba siempre con su *clica*, una rama de la pandilla, pues son frecuentes las armas, los ajustes de cuentas y el tráfico de drogas. Juan, acostumbrado a dar órdenes, rezaba cada día por su hermano pequeño. Un día, al visitarlo en la prisión, un miembro del Barrio 18 le dijo al oído: «Te voy a mandar a tu hermano en cachitos a tu casa». Él se sentía culpable por haberlo metido en su mundo. «Le prometí a Dios que si salías de allí con bien dejaba la pandilla, me dedicaría a Él», le dijo el pastor a su hermano.

La mano dura significó para Juan dejar la pandilla. Eligió la vía religiosa, la alternativa más corriente para abandonar la mara. Pero otros muchos decidieron cambiar de otra manera: se dejaron de tatuar y se camuflaron entre la sociedad.

Fue justo en el llamado «triángulo de la muerte» –Guatemala, El Salvador y Honduras– que nos acercamos de modo directo a la violencia. Y quizá fue Pulgarcito quien más marcó nuestro camino por el continente. Al convivir con periodistas admirables de *El Faro* como Carlos Dada, Oscar y Carlos Martínez, José Luis Sanz, Roberto Valencia y Marcela Zamora, se nos metió la espina por narrar las redes, las víctimas, las consecuencias y la razón (o sinrazón) del crimen organizado que se había instalado en el continente. Hasta ese momento, nuestra idea sobre narcotráfico tenía más que ver con las películas sobre la mafia que con cualquier tipo de realidad.

Desde entonces, el narcotráfico se volvió una obsesión. Cuando nos encontramos en Managua, después de perdernos durante horas entre calles sin nombre, producto de la destrucción por el terremoto del 76 y la guerra civil, ya sólo pensábamos en tráfico y en delincuentes. Nos contábamos con sorpresa cómo habían asesinado a alguien o cómo en países como Honduras no se podía confiar en nadie relacionado con este tema (y prácticamente nadie confiaba en ti). Nos reíamos de lo trágico, como cuando el jefe de una prisión hondureña nos ofreció entrar a conocerla sin garantías de volver a salvo.

Desde entonces, cada vez que entrábamos a un país, nuestro tema era muertos, decomisos y enfrentamientos: los efectos visibles de esta cadena del narco. Leíamos las notas rojas de los periódicos, libros especializados y buscábamos el enfoque que le daríamos a cada historia. Entrevistamos expertos, zares antidroga y buscamos traficantes en las cárceles. Mientras tanto, nos financiamos con otros reportajes como *freelance*, vendíamos contenidos para *blogs* y vivíamos día a día compartiendo hostales con otras personas. El coche, que tuvo más de una decena de reparaciones a lo largo del viaje, fue nuestra redacción durante esos dos años y el lugar donde se engendró este libro.

***

El tráfico de drogas es un fenómeno que une a la región de manera trágica. Genera unos trescientos veinte mil millones de dólares anuales —lo equivalente al 1.5% del Producto Interno Bruto mundial—. Ese dinero alcanzaría para construir unos cien World Trade Centers, para comprar cuatro estaciones espaciales, o para cubrir todas las necesidades de infraestructura y servicios en América Latina, según la Comisión Económica para América Latina y el Caribe (CEPAL).

El narcotráfico moviliza gobiernos y mutila o pervierte las vidas de millones de personas, pero la mayor parte de su daño ocurre por debajo de la atención mediática. Viviendo en México y en España, poco nos enterábamos de cómo llega la cocaína a los consumidores. Desde nuestra cómoda posición citadina, ignorábamos qué ha pasado en Colombia después de la época de Pablo Escobar y nada sabíamos de los métodos que utilizan las organizaciones criminales para llevar la droga a Europa y a fronteras más lejanas. Tampoco conocíamos qué pasó en Uruguay para que se pudiera legalizar la marihuana. Apenas y considerábamos que mientras un kilo de cocaína en Australia puede venderse hasta en 200 mil dólares, en Bolivia, la hoja de coca —materia prima del estupefaciente— cuesta unos centavos y es necesario mascarla todos los días para poder funcionar en un altiplano donde se respira una fracción del oxígeno que hay a nivel del mar. Miramos nuestros países como nuestros ombligos sin ver que éste es un fenómeno transnacional provocado por la corrupción, la pobreza, la fragilidad de las instituciones, la impunidad, las violaciones a los derechos humanos y los caciquismos.

La violencia ligada al tráfico de drogas se ha convertido en el lenguaje de América desde que el ex presidente de Estados Unidos, Richard Nixon, declaró la guerra a los narcóticos. Su gobierno criminalizó la cocaína y el resto de los países obedeció. En 1971, cuando empezó esta operación transnacional, la tasa de homicidios en el continente era de ocho por cada 100 mil habitantes. Hoy es de 14. Actualmente, 16 de los 25 países más peligrosos del mundo están en América Latina. Tan solo en la última década, los índices de violencia aumentaron en toda la región, producto de los cambios en el mundo criminal. Entre 2000 y 2010, murieron más de un millón de personas por homicidio. Según el Informe Regional de Desarrollo Humano 2013-2014 de la ONU, en Latinoamérica las tasas de asesinatos aumentaron un 12%, mientras que en otras regiones del mundo disminuyeron hasta la mitad. Entre las listas trágicas siempre aparecían los nombres de Colombia, El Salvador, Guatemala, Honduras y Venezuela con más de 30 asesinatos por cada 100 mil habitantes. Les seguían de cerca otros como México, Brasil, Bolivia, Panamá, Ecuador, Paraguay y la República Dominicana.

Poco a poco fuimos descubriendo un fenómeno que se basa en el libre mercado y en la dispersión de la ignorancia. Los que forman parte de la cadena no se conocen entre sí. No saben que son un engranaje. Decidimos centrarnos en esas piezas, más allá de los grandes capos al estilo Joaquín «el Chapo» Guzmán, y hablar más bien de gente como Reinaldo Cruz que se hizo narco por un golpe de ¿buena? suerte, o de cómo el último rey negro de Bolivia, legítimo descendiente de un linaje real senegalés, cada mañana sale a cultivar hoja de coca. Preferimos hacer el relato del narco mexicano que quiere hacer una película después de que una avioneta de su propiedad se desplomara con 100 kilos de la droga. Elegimos narrar la historia de la boliviana que se comió 80 gramos de cocaína, lo equivalente a tragarse 10 ciruelas, y los llevó en su estómago a Santiago de Chile.

***

Un kilo de cocaína en Colombia cuesta alrededor de dos mil dólares. El kilo pasa por un sinfín de manos para llegar al consumidor, en una discoteca de Madrid, o a la puerta del Meatpacking District, donde una serie de *dealers* lo puede vender en Nueva York. Las rutas y los destinos son tantos que son imposibles de calcular. Cambian cada día. A cada hora. Un kilo puede cruzar el Atlántico por los aires, atravesar en las entrañas de un migrante por la frontera a Estados Unidos o viajar a toda velocidad en una Eduardoño —la marca de la lancha más utilizada en Colombia para mover droga—. Y mientras lo hace, su valor puede aumentar hasta en un 10,000 por ciento. Esta cifra no es una exageración.

En Costa Rica conocimos a un israelí —cuyo nombre nos pidió omitir por cuestiones de seguridad— que durante años se dedicó a traficar droga colombiana desde Centroamérica a Europa.

Cuando la cocaína llegaba a San José de Costa Rica, el hombre, de apenas 29 años, compraba un par de kilos por 7 mil dólares cada uno, es decir, casi cuatro veces más de lo que costaba originalmente en Colombia. Cruzar dos países, a través del Caribe, pasando por aquel archipiélago paradisíaco de San Blas, ya subía su valor radicalmente. Esto sin pensar que de cada uno de esos kilos saldrían mil grapas de cocaína, listas para ser vendidas a cualquier persona: un empresario, un estudiante, una ama de casa, un vendedor de seguros, una adolescente, un profesor de literatura, un chofer...

Durante cinco años, el israelí vivió de comerciar con esos dos kilos. Cada dos o tres meses escondía la droga en dos tablas de surf. Los empaquetaba cuidadosamente para no crear burbujas y que fueran indetectables por los rayos X del aeropuerto. Normalmente volaba a Budapest. A veces pasaba por Barcelona, pero tenía clientes frecuentes en el este europeo. Aprendió a manejar los nervios.

Sólo una vez tuvo un ataque de ansiedad, pero nadie se percató de la razón. Cada vez que abordaba el avión, ponía la música de su iPod y dormía hasta llegar a su destino. «Nunca llevé la droga conmigo, la tabla era más práctica», nos contó con su voz grave. Al llegar a Hungría, hacía una llamada y otro hombre se llevaba los dos kilos por 100 mil dólares cada uno. El israelí tenía arreglados los próximos meses viajando, visitando a su familia en Israel, comprando cosas inútiles cada vez que quería y despilfarrando en fiestas como las que se daba cada vez que entregaba un pedido y consumía un poco de su propia mercancía. Aquel kilo colombiano de 2 mil dólares había aumentado ya su valor unas diez mil veces con tan sólo tomar un par de aviones. Como suelen decir muchas autoridades dedicadas a los decomisos, el riesgo detrás de un kilo de droga siempre vale la pena por lo rentable que es.

Después de salir de fiesta, el israelí regresaba a su hotel y al día siguiente tomaba un vuelo de regreso a Costa Rica. Cuando tenía otro pedido, en ocasiones solía cambiar el punto de embarque y volar desde Panamá para no levantar sospechas. «Es más fácil cruzar a Europa por estos países. Si vas a Estados Unidos con droga en el equipaje te detienen al instante, pero hacia Europa es fácil», nos dijo en su casa, unos meses después de haber salido de la cárcel.

Un día, toda su estrategia desarrollada durante años, falló. Apenas mostraba su billete de avión a una azafata cuando le empezó a temblar la mano al ver a dos policías que se le acercaban. En el paquete de plástico se había creado una burbuja microscópica que apareció en el scanner. Un pequeño descuido, debido a las prisas al empaquetar, lo llevó a pasar dos años ocho meses en el penal de Alajuela, a las afueras de San José. La condena era de cinco años, pero la redujeron por su buena conducta. Al recordar ese día, tenía enfrente una taza de té que apenas probaba y un semblante sombrío. Repetía continuamente que las cárceles costarricenses eran un infierno y que nunca volvería a traficar. En la prisión conoció a su novia. Una costarricense judía que lo iba a visitar a la cárcel como parte de una obra de caridad y de la que terminó enamorado. Cuando lo entrevistamos vivía con ella en una bella casa a las afueras de la ciudad. Pero todavía los jueves tenía que dormir en el penal como parte de su libertad condicional.

El israelí resumía el negocio en un par de frases: «No tienes idea de la cantidad de gente que lleva droga en un avión. Probablemente el tipo que se sienta a tu lado traiga un kilo escondido en el equipaje o en el estómago». La *mula*, el *burrier*, el traficante, es apenas un primer eslabón de un fenómeno que nunca será del todo comprensible, y que sólo puede ser medianamente dibujado, del cual pueden caer algunos peones, algunos alfiles, un par de torres. Incluso, de vez en cuando, se puede hacer mate a algún rey, pero el ejército sigue en pie. El negocio sigue funcionando. No tiene fin. En un estómago, en la tabla de surf, en las maletas, en las carriolas, entre la ropa...

Capítulo 1
McDonald's

A lo lejos, el ruido del tren que se acercaba a toda velocidad. Llegaba puntual, como todos los días. Eran las tres y cuarto cuando vimos abrir sus puertas y salir de los vagones a unos cien hombres, mujeres y niños que corrían a toda prisa. Ninguno hablaba, parecía que competían entre sí para ver quién llegaba primero a la *boca de fumo*, como se le llama en Brasil a los dispendios de droga. Algunos se quedaban atrás, tranquilos, sabiendo que lo que buscaban no se acabaría. Los veíamos correr desde allí, a través de una rejilla que dividía la estación de tren de la favela. Entonces comenzó el alboroto. El hombre a nuestro lado, un moreno de brazos fuertes y ojos bien negros, empezó a gritar a sus colegas para que se prepararan. Llevaban horas jugando a las cartas, volando cometas y bebiendo cervezas en espera de la hora en que llegarían los clientes. Cuando por fin se presentaron, después de una mañana tranquila, un par de jóvenes armados les indicó el camino hacia el dispendio al estilo de edecanes de un restaurante. Lo atendían tres vendedores armados, vestidos de shorts y *havaianas* (sandalias), que voceaban exaltados:

—¡*Crack* 2 reales, marihuana 10, cocaína 20!

El gentío, desesperado, se acercaba a comprar en esta especie de tienda, abierta 24 horas, formada por tres mesas de aluminio plegables sobre las cuales los traficantes separaban en grupos la mercancía dependiendo del tipo de droga. Era un pequeño lavadero de piedra antiguo abandonado que se había convertido en almacén.

Su caja registradora consistía en bolsas de plástico, donde depositaban el dinero que recibían. A un lado había una carreta con más narcóticos vigilada por un hombre vestido con una camiseta sin mangas y un fusil en cada mano.

Los clientes tenían urgencia por comprar la mercancía. Los había de todo tipo: negros, blancos, madres, ancianos, niños de 12 años, pobres, profesionistas y uno que otro *playboy,* como se dice popularmente a los jóvenes adinerados de clase media alta. Llevaban el dinero en la mano y se unían a los gritos como si fuera una subasta. Pero aquí no se remataba nada, se vendía droga al por menor por menos de lo que cuesta una botella de agua. Se formaban en la fila de acuerdo a la droga que querían comprar. La mayoría iba por *crack* (piedra). Los traficantes sacaban rápidamente de las bolsas las dosis que cuestan menos de un dólar. Algunos usuarios se la fumaban ahí mismo apenas pagar y después volvían por más. También había otros precios para quien requería mayor cantidad. La transacción duraba apenas unos segundos.

Una mujer esquelética, de facciones marcadas y piel morena, se acercó a los vendedores y clientes en busca de *crack.* Los hombres de los rifles se burlaron de ella: «¡Fuera de aquí *crackuda*! ¡Vete a vender tu cuerpo a otra parte!», la insultaron entre risas. La mujer vestía una minifalda y una ombliguera sucia y rasgada que asomaba su barriga hinchada. Buscaba a toda costa un poco de droga a cambio de sexo, algo muy común en estos lugares, pero entre la vorágine de compras nadie le hacía caso.

En menos de 15 minutos la muchedumbre se dispersó. En cuanto escucharon al tren venir, la mayoría volvió a correr de vuelta a la estación para regresar al centro de Río de Janeiro, a un par horas de esta favela a las afueras de la ciudad. El tren es como un transportador que va de una ciudad a otra, ida y vuelta. Llega desde la periferia violenta y marginada al Río de Janeiro de postal con sus playas, sus cerros y miles de turistas tomando *caipirinhas.* De un momento a otro, el barullo se terminó. Los clientes subieron a los vagones con calma, como si vinieran del trabajo o de ver a algún amigo. Esta vez ya hablaban entre ellos. Quienes corrían era sólo para no perderlo y no tener que quedarse a esperar por el siguiente en este lugar gris, sucio, peligroso, donde siempre hay alguien vigilando y al que no hay razón para ir más que para comprar droga. Los hombres que atendían la *boca de fumo* tomaron sus bolsas llenas de billetes y mandaron a un chico por más para la próxima vez que llegara el tren así de lleno, cerca de las seis de la tarde. Volvieron a su juego de cartas.

Llegamos a este lugar gracias a nuestro amigo carioca Alan Lima, un fotógrafo y *fixer* —un local que sirve como guía para periodistas extranjeros—, que por su trabajo conocía bien al *dono do morro*, al jefe de la favela, que nos dio permiso de acceder. Alan es un tipo gigante, rapado, que sonríe constantemente. Una amiga salvadoreña, Susan Cruz, nos lo había presentado por mail meses antes y su ayuda fue indispensable para hacer nuestro trabajo en este lugar. Nos sentíamos seguros al caminar por las calles oscuras y peligrosas a su lado. Saludaba cordialmente a los vecinos y se paseaba como si estuviera en el centro de Ipanema, la zona más turística de la ciudad, a la luz del día.

En los últimos meses habíamos estado de favela en favela por Río de Janeiro. Algunas, las ubicadas en la zona sur y centro de la ciudad, ya estaban pacificadas —es decir, habían sido intervenidas por varios cuerpos policiales para que el Estado recuperara su control sobre el de los narcotraficantes—. En otras, sobre todo aquellas ubicadas en el norte y oeste de la ciudad, la ley seguía siendo alguno de los cuatro grupos criminales cariocas: Amigos Dos Amigos, Comando Vermelho, Terceiro Comando Puro o la *milicia* —un grupo paramilitar formado por ex policías y ex militares dedicado sobre todo a la extorsión—. Esto implicaba que había *bocas de fumo* a plena luz del día, donde cientos de usuarios llegaban a comprar narcóticos mientras los niños volvían del colegio, que los traficantes se paseaban armados por las calles y que cada dos o tres días había tiroteos entre bandas que luchan por el control de la comunidad.

Sin la autorización del jefe habría sido imposible entrar a esta favela en el oeste de Río. La primera vez que fuimos fue cerca de las once de la noche. Alan nos presentó con el hombre que controlaba el tráfico de drogas y que tenía a su servicio a cientos de individuos de su grupo criminal que dominaba la favela. Era un joven de piel oscura de unos 30 años. Tenía el cabello largo, trenzado y un poco de barba. Llevaba el pecho descubierto y dos cinturones de balas colgando de los hombros como si estuviera a punto de ir a combate. Nos saludó amablemente desde una ventana y nos dio la bienvenida, parecía que nos hubiera invitado a una fiesta en su casa. La única condición que puso es que no podíamos dar nombres ni decir la ubicación de la favela para evitar conflictos con la policía. Aquí su grupo tiene enfrentamientos constantes con la *milicia*, que ocupa la favela vecina, sólo al otro lado de las vías del tren. Por las noches suelen intercambiar balas, cada uno desde su territorio. Los vecinos nunca se inmutan ante las armas. Están acostumbrados al canje de tiros ya sea con la policía o con la *milicia*. Cuando eso sucede, simplemente no salen de su casa.

La primera vez que fuimos ahí era de noche y casi no había nadie por las calles. Perros callejeros y traficantes armados. En la vía contigua al dispendio de droga había bares vacíos en los que resonaba fuertemente funk carioca, un estilo musical parecido al hip hop propio de la ciudad y muy relacionado con las favelas. A ritmo de esta música, entre favelas los adolescentes hacían competiciones conocidas como *batalhas do passinho*, haciendo contorsiones y movimientos espectaculares. Como los narcocorridos en México, este género también tenía un estilo censurado, el *proibidão*, canciones de funk que hablan sobre las hazañas de los traficantes y la violencia en las chabolas. El ejemplo más conocido de este tipo de canciones es quizás el «Rap das Armas», del dúo Cidinho e Doca, que narra la disputa de un grupo de narcotraficantes de la favela Morro de Dendé con la policía, proveniente de las barracas vecinas conocidas como Complexo do Alemão, uno de los complejos más grandes de la urbe. La canción en portugués, banda sonora de la película *Tropa de Élite*, canta en su coro «parapapapapapapapapa», simulando el sonido de las metralletas:

Amigos, que yo no olvido ni dejo para después
lo ven dos colegas con la 7,62 (un tipo de fusil)
Pegando tiros al aire, sólo para probar
a ina-ingratek, la pistola uzi o el winchester.
Es que ellos son bandidos pobres y ninguno trabaja
de AK47 y en la otra mano una ametralladora.

Los bares en los que retumbaba esta música eran mal ilumina-
dos con luz neón; de ellos de repente salían borrachos o se asomaba alguna mujer en busca de clientes. Cuando llegamos a la *boca
de fumo* —se les dice así porque los dispendios se encontraban en
las partes más alejadas, cerca de las bocas por donde bajaban los
ríos de las favelas, que en su mayoría se ubican en los cerros de
Río y en los que antes sólo se vendía marihuana: *fumo*— uno
de los vendedores negociaba con un adicto al *crack* que le ofrecía
un cinturón a cambio de un poco de droga. Otro le intercambiaba
un reloj robado. El encargado nos contó que tenía 27 años, dos
hijos y ganaba unos mil trescientos cincuenta dólares por atender
este sitio. «Cuando viene la policía le damos algo, cuando viene
el BOPE (Batallón de Operaciones Policiales Especiales, una policía
militar de élite), tenemos que escapar». El hombre dividía la droga
por precios. Ofertaba tres bolsas de *crack* por 18 dólares, pero las
dosis las vendía de manera individual por un dólar. La marihuana
costaba desde uno hasta 10, mientras que la cocaína se conseguía por entre dos y 25 dólares aproximadamente. También despachaba unas gotas con un tipo de MDMA, éxtasis líquido. «Uno se
mete al negocio por necesidad, no hay otra forma», comentaba
mientras atendía a otro consumidor. Durante toda la noche aparecían intermitentemente algunos *crackudos*, que como fantasmas,
después de obtener su dosis, desaparecían.

En la *boca de fumo* siempre hay demanda. Brasil se ha convertido
en el segundo mayor consumidor de cocaína y derivados del mundo después de Estados Unidos. Un 18% de la producción mundial
entra por los casi 20 mil kilómetros de frontera marítima y terrestre que tiene este país principalmente con Bolivia, Colombia y

Paraguay, según el último informe de la Oficina de las Naciones Unidas contra la Droga y el Delito. En total, 2.2 millones de personas, es decir, el 1.4% de la población brasileña, consumen cerca de 92 toneladas de cocaína y derivados (*crack* o pasta base) al año.

Es el país que tiene un nombre para los lugares donde se consume *crack*: *crackolandias*. En las favelas no pacificadas todavía quedan estos lugares, casas, calles o terrenos abandonados que son como ratoneras llenas de vagabundos, prostitutas, niños sin casa y mujeres embarazadas que llegan a dar a luz en las coladeras. Las autoridades de Río de Janeiro se han empeñado en los últimos años en esconderlas de las partes más visibles y turísticas a raíz del Mundial de futbol y los Juegos Olímpicos y los *crackudos* se van cada vez más lejos. Antes, por ejemplo, había una en Avenida Brasil, la arteria que conecta el aeropuerto con el centro y la zona sur de la ciudad. Cuando nosotros estábamos ahí, la *crackolandia* se había mudado unas calles atrás de uno de los complejos de favelas más grandes, Maré, para que estuviera fuera de la vista de los habitantes del «asfalto», como los cariocas llaman a la ciudad de los ricos y clase media. Hoy una valla acompaña el camino de los turistas para evitar que vean la favela desde el taxi. Pero detrás, el *crack* sigue haciendo de las suyas. Cada mes, cada cierto tiempo, los adictos se van moviendo de un lugar a otro. Entre ellos se pasan el rumor de dónde es mejor y más seguro drogarse.

En la favela en la que nos encontrábamos no había *crackolandia*, sólo *boca de fumo*, es decir, el lugar de venta. En muchos lugares como este, los narcotraficantes no dejan a los adictos consumir ahí porque llegan a robar o atacar a la comunidad, por lo que sólo les permiten comprar. Rodrigo —nombre falso— es uno de los hombres que aquella tarde guiaban a los clientes que bajaban del tren hasta el dispendio.

—¿Ustedes son los periodistas, no? Me avisaron que estaban aquí —nos dijo mientras sujetaba una AK-47, el arma de guerra más vendida de la historia, y comía una bolsa de pepitas.

La favela entera estaba cercada. Unos niños —conocidos como *fogueteiros* porque antes de los teléfonos móviles utilizaban cohetes, *foguetes*, para avisar que entraba la policía– se asomaban desde los techos de las casas con binoculares para avisar en caso de que vinieran las autoridades o cualquier visitante extraño, eran como las cámaras de vigilancia de los traficantes. Cuando algo grave sucede, ellos desaparecen. Sólo hay dos maneras para llegar a la *boca de fumo* desde fuera: subir el puente de la terminal de tren por donde transitan los habitantes de la favela o por atrás, en una especie de pasadizo secreto junto a un lote abandonado al lado de la estación por el que sólo caminan los yonquis y las trabajadoras sexuales. Cuando llegamos, después de hora y media de tren, los encargados no nos hicieron preguntas. Todos estaban enterados de que podíamos estar ahí. Nos hablaban como si fuéramos uno de los suyos. Al *dono do morro* no lo volvimos a ver. Rara vez pisaba ese lugar. El encargado era un chico de 20 años que jugaba sin distraerse con su cometa y apenas nos ponía atención. Era el gerente. En el suelo y recargados en las paredes había todo tipo de rifles. De vez en cuando se acercaba algún cliente, compraba su producto y se iba. Nadie se quedaba más de tres minutos. Mientras sus colegas los atendían, el gerente, un joven redondo, de hombros anchos y gorra de lado, corría para ver qué tan lejos había llegado su cometa.

«Hoy vino la BOPE, cerraron las escuelas y todos se fueron corriendo. Somos como ratones que se esconden cuando llega el gato», explicaba Rodrigo al fumar un cigarro después de que se habían ido la mayoría de los clientes. Cuando entra la BOPE, una organización policial que se caracteriza por emplear tácticas anti insurgentes y de la que muchos pobladores han denunciado violaciones a los derechos humanos, no queda rastro de la *boca de fumo* y todos los delincuentes que la atienden se escabullen. El hombre, que escondía sus ojos tras unas gafas oscuras reflejantes, recordaba perfectamente cuándo empezó a traficar. Tenía 13 años y se apoyaba en una escopeta M16 que en aquel tiempo era casi de su tamaño. Ahora sujetaba el rifle como bastón mientras enlistaba de memoria los tipos de armas que había empuñado hasta ahora. Fue encarcelado en varias ocasiones, todas juntas suman ocho años, pero siempre volvía a la favela y conseguía trabajo. Había fungido como *fogueteiro*, gerente y sicario. Los grupos criminales brasileños se guían por una estructura criminal jerárquica en la favela y se va ascendiendo de acuerdo al mérito. Ahora Rodrigo sólo vigilaba. Ya no quería matar.

—Ya maté y corté tanta gente… Ahora quiero estar más tranquilo —decía el custodio de la favela.

Mientras hablábamos detrás del dispendio, la mujer esquelética de cabello negro rizado que se paseaba cuando llegó la multitud de consumidores de drogas, finalmente había conseguido un cliente. Salía del pasadizo oscuro, frecuentado por yonquis y prostitutas, arreglándose la falda, con el dinero en la mano. Corría con ansias para comprar una piedrita. Se le dibujaba en la cara algo parecido a una sonrisa.

A primera vista parecen terrones de azúcar. A veces son completamente blancos, otras amarillos o tienen un ligero tono rosado. Son piedritas que esconden la locura. El *crack* es la forma más potente y dañina de la cocaína. Se consigue mezclando la base de esa droga con bicarbonato de sodio. La receta son dos partes de bicarbonato y una de base libre de cocaína, se utiliza un solvente para unificarlos y cuando se evapora, los alcaloides, el principio activo de la hoja de coca, quedan en el bicarbonato de sodio entre 75 y 100% más concentrados, por lo que su efecto es mucho más fuerte y peligroso que el de la cocaína normal. *Crack*. Se le dice así por el ruido que hacen las piedras al calentarse. Por su elaboración, es extremadamente barata. Es la droga miseria. El humo ingresa al torrente sanguíneo y va directamente al cerebro. Crea un estado de placer y euforia que sólo dura unos diez minutos. Quienes lo fuman también sienten pánico y tensión. Los consume una necesidad desesperante por otra dosis y de no conseguirla, sufren de ansiedad, agresividad y depresión. Una sobredosis puede causar la muerte súbita.

Un adicto de *crack* es un esqueleto andante que no toma alimentos ni duerme. Suelen tener ampollas en la cara y los labios porque necesitan de una pipa muy caliente para fumarla. El instrumento puede ser de vidrio, una lata de refresco con orificios o un tubo metálico al que se le introduce un alambre para simular una boquilla. En el penal de San Pedro, en La Paz, Bolivia, conocimos a un grupo de presos que empleaban trozos de caño sellados con cinta aislante para fumarla. Todo alrededor del *crack* suele ser ruin. Casi en todo el mundo se consigue por un dólar o menos. Quienes se hacen adictos a este estupefaciente se olvidan de sí mismos, se convierten en espíritus de lo que eran. Lo mismo sucede con la pasta base de cocaína, conocida como *paco* o *bazuco*, una droga incluso más barata y popular en naciones como Argentina, Perú y Colombia —cuesta alrededor de sesenta centavos de dólar—. Proviene de la costra de lo que queda en la olla donde se prepara la cocaína, son los alcaloides de la hoja de coca sin refinar, mezclados con acetona, ácido sulfúrico o también con bicarbonato o cafeína. Los efectos son muy similares a los del *crack*. Al *paco* se le suele llamar «ladrón de cerebros» por su efecto en el sistema nervioso de las personas, que causa paranoia, delirio o problemas mentales. Según el gobierno de Buenos Aires, puede causar muerte cerebral en tan sólo seis meses de uso. A sus consumidores se les dice «muertos vivientes».

Nos hablaron de una *crackolandia* en la favela de Lins, al norte de Río de Janeiro. Era una conjunto pequeño de chabolas, que en ese momento aún no había sido pacificado y por tanto, aún era controlado por los traficantes. En la entrada había dos tiendas. Una cerraba y la otra no. Una era un local de abarrotes. La clientela era esporádica. La otra eran dos mesas de plástico de terraza. Un veinteañero, vestido de gorra negra y shorts, era el dependiente. Llevaba una pistola y un radio. Como en la otra chabola, en una de las mesas se esparcían bolsitas de cocaína y *crack*. En la otra los fajos de reales. El ritmo de venta era vertiginoso.

Al final de la calle había una casa que parecía abandonada pero estaba llena de gente. Las personas entraban y salían continuamente. Un hombre con una pistola en la mano estaba sentado en lo que sería la estancia, parecía el recepcionista del lugar pero no hablaba con nadie y se limitaba a ver la televisión. La primera sala, detrás de la cortina de la puerta, fue en su momento una cocina. Había una barra con vasos de plástico de agua y más bolsitas con unas piedritas como terrones de azúcar. El vaso servía para hacer una pipa económica. Si alguien quería uno de esos productos se lo tenían que pagar al chico de la pistola. En ese lugar estaba un niño mulato de unos 12 años de enormes ojos azules. Vestía una camiseta del Flamengo, un equipo de futbol carioca, y sus enormes ojos azules miraban sin ver. El olor de la estancia era similar al del azufre. Mareaba.

En la sala vecina, al aire libre, estaba otro hombre regordete tomando una siesta sobre una silla. Se hallaba rodeado de basura, comida, vasos, platos y moscas que volaban a su alrededor. El lugar estaba en ruinas, había algunos colchones en el suelo y un par de sillones rotos que olían a humedad. En algunas partes del suelo y en las paredes crecía hierba. El hombre seguía durmiendo a pesar del barullo y los gritos. A su lado, cuatro hombres jugaban a las cartas apostando sus dosis. Había una decena de mujeres escuálidas con tops ombligueros o en bikini que dejaban ver unas barrigas hinchadas por el hambre. Algunas, coquetas, se planchaban el cabello y se pintaban en este sitio que se asemejaba a un refugio de guerra, sucio y miserable, con gente que parecía enferma, hambrienta, herida, pero que estaban ahí por voluntad propia o lo que quedaba de ella. Las chicas hablaban y reían como si se prepararan para salir a una fiesta. En otro cuarto conjunto, tapado con un techo de piedra y que de puerta tenía una sábana vieja, había una pareja teniendo relaciones sexuales.

Alejandra y José Luis entraron a este museo de la miseria pareciendo dos extraterrestres: los consumidores nos miraban desconfiados. Nadie quería hablar con nosotros. En cuanto nos acercábamos a una persona, esta decía dos o tres monosílabos y después se iba. Otros ni siquiera nos volteaban a ver y seguían en sus asuntos. Había decenas de conversaciones de silencios eternos, murmullos y miradas vacías. Algunos eran habitantes de la favela, otros *crackudos*

40

ambulantes que han ido cambiando de *crackolandia* según iban desapareciendo. Todos tenían los ojos hundidos y rasgos cadavéricos. Cuando nuestro colega Alan tomaba alguna fotografía, las personas se tapaban la cara. Otros reían desde lejos. Casi todos estaban fumando, iban a fumar o recién habían fumado *crack*. Estábamos en un universo distinto. De los presentes, pocos realmente estaban ahí.

El ambiente tenso cambió de un momento a otro a medida que la gente se drogaba. Las personas se nos acercaban, querían hablar. No obstante, por la barrera de idioma, el acento cerrado y el slang de algunos, además de los efectos del *crack* en el habla, se nos dificultaba entenderles. Una de las mujeres, de piel tostada y cabello despeinado, posaba ante la cámara como si fuera a ser la próxima portada de *Vogue*.

—¡Voy a ser famosa! —exclamaba ilusionada.

Otro niño, de mirada dura y gestos crueles, exhalaba el humo para que el fotógrafo captara justo ese momento. Era negro y estaba rapado. No llevaba camisa y por tanto, podíamos ver sus costillas marcadas en el abdomen de su cuerpo extremadamente delgado como si llevara meses sin comer. Tenía entre 10 y 12 años. No nos dirigía la palabra, pero quería ser retratado. Presumía su dosis ante la cámara.

A ratos era imposible no tener ganas de llorar. Alejandra se limpió las lágrimas un par de veces. Ninguno de nosotros había visto nunca ese grado de decadencia humana. La mayoría ya no eran personas. Parecían fantasmas, recuerdos. No sabían quiénes eran, ni qué hacían ahí, sólo les interesaba su droga. Era difícil entender por qué alguien querría estar en ese lugar, pero en la casa había unas ciento cincuenta personas. Algunas dormían ahí, otras iban y venían, en todo momento había alguien. Un hombre nos contó que recién había salido de la cárcel. Lo habían pillado robando un coche en Lapa, en el centro de Río. Era la segunda vez que lo encerraban. «Así es esto: te drogas, robas, vas a la cárcel y así una y otra vez», relataba.

Un chico de barba y ojos azules entró a la estancia al aire libre. «Vengo aquí sólo de vez en cuando», afirmaba aunque al entrar saludó a varios de los habitantes de la casa con familiaridad. Aquí el desayuno, la comida y la cena era una dosis. Muchos adictos conseguían comida en la calle pero preferían venderla a cambio de droga. A veces, algunas ONGs les daban ropa y alimentos y con eso lograban comer por una semana o más. El hombre de barba sacó un foco de luz, un tubo de metal y un pedazo de cinta aislante. Con manos nerviosas pero hábiles construyó una pipa en un par de minutos. Entonces sacó una bolsita y posó los cristales encima de la pipa. Pidió un encendedor a quienes lo miraban ansiosos esperando que les compartiera un poco. De repente, se escuchó «crack». Parecía que, a sus ojos, nos difuminábamos.

El *crack* es la base económica del mercado brasileño. Los grupos criminales, ya sean los de Río u organizaciones más grandes como el Primer Comando Capital de Sao Paulo, que ya llega a tener tentáculos a nivel internacional y opera como cártel, se nutren de su venta porque su consumo es compulsivo y masivo. La droga miseria en este país es indispensable para la economía de su mercado negro.

«El producto de baja calidad es el que más se consume en Brasil. En las grandes ciudades sí se consume coca, pero el grueso del mercado son las favelas. Ahí es como el McDonald's, vendes más barato, pero mayor cantidad», nos decía Cesar Guedes en 2013, como representante en Bolivia de la Oficina de las Naciones Unidas contra la Droga y el Delito (UNODC, por sus siglas en inglés), cuando lo entrevistamos en ese país —actualmente está en Pakistán—. La explicación es simple: Brasil, una nación con 200 millones de habitantes, se convirtió en un consumidor después de ser un país de tránsito, en especial de cocaína traficada a Europa a través de países de África Occidental. De acuerdo a Rafael Franzini, director de UNODC-Brasil, «por el dinamismo de los mercados de drogas y el crecimiento económico de estos años, Brasil es ya un destino». Las favelas, principalmente en ciudades como Río de Janeiro y Sao Paulo, son los puntos de venta y consumo de droga, dominadas por los grupos criminales.

El gobierno de Río de Janeiro implementó hace cinco años un plan de seguridad para recuperar el control territorial de las favelas, sobre todo en las más céntricas, denominado pacificación. Los grupos de élite como el BOPE –conocido mundialmente por la película *Tropa de Élite*, dirigida por el cineasta José Padilha en 2007–, junto con la policía militar y el ejército, ocupan la favela un día, de sorpresa, lo que implica una batalla entre narcos y autoridades o una corredera para escapar. Los vecinos se encierran en sus casas. Los delincuentes acaban presos o huyen a territorios controlados por sus grupos criminales, especialmente en la periferia de la ciudad. Luego se implanta una Unidad de la Policía Pacificadora (UPP), que prohíbe el tráfico y en teoría busca recuperar el control social de la comunidad, con un perfil menos violento, sin ostentar armas y fomentando el diálogo. Pero muchos críticos niegan que este sistema realmente funcione.

La operación más reciente, la de Maré, ubicada en el camino del aeropuerto a la zona sur, provocó varias protestas por la violencia con la que irrumpió el BOPE. Derivó en al menos nueve muertos. Bira Carvalho, un fotógrafo en silla de ruedas cuya casa fue asaltada por las autoridades en busca de droga, nos dijo: «La pacificación no es para traer paz. Esto empezó en la zona sur porque es turística, pero el tráfico de droga continúa, la policía lo sabe y la cosa va a seguir igual». En cada pacificación, los vecinos, así como varias ONG's, han denunciado graves violaciones a los derechos humanos. En otra operación policial contra el narcotráfico al oeste, en la favela Coreia, un helicóptero disparó contra la población civil para detener a un famoso traficante conocido como «El Matemático», que meses después fue encontrado muerto en la cajuela de un auto. El video salió en televisión nacional. Parecía que fuera una operación de un país en guerra. Hasta ahora hay 38 UPP en las 968 favelas que hay en Río de Janeiro, según el último censo del Instituto Municipal de Urbanismo Pereira Passos. «La UPP no llega al 10% de las favelas, aunque parece que sí por propaganda. En realidad su ubicación muestra el proyecto de ciudad que tiene el gobierno de Río de Janeiro», sostenía el diputado Marcelo Freixo, ex candidato a alcalde, quien destapó uno de los mayores escándalos de corrupción al relacionar a diputados locales con la *milicia*. Durante meses, el diputado tuvo que dejar la ciudad por amenazas de muerte. Su historia inspiró a uno de los personajes de *Tropa de Élite*.

Flavia Piñeiro nos atendió en su modesto despacho del centro de Río de Janeiro con unos tacones de aguja, minifalda y una chaqueta negra de traje que dejaba ver un generoso escote. Lucía una melena rubia oxigenada y labios carnosos pintados de rosa pálido. Con esta misma apariencia de ejecutiva exuberante, Flavia taconea por las noches en las favelas, entre hombres armados con fusiles que venden droga con la misma cotidianidad que las verduleras de los puestos del mercado. En esas ocasiones, la abogada se para delante de un traficante y le dice sin reparos: «Vende cocaína, vende marihuana, has ganado mucho dinero, pero para de vender *crack*». Hasta 12 líderes, aseguraba, han seguido su sugerencia.

Ella es a la vez defensora de narcotraficantes y activista de los adictos. Desde hace 17 años varios criminales conocidos de Río de Janeiro, como Fernandinho Beira Mar, gran capo del Comando Vermelho, la han contratado. «En Brasil más del 60% de los encarcelamientos están relacionados con drogas. Por eso seguí este camino. Es una cuestión de mercado», nos explicaba Piñeiro en su despacho, ubicado en un departamento de unos cuarenta metros cuadrados con paredes casi desnudas.

Desde hace nueve años también visita las favelas para ayudar a paliar la miseria y prevenir violaciones de los derechos humanos. «No siento peligro porque saben que cuando un policía derriba la puerta de su casa pueden acudir a mí. La violación de los derechos humanos en la favela hizo que los delincuentes respeten mi trabajo».

En una reunión con uno de sus clientes, un líder de Jacaré, que fue la *crackolandia* más célebre de Río, Pinheiro tuvo la idea de empezar su cruzada contra el *crack*. El traficante le contó que estaba arrepentido de vender la droga que inundó a partir de 2007 las zonas pobres de la ciudad después de un acuerdo en las prisiones federales entre los líderes del Comando Vermelho y el Primer Comando Capital, la organización criminal que controlaba el comercio ilegal en Sao Paulo, donde el *crack* había llegado hacía tiempo. Algunos familiares y amigos de infancia del narco se habían hecho adictos.

—Me dijo que se habían transformado en harapos humanos, no soportaba ver en qué se había convertido su comunidad —nos contaba la abogada con una voz grave y resonante.

Flavia pensó que si otros traficantes compartían el sentimiento, podía convencer a líderes de todas las facciones. «Todo el mundo conoce a gente que consume cocaína y marihuana, pero no ves a ningún adicto al *crack* trabajar. Se dice que el *crack* es miseria. Pero es la miseria la que lleva al *crack*».

Según la Secretaría Nacional Antidrogas (SENAD) el 40% de los adictos al *crack* vive en la calle; el 14% son menores de edad y la posibilidad de ser portadores del VIH se multiplica por ocho. En las *crackolandias*, además, se acumula basura y muchos adictos deambulan desnudos y tienen sexo en la calle. Hay mujeres embarazadas. Y consumidos por la adicción, los *crackudos* rompen reglas de la favela como no robar dentro de la comunidad, un delito que se puede castigar con la muerte. El gobierno brasileño ha invertido en los últimos tres años 1.8 millones de dólares en combatir el *crack*. Muchos activistas piensan que se invierte «*so para inglés ver*», una expresión brasileña que significa que se hace para el extranjero, el turista, muy en boga por los megaeventos de la ciudad.

Los adictos al *crack*, el último eslabón de la cadena social, en algunos casos han sido privados de su libertad. Durante algunas épocas, desde 2011, varios *crackudos* han sufrido la *internaçao compulsoria*, un mandato que permite a las autoridades llevarlos en contra de su voluntad a centros de internamiento. «Esta medida puede ayudar a reducir los índices de consumo. Ya se intentó en Sao Paulo y queremos que se apruebe a nivel nacional, hay en Brasil una cantidad inaceptable de usuarios y muchos en riesgo de muerte», defendía el diputado federal, Fernando Francischini, del derechista Partido de la República.

Kleber, 26 años, fue uno de los adictos internado. Sólo estuvo 24 horas y volvió a la calle por la siguiente dosis. Empezó a consumir *crack* en la favela de Jacarezinho. Su primo traficaba.

—El *crack* me daba la oportunidad de salir de mi mente —recordaba.

Un día, después de consumir en Bandera II, otra de las *crackolandias* de Río, volvió a casa no sabe muy bien cómo. Al mediodía siguiente, cuando despertó, su familia lo llevó hasta el centro del pastor Dione Dos Santos, desde donde cuenta su historia. Kleber estaba a punto de merendar té y galletas junto con otra veintena de adictos. Llevaba cinco meses limpio. «El internamiento forzoso sólo crea odio y rabia», sostenía Dos Santos, quien fue traficante antes de encontrar la cruz.

Previo a la merienda, el pastor caminaba por el terreno que ha convertido en un centro para drogadictos. Los internos trabajan de obreros para añadir a la modesta edificación, con una cocina y una habitación, otra casa donde alojar a más adictos. Dos Santos vestía una camisa azul cielo y cuando sonreía asomaba unos *brackets*. Es un hombre de complexión ancha, brazos fuertes y rostro cuadrado, que cree que con la ayuda de Dios, voluntad y trabajo se puede salir de las drogas, el mismo método que utilizó él para salir del tráfico. Desde los 17 años hasta los 22 fue tesorero en una favela. El día que lo detuvieron tenía dos kilos de cocaína, una pistola de calibre 45 y un fusil. Cumplió tres años de condena. Después se hizo pastor evangélico. «El castigo viene del cielo. Si tú hieres, serás herido», afirmaba el pastor. A Flavia Piñeiro los delincuentes la respetan porque pueden acudir a ella, el pastor Dos Santos se ganó el derecho a predicar entre criminales porque conoce las reglas de la favela. «Muchas veces dicen "no lo mates, llévalo con el pastor"».

Dos Santos protagonizó una película biográfica que se llama *Bailando con el diablo*. En una ocasión la policía hizo una redada en la casa de un narcotraficante. Uno de los agentes fue aprehendido por los delincuentes y tomado como rehén. Cincuenta miembros del Terceiro Comando esperaban armados para acabar con el policía y las patrullas de refuerzo. Fuera de la favela, un destacamento del BOPE esperaba a abrir fuego contra los traficantes. El pastor, en vista del previsible baño de sangre, fue a hablar con el *dono do morro*, que le dio permiso para intervenir. El pastor fue hasta la casa, agarró el fusil de la mano del traficante y salió junto con el policía en medio de esos dos círculos mortíferos. El agente salió con vida y el BOPE se retiró. Dos Santos, quien en ese momento le pedía a uno de los internos que quitara las garrapatas de un perro enfermo que cuidaba, podía presumir de haber sido actor, de mediar entre dos grupos criminales y salvar la vida de varios vecinos o criminales, pero ahora era sólo un hombre cuya única preocupación era combatir el *crack*.

***

En 1983, Jacques Cousteau navegaba por las costas de Lima, Perú. Cuando llegaron a su oído los rumores de que un médico peruano realizaba cirugías cerebrales para tratar a adictos de la cocaína, ancló su barco *Calypso* y fue a buscar al psiquiatra Teobaldo Llosa a su consultorio en la colonia Miraflores. Acostumbrado a la polémica, el médico le dejó quedarse y grabar un documental de seis horas, donde por única vez se mostró una de las 33 operaciones que realizó durante la década de los ochenta.

—¿Cuántos años tienes?, le pregunta en el video el hijo del explorador, Jean Michael Cousteau, a uno de los pacientes.

—18.

—¿Hace cuánto te operaron el cerebro?

—Hace un año y dos meses.

—¿Por qué te operaron?

—Porque estaba totalmente intoxicado por fumar la pasta, había abandonado mis estudios y me dedicaba a beber alcohol y drogarme, robar de todo y agredir a mi madre.

—¿Qué haces ahora?

—Estoy en la Universidad de Lima, estudiando administración.

—¿Te sientes igual que antes de operarte?

—Mejor, porque ya no tengo angustia ni pensamientos obsesivos.

—¿Tienes enamorada?

—Sí y ella me ha dicho que me quiere mucho a pesar de que me han operado.

La cirugía, conocida como cingulotomía, se practicó en pacientes graves, «irrecuperables» en los que había fallado otro tipo de tratamiento. El proceso en el que Llosa participaba junto con su compañero neurocirujano Humberto Hinojosa era el siguiente: abrir una parte del cráneo en la zona superior de la frente y seccionar dos centímetros cúbicos del cíngulo, que controla la ansiedad en una zona externa del cerebro. La operación duraba siete horas y en tres meses el paciente supuestamente estaría curado.

«Un 60% mantuvo una abstinencia comprobada durante los seguimientos de seis y 12 años. Algunos que hemos podido entrevistar luego de 30 años, incluyendo a la única mujer operada, han mantenido la abstinencia», nos contó el médico en noviembre de 2012, acomodado en un sofá de su lujoso departamento en Lima, rodeado de retratos que por su posición y el tipo de técnica con la que fueron pintados, parecían mirarlo con atención. «Un 20% de los pacientes recayó aunque con menos frecuencia y el otro 20% siguió igual o peor, pero no por secuelas de la operación».

El «Dr. Coca», como se le conoce a Llosa, es un hombre delgado en sus 80 años, de nariz aguileña y cabello cenizo. Además de médico ha sido piloto, ciclista, paracaidista, poeta y cantante en un grupo de zarzuela. Las cirugías cerebrales fueron un intento más para curar la adicción al clorhidrato y a la pasta base de cocaína. Sus críticos lo apodaron como el «Mengele peruano», comparándolo con el médico nazi, Josef Mengele, acusado de experimentar con decenas de víctimas del Holocausto. Cuando lo vimos en su casa había dejado ya hace un par de décadas estos procedimientos por su alto costo y la oposición social y de parte de la comunidad médica. Con un tono de voz educado y placentero, admitía que no existe una cura contra la adicción, pero había que seguir intentándolo: sustituyó el bisturí por el uso de la cocaína oral, es decir, infusiones y harina derivados de la hoja de coca.

Su actual tratamiento es conocido como «sustitución de consumo o terapia de cocalización» que desarrolló después de que el Instituto Nacional de Abuso de Drogas de los Estados Unidos le diera una beca para que investigara las propiedades de la hoja de coca. En su casa guardaba todos esos productos de la planta que también han sido proscritos por la ONU: aguardiente, jabones, harina, caramelos, bebidas energizantes, cápsulas y cremas de coca. «Cuando uno quiere dejar de fumar se le da un parche de nicotina para que siga teniendo su dosis. Esto es lo mismo», comentó.

El Dr. Coca es un adicto al café que trata la adicción a la cocaína sin tabúes. Él mismo ha consumido en varias ocasiones aquel polvo blanco lleno de vigor. «La cocaína en sí no es dañina, todo depende del suministro. Es como el café. Si me lo inyecto posiblemente me muera, pero si lo tomo es sólo un estímulo».

El escritor William S. Burroughs describió a la cocaína como la droga más estimulante que había usado. «Tal vez la droga activa los centros de placer directamente en el cerebro. Sospecho que una corriente eléctrica en el lugar exacto produciría el mismo efecto», escribió en *Carta de un experto adicto a las drogas peligrosas*. Sir Arthur Connan Doyle hablaba del impacto de este narcótico a través de Sherlock Holmes: «Me imagino que la influencia de esto es físicamente dañina. Sin embargo, encuentro que estimula y aclara el cerebro de una forma tan trascendental, que me resultan pasajeros sus efectos secundarios». Hasta su muerte, el autor y psicólogo Timothy Leary esnifó una línea de cocaína a diario. En el *Lobo Estepario*, de Herman Hesse, H.H., el protagonista, inhala un polvo blanco para cambiar de humor. El novelista escocés Robert Louise Stevenson escribió en una semana bajo el efecto de la cocaína *El extraño caso del doctor Jekyll y Mr. Hyde*, una historia de un hombre que consume drogas para revivir una faceta oculta de su carácter.

En el cerebro tenemos un neurotransmisor llamado dopamina, asociado al sistema del placer, por el cual sentimos gozo y sirve como refuerzo para realizar ciertas actividades. La cocaína estimula el sistema nervioso central al inhibir la recaptación de esta sustancia en la vía mesolímbica, que está asociada a la conducta frente a estímulos de gratificación emocional y motivación. Esto crea una sensación continua de satisfacción y energía, y por eso es tan adictiva.

Desde su descubrimiento hace 150 años, este narcótico ha sido ese tesoro en forma de partículas blancas que en algún momento fue «la droga maravilla» y actualmente es uno de los materiales más caros del mundo al tiempo que su abuso es drásticamente nocivo para la salud. Aunque la heroína es más costosa y la marihuana la más consumida en el planeta, el grueso del mercado sigue siendo ese polvo parecido a azúcar glaseada, el estupefaciente más conocido del mundo.

El tesoro viene de las regiones pobres de los países andinos, donde hay millones de plantas que poseen su alcaloide. Durante nuestro viaje por el continente, varias personas involucradas con su elaboración nos contaron el proceso, que consiste en una mezcla de sustancias hasta convertir la hoja en una piedra blanca. Ya como clorhidrato de cocaína se corta con una navaja hasta quedar como limaduras diminutas, finas y cristalinas. Es el formato habitual, el que estamos acostumbrados a ver en un sobre blanco o una bolsita transparente, el que nos encontramos en bares y discotecas y que millones de *dealers* trafican ya sea en *bocas de fumo* o en hoteles de cinco estrellas. En la calle, es normal que «se corte», es decir, que se combine con sustancias como talco, maicena, azúcar o incluso anfetaminas para un mayor rendimiento. En este caso, lo rentable es extremadamente dañino para la salud.

Alejandra probó la cocaína en Colombia. Durante mucho tiempo echaba el discurso a los demás de que después de ver tantas muertes en el continente como consecuencia del tráfico de drogas, no quería probarla nunca. Pero ella sola cayó. Ella misma pidió una dosis. Estábamos de fiesta en un pub en Bogotá con unos amigos colombianos y españoles. Se dice que la coca colombiana es la mejor de todas, como si fuera un atractivo turístico, así que le pedimos a los locales que llamaran a un *dealer*. En menos de media hora, el hombre llegó en un coche blanco y nos esperaba a una cuadra del lugar. Alejandra bajó con su amiga y les dieron el gramo. No tardaron ni dos minutos. Regresaron y lo repartieron con los demás. Las chicas entraron al baño y abrieron el pequeño sobre con el polvo. Lo dispersaron sobre la tapa del excusado, sacaron una tarjeta y pintaron unas líneas. Inhalaron. A Alejandra, el tiro le dolió levemente. Mientras lo hacía le vino a la cabeza un amigo que le había dicho que la cocaína eran como piedritas que poco a poco perforaban el tabique de la nariz. En 90 segundos empezó a sentir la reacción de la que hablaban tantos escritores. Se exaltó apenas aspirar. Le recordaba la escena de la película *Pulp Fiction* cuando Mia Wallace (Uma Thurman) inhala una línea en el baño y grita «*I say God Damn, God Damn*». La invadió una sensación de satisfacción y vigor. La ebriedad disminuyó. Estaba más consciente. No podía parar de hablar. Todo era euforia. Pablo y José Luis, así como el resto de colegas que la habían probado con anterioridad, decían que era droga de muy buena calidad, aunque después nos enteramos que la más pura en el continente era la boliviana, específicamente la proveniente de Los Yungas, que no llegamos a probar. Alejandra no sentía la nariz. Moqueaba ligeramente. Sólo sentía su corazón palpitar a toda prisa. Después de varias rayas a lo largo de la noche, le pidió a José que se sentaran un momento. «Sólo siento mi corazón latir —le dijo—. Es como si fuera a explotar.» No paraba de mover la pierna compulsivamente como cuando uno está nervioso. Él la tranquilizó y le dijo que era normal. Siguieron la fiesta hasta el amanecer. Al día siguiente tuvo una de sus peores resacas, pero entendió por qué a tanta gente le gusta la cocaína.

El alemán Albert Niemann tenía 25 años en 1859 cuando observó a través de su microscopio las hojas de una planta en forma de elipse y color verde intenso proveniente de Los Andes. Durante años, varios científicos europeos intentaban descubrir a toda costa los efectos de la hoja de coca, un arbusto de unos dos metros de altura, que los incas ofrecían a los dioses y que los nobles comían con pan. Dos siglos antes el historiador peruano Inca Garcilaso de la Vega la describía como un alimento que «sacia el hambre, infunde nuevas fuerzas a los fatigados y hace que los infelices olviden sus pesares». La comunidad científica estaba interesada en descubrir sus ingredientes activos. Niemann, recién graduado de la Universidad de Göttingen, logró finalmente aislar los alcaloides de la coca y los nombró cocaína. Los definió como «prismas transparentes, de sabor amargo, que promueven el flujo de saliva y dejan una sensación de frío cuando se prueban con la lengua». Por el mismo año, el neurólogo italiano Paolo Mantegazzo estudiaba los efectos de esta planta en la psique humana. El también antropólogo era un convencido de que ciertas drogas y alimentos cambiarían el futuro de la humanidad. Después de haber sido testigo de cómo los nativos utilizaban las hojas de coca en Sudamérica, decidió experimentar los efectos de los alcaloides por sí mismo: «Dios es injusto por no hacer al hombre capaz de sostener el efecto de la coca durante toda su vida. Prefiero disfrutar de una vida útil de 10 años con coca que otra de 10,000,000 siglos sin ella», escribió en un ensayo sobre las propiedades medicinales de esa planta.

En apenas tres años se desató la euforia por este producto al patentarse el *Vin Tonique Mariani*, un vino de Burdeos macerado en hojas de coca que Emile Zola calificó como «elixir de la vida». Según Steven Karch en su libro *Breve Historia de la Cocaína*, tres papas, 16 reyes, seis presidentes franceses y personajes como Thomas Edison, Julio Verne y Augusto Rodin eran fieles bebedores del vino de coca, que empezó a producirse en cantidad. Surgieron imitaciones y decenas de productos basados en la coca y derivados: tónicos, polvos, cigarros, pastillas, pomadas, extractos que servían para combatir la irritación ocular, la neurastenia, la tos, la caspa, el cansancio, los problemas intelectuales y hasta los sexuales. El auge de la coca evolucionó hasta llegar a la bebida carbonatada más exitosa de la historia: Coca-Cola, que surgió originalmente como un tónico para combatir el dolor de cabeza. El refresco se vendió como una «bebida intelectual» en Atlanta durante la época de la prohibición y estaba hecho con hoja de coca y otra planta estimulante proveniente de África conocida como nuez de cola. Hasta hoy, se supone que la compañía Stepan Chemicals es la única del mundo que puede importar la hoja de coca a Estados Unidos. En varios periódicos se ha publicado que dicha empresa envía anualmente unas 200 toneladas de la planta a sus laboratorios en Nueva Jersey, de los cuales hace el extracto de hoja de coca, pero sin el alcaloide, y lo manda a Coca-Cola. La firma de refrescos, no obstante, sostiene que desde 1902 eliminó la cocaína de su fórmula, que contenía una cantidad mínima, casi insignificante, de 8,45 miligramos por vaso.

Este estupefaciente fue incluido en las listas de la farmacopea en 1880. Era considerada «la droga maravilla», un anestésico que había revolucionado algunas cirugías como las de ojos y garganta, y que además servía como cura para la desintoxicación del alcohol y la morfina. Los expertos coincidían en que era un poderoso estimulante y un remedio efectivo para aquellos que necesitaban un poco de energía para el trabajo y la vida diaria. Al poco tiempo empezó a ser comercializada por las farmacéuticas Merck y Parke-Davis.

En 1883, el físico militar Theodor Aschenbrandt suministró cocaína pura a los soldados bávaros durante las maniobras de otoño y escribió un informe que hablaba sobre el aumento de su capacidad para soportar el cansancio y un mayor rendimiento en su trabajo. Al leer un informe en el cual narraba su experiencia, el psicólogo Sigmund Freud quedó fascinado y decidió probar sus efectos. «Al cabo de pocos minutos de haber tomado cocaína se siente bruscamente una sensación de optimismo y ligereza [...] He comprobado en mí mismo unas 12 veces este efecto de la coca, que suprime el hambre, el sueño y la fatiga y permite acentuar el esfuerzo intelectual», refiere en sus *Escritos sobre cocaína*. El austriaco, obsesionado durante años con el narcótico, recetó y recomendó su uso frecuentemente —uno de sus amigos murió por una sobredosis.

Aprovechando su legalidad, Alfredo Bigon, un farmacéutico francés en Perú, había descubierto un método local y barato para producir cocaína cruda: una mezcla de las hojas con keroseno y sosa cáustica, un procedimiento similar al que hacen actualmente los campesinos en las pozas para hacer la pasta base, el primer escalón de la droga para el narcotráfico. «Con esto su país de adopción se encontraría con el mundo de la demanda de exportaciones de cocaína, satisfaciendo el interés comercial desatado por los diarios médicos en Lima, París y Nueva York que hablaban sobre la droga milagrosa», señala Paul Gootemberg, uno de los mayores estudiosos en cocaína, en su libro *Andean Cocaine*. La coca era el quinto producto de las exportaciones nacionales. Con el invento de Bignon, los laboratorios compraban el alcaloide refinado a las fábricas peruanas. Durante la fiebre de la cocaína del siglo XIX, Merck pasó de vender menos de un kilo de cocaína en 1883 a una tonelada y media el año siguiente y 7.2 en 1886.

Gootemberg, profesor de Historia y Sociología en la Universidad de Stony Brook (Nueva York), nos explicó en una cafetería de Brooklyn que a principios del siglo XX los suministros legales de cocaína llegaron a un máximo de 10 toneladas métricas y en 50 años decayeron a menos de una tonelada. «Cuando se convirtió en ilegal, después de que Richard Nixon le declarara la guerra al narcotráfico en 1971, la cocaína de contrabando sumaba una tonelada. Ya para la década de 1980, durante el *boom* de la cocaína, los colombianos enviaban a Estados Unidos unas 100 toneladas, las cuales se multiplicaron por 10 los siguientes años», indicó el experto, un hombre de gafas redondas, con pelo cano, frondoso y alborotado. Actualmente la cifra de coca ilícita oscila entre las 1100 y las 1400 toneladas, según datos de la ONU y el gobierno de Estados Unidos. «Esto es más de 100 veces la cifra del año 1900 cuando estaba el auge de la comercialización legal de la cocaína».

***

Jeen Blake, un estadounidense de 40 años, condujo su camión desde Queens, Nueva York, hasta Riverside, California. El viaje, de al menos 42 horas para cruzar todo el país de un extremo a otro, tenía un propósito extremadamente rentable: entregar 750 mil dólares a cambio de 15 kilos de heroína. El chofer, empleado de la empresa Good Guys Transport Corporation, invirtió una semana para ir y volver a Nueva York. Parecía demasiado esfuerzo para ir a recoger sólo suelas de zapatos, pero entre ellas estaba escondida sigilosamente la droga. El resto se ocultaba en paquetes cuadrados colocados en compartimentos secretos del contenedor de su camión. Después de recorrer 4 mil 800 kilómetros, Blake entró a Nueva York el 26 de agosto de 2014 sin saber que lo monitoreaba un operativo especial de la Administración para el Control de Drogas (DEA) y la policía estatal. Tenía planeado encontrarse con el propietario de la empresa, Dorian Cabrera, en un estacionamiento de Long Island para entregarle la mercancía. En el punto acordado, ambos entraban al interior del tráiler cuando fueron sorprendidos por los agentes, que además del cargamento de narcóticos hallaron más de trescientos mil dólares en efectivo. En la bodega de Cabrera había además otros 190 mil dólares y joyas de alto valor. Ambos fueron acusados por posesión de drogas y conspiración. El cargamento tenía un valor de nueve millones de dólares a precio de calle.

«Creemos que la droga entró por Nuevo México, la llevaron a California y luego a Nueva York. Van en círculos. Hay tanto dinero de por medio que vale la pena el esfuerzo, transitan por rutas que creen más seguras. Incluso, si pierden una cantidad importante en el camino hay todavía mucho más», nos indicó Bridget Brennan, fiscal especial de Narcóticos en Nueva York, en su oficina en el centro de la ciudad.

Llegamos a Nueva York, la ciudad con mayor consumo de cocaína del mundo —134 por cada 100 mil habitantes, según el último censo— con la idea de escribir una historia al estilo de *Wolf of Wall Street*, la película de Martin Scorsese inspirada en las memorias de Jordan Belfort, un corredor de bolsa, adicto a la cocaína, que vive en un mundo de disipación y laxitud y consigue todo lo que muchos han soñado: una mansión, una mujer espectacular, un Ferrari y millones de dólares. Cuando entra en ese mundo de excesos, Mark Hanna (Matthew McConaughey) le dice a Belfort

(Leonardo DiCaprio) que la cocaína, que ambos consumen sintomáticamente, «mantiene el cerebro abierto y hace que logres teclear rápido».

Queríamos centrar nuestra investigación en este mundo diametralmente opuesto al consumo miseria que vimos en Brasil. Después de haber viajado por todo el continente reportando cómo se mueven las redes del narcotráfico, nos parecía indispensable contar que todo esto era producto de la gran demanda de narcóticos que había en el mayor consumidor de drogas del mundo. En 2014, 23.9 millones de personas habían utilizado algún tipo de droga en el último mes, según el último reporte del Instituto Nacional de Abuso a las Drogas de ese país. Nos interesaba especialmente la cocaína después de todo lo que habíamos visto que mueve a lo largo del continente. Sus consumidores salen de lo habitual en términos de drogas. Es un narcótico que sale de las etiquetas. «La coca la consume quien ahora está sentado a tu lado en el tren y la ha tomado para despertarse esta mañana, o el conductor que está al volante del autobús que te lleva a casa porque quiere hacer horas extra sin sentir calambres en las cervicales. Consume coca quien está más próximo a ti. Si no es tu padre o tu madre, si no es tu hermano, entonces es tu hijo. Si no es tu hijo, es tu jefe. O su secretaria, que esnifa sólo el sábado para divertirse. Si no es tu jefe, es su mujer, que lo hace para dejarse llevar», refiere Roberto Saviano en las primeras líneas de su más reciente libro *Cero Cero Cero*. Miles de personas trabajan, estudian y hacen sus actividades diarias tras haberse metido una raya o más, sin que nadie se percate. Es la droga de la funcionalidad.

Pero nos encontramos con dificultades. Entrar al mundo del exceso de la cocaína o de la élite que la consume no era tan fácil como en la ficción. Son grupos cerrados, de alto nivel y en los que debes tener un contacto de confianza. Nos dijeron que para entrar a una fiesta de cocaína en Manhattan había que pagar al menos dos mil dólares. Nos la imaginábamos como en las películas: bandejas de cocaína, mujeres tipo *Playboy* y millonarios esnifando con billetes de 100 dólares. Evidentemente no éramos el tipo de persona que podría ingresar a uno de esos lugares, al menos en tan poco tiempo. También intentamos, sin éxito, contactar con unos cuantos *dealers*.

Al llegar a Nueva York nos topamos con la realidad. El problema actual ya no era la cocaína ni el *crack*. Este último había provocado una epidemia a mediados de los ochenta y principios de los noventa, a raíz del aumento en el suministro de esta droga por parte de los cárteles colombianos que la llevaban a Estados Unidos a través de Miami. Esto derivó en una crisis social por el alto índice de consumo que a su vez generó robos, violencia y mucha mendicidad: «Hace 20 años, el *crack* se dirigía hacia el Este a lo largo de los Estados Unidos como un camión fuera de control y golpeó con fuerza Nueva York simplemente porque no vimos las señales de aviso», declaró el senador de ese estado Charles Summer hace un par de años.

La nueva epidemia era la heroína y los culpables ya no eran los colombianos, sino los mexicanos, específicamente las autoridades señalaban al Cártel de Sinaloa, como el grupo que dominaba el tráfico en ese país. El Departamento de Justicia afirma que los narcos mexicanos tienen presencia en 1,286 ciudades de la unión americana. Y la heroína era la droga por la que en ese momento apostaban. El mercado de la cocaína —1.9 millones de estadounidenses la consumen— estaba estable desde hace años. A raíz de las recientes despenalizaciones en estados como Washington y Colorado, la marihuana había perdido demanda, ya que los estadounidenses compraban el producto local.

Brennan, una mujer alta, de espalda ancha, de cabello rubio y ojos verdes, consideraba que esto era consecuencia del aumento del suministro de la heroína desde finales de 2008, cuando grupos como el Cártel de Sinaloa empezaron a asumir su producción. México cuenta con unas diez mil quinientas hectáreas de cultivos de opio, según la última estimación de la Oficina Nacional para el Control de Política de Drogas de la Casa Blanca. «Cuando hay una gran oferta de drogas en el mercado, hay una gran demanda. El suministro crea la demanda. Y porque hay un gran suministro de heroína viniendo de la frontera, hay un gran problema de adicción en Estados Unidos en estos momentos». Con el control del Cártel de Sinaloa en las rutas de la heroína —que según autoridades estadounidenses son las rutas tradicionales de la cocaína y la marihuana—, Nueva York se había convertido en una puerta de entrada y en una base para el suministro de droga en el noreste y en la costa oriental. «La heroína que incautamos ya no sólo se pretendía distribuir en Nueva York, sino también en otros estados como Pensilvania, Massachusetts, Vermont. Nueva York se ha convertido en un *hub* (centro de acopio y distribución)», nos dijo la fiscal quien nos hizo esperar unos minutos para arreglarse antes de la entrevista. Un 35% de los decomisos de heroína en todo el país en el último año han sido en esta ciudad.

De acuerdo con la DEA, 50% de la heroína vendida en Estados Unidos ha sido elaborada en México, entre 43% y 45% proviene de Colombia y el resto de países asiáticos. En menos de 10 años, los cárteles mexicanos habían conseguido suplantar a Colombia y a naciones como Pakistán y Afganistán como líder en su vecino del norte. Actualmente, México es el segundo productor mundial de opio y marihuana, de acuerdo con el más reciente informe de la UNODC.

Axchel Barbosa, neoyorquino de origen puertorriqueño y costarricense, pasó gran parte de su vida comprando sobres blancos en las esquinas de Harlem, en el norte de la Isla de Manhattan, a cambio de 10 dólares. En su interior, se encontraba una dosis de heroína de una pureza del 60%. Del tamaño de un oso, pestañas espesas y sonrisa fácil, Barbosa hacía fila en una de las esquinas controladas por pandillas que se extienden por todo Estados Unidos como Los Latin Kings o los Bloods, donde decenas de clientes se formaban ansiosos para comprar la mercancía. Estaba ávido por inyectarse ese derivado de la morfina, de color blanco o a veces café, que durante cinco minutos lo llevaba a una euforia muy superior a la de la cocaína. Cada vez que consumía sentía un ardor en la piel y la boca seca, mientras se desconectaba del mundo. Cinco años después, seguía en las esquinas de Harlem, pero en lugar de comprar heroína entregaba panfletos, jeringas, metadona y condones. Lo necesario para que las personas que sufren una adicción a esta droga no mueran por una sobredosis y al menos tengan lo que se dice un consumo responsable.

Desde que dejó de consumir, Barbosa es parte de New York Harm Reduction Educators, una organización que se dedica a la reducción de daños y que lucha contra la adicción. Son el «si bebes no conduzcas» de las drogas ilegales. La lógica de este tipo de organizaciones, que se han extendido por todo el mundo en los últimos años, es que el consumo de drogas es una cuestión de salud pública. Si no se puede acabar con el consumo, se pueden dar las herramientas a los usuarios para que cuiden su salud, no queden excluidos de la sociedad y no mueran por sobredosis o por enfermedades como VIH y hepatitis.

«A veces nos confunden con narcotraficantes. Nos ven en las esquinas con jeringas y creen que estamos vendiendo heroína, cuando hacemos justo lo contrario», nos contaba mezclando el español con el inglés frente a una mesa plegable en el Este de Harlem, una zona completamente diferente al resto de Manhattan, donde saliendo del metro había una fila de pepenadores de basura, gente fumando *crack* en las esquinas y música *gospel* que se escuchaba desde las iglesias. Mientras hablábamos, un par de mujeres coreanas, de unos 60 años, se acercaron a la mesa y se llevaron una tira de condones.

Desde 1970, Nueva York no sufría una epidemia como esta. Unas cuatrocientas veinte personas murieron el año pasado por sobredosis y el consumo aumentó 84% entre 2010 y 2012. Según un estudio del Centro para el Control y Prevención de las Enfermedades (CDC, por sus siglas en inglés), 6.2 personas por cada 100 mil habitantes murieron el año pasado por sobredosis en la ciudad, la tasa más alta en la última década.

Allan Clear, director ejecutivo de la Harm Reduction Coalition, empezó a trabajar en las calles de Nueva York en 1990 facilitando jeringas esterilizadas para los adictos porque «sentía un dolor demasiado grande». Entre finales de los ochenta y principios de la década de los noventa, contaba Clear, si alguien consumía drogas, había consumido drogas o por el simple hecho de ser neoyorquino, era muy probable que conociera a algún adicto que tuviera sida o hepatitis C. «Había 200 mil consumidores y la mitad tenían VIH. Moría mucha gente y algo tenía que cambiar», recuerda. El consumo, a diferencia de lo que ocurre hoy, era muy visible en casi toda la ciudad, en especial en comunidades como el Bronx, Brooklyn o Harlem. En un simple paseo se podía ver a gente fumando *crack*, y sobre todo heroína y cocaína. Aquellos usuarios de drogas, en muchas ocasiones, acababan enfermos, muertos por sobredosis, en instituciones psiquiátricas o encarcelados. Muchos, debido a la droga, también se quedaron sin casa.

El consumo en Nueva York se ha invisibilizado en comparación a aquellos años, aunque atendiendo a las estadísticas no ha disminuido. Hay dos teorías que explican el fenómeno. Una es la tecnología. Con la democratización del celular se cambió la típica figura del vendedor de esquina por la entrega a domicilio. El fiscal del distrito de Manhattan, Cyrus Vance, dijo en abril del año pasado: «Los habitantes de Nueva York pueden conseguir casi todo a domicilio. Desde la cena, la tintorería o incluso cocaína». El fiscal hizo esta declaración después de una investigación de dos años que acabó con 41 detenidos de tres bandas. La organización vendía cocaína, al doble del valor del mercado, de puerta a puerta en la zona de Manhattan. Sus clientes eran estudiantes, amas de casa, o banqueros de Wall Street. La fiscalía calcula que durante el tiempo que la policía le siguió la pista, el grupo había vendido droga por un valor de 1.2 millones de dólares.

La otra teoría es la que en Nueva York se conoce como la estrategia de «broken Windows». El consumo de drogas es tolerado bajo dos condiciones: que no haya disturbios y violencia, y que no sea público en las zonas más turísticas de Nueva York. «Si me preguntas cuál es la comunidad donde se consume más droga, diría que Wall Street», nos dijo Matt Curtis, director de políticas de la NY-Vocal, una organización que también se dedica a la reducción de daños. Curtis contaba que, según varios estudios, el consumo de marihuana había crecido más entre la población blanca que entre la negra o la latina, pero los encarcelamientos por posesión iban en la dirección opuesta. «En la organización tenemos varios ex consumidores. Cuentan que la policía va a los barrios pobres y convierten a un hombre joven en un objetivo. Le ordenan ponerse contra la pared y vaciar sus bolsillos. Y lo arrestan. Sólo por posesión de marihuana», dice Curtis en la oficina de la organización, un pequeño bajo en el centro de Brooklyn. Hasta allí llegaban una veintena de personas cada día, con total anonimato, para recoger de manera gratuita bolsas de jeringas o condones. También había un baño habilitado para que durante quince minutos puedan asearse. Aunque teóricamente no estaba permitido, algunos se inyectaban ahí por seguridad e higiene.

En la última década, según datos del Departamento de Salud e Higiene Mental, el perfil de los usuarios había cambiado. Ahora eran más jóvenes y pertenecían también a la clase media y alta, un dato contrario al estereotipo que se tenía de la mayor parte de los consumidores de heroína: pobres, negros y sin techo. El aumento se había registrado sobre todo en personas de entre 15 y 34 años, aunque la mayor parte de las muertes se dan entre los 35 y 54.

La epidemia llegó a suburbios como Staten Island, una de las partes más afectadas de la ciudad, donde murieron 36 personas por consumo de heroína en 2012 y otras 37 por abusar de las píldoras de prescripción como la oxicodona. En esta zona ha habido una transición en el consumo. Muchos jóvenes con problemas de adicción a estas píldoras con componentes opiáceos empezaron a consumir heroína por ser más barata y tener un efecto más fuerte. Cuando las autoridades locales cerraron muchas clínicas clandestinas donde se prescribían fácilmente este tipo de píldoras, se abrió una ventana a los traficantes locales que empezaron a vender heroína hasta por cinco dólares.

«Hasta que los jóvenes blancos no empezaron a morir en Staten Island, nadie se dio cuenta de que enfrentábamos una grave epidemia de heroína», afirmaba Mike Selick, de New York Harm Reduction Educators, quien nos presentó con Axchel Barbosa. Mientras hablábamos en la misma esquina donde su organización trabaja en Harlem, un afroamericano se le acercó para preguntarle qué debe hacer en caso de una sobredosis. Mike le entregó un folleto y le explicó sobre los beneficios de la naloxona, un medicamento que ayuda a reducir los efectos de una sobredosis de heroína o de píldoras con opiáceos.

—¿Puedo llevarme un poco? —le preguntó el hombre.

—No, no cualquiera puede administrarla. Si ves a alguien con una sobredosis lo mejor es que llames de inmediato al 911.

Las nuevas rutas de la heroína han afectado además a estados que nunca habían tenido problemas de consumo como Maine o Vermont. En éste último, el gobernador Peter Shumlin declaró en enero pasado una emergencia de salud por un incremento de 770% en el consumo de opiáceos desde 2000 a la fecha. Lo que en ese estado había empezado como una adicción a la oxicodona y a las píldoras de prescripción, terminó con una epidemia de heroína y con el doble de muertes por sobredosis en el último año.

Según James Hunt, agente especial de la DEA en Nueva York, cuando las prescripciones de oxicodona se volvieron más difíciles de conseguir, los cárteles mexicanos aprovecharon la oportunidad para sustituir esa droga por la heroína, que es mucho más barata y más adictiva. «Los mexicanos están llenando el mercado. Son hombres inteligentes de negocios con un producto que es veneno. La heroína hoy es más barata, más abundante y más potente de lo que era hace 20 años», señaló durante una conferencia de prensa en septiembre.

En 2008 aumentaron los suministros de heroína mexicana y también su calidad. En décadas anteriores era común encontrarse en EU con la llamada *black tar heroine*, un tipo de droga café de mala calidad. Sin embargo, en los últimos años, la heroína mexicana es principalmente blanca y su efecto más potente. Se calcula que la pureza de la que hoy circula por calles neoyorquinas ronda entre 40% y 60%. Durante la epidemia de los setenta, la pureza no pasaba de 10%.

Un mes después de que se decomisara el camión con 15 kilos de heroína que iba de Nueva York a California y de regreso, un grupo de dominicanos, encabezado por José Dejesus, de 40 años, fue detenido en el Bronx mientras cortaban 10 kilos de esa droga y la empaquetaban cuidadosamente en pequeños sobres blancos que tenían etiquetas con nombres como «Sin City», «Prada», «Pinky Dinky» y «Audi». En el departamento se encontraron cientos de miles de sobres que estaban listos para ser vendidos en todo el noreste de Estados Unidos por un costo de entre seis y 10 dólares. También había máscaras, filtros de café y diversos productos dedicados al procesamiento de la droga. Un kilo de heroína pura puede derivar en más de 50 mil dosis después de haber sido cortada con químicos como estricnina y quinina o sustancias como azúcar, tiza o bórax. Una vez reducida la pureza del kilo, éste puede llegar a venderse en las calles en más de medio millón de dólares.

«¿Cómo las drogas pasan de la persona que las transporta de California a esta organización en el Bronx?», se preguntaba Bridget Brennan, quien llevaba más de 30 años trabajando en la lucha contra las drogas. «Es una pregunta abierta. Hay probablemente sólo un vínculo en la cadena y posiblemente sea una conexión directa entre esos que traen grandes cantidades de heroína y otras drogas a Nueva York y los que la distribuyen en sobres por las calles. Hay un sinnúmero de organizaciones, pero los dominicanos siguen liderando la distribución en la ciudad». En las calles de Nueva York y alrededores varios grupos controlan la venta de heroína. Si bien la droga llega desde México, una vez en esta ciudad cae en distintas manos. «Hemos visto rusos, europeos del este, colombianos y mexicanos. No es exclusivo de un grupo», señalaba la fiscal, quien explicaba que para los cárteles es mejor trabajar con las mafias locales, ya establecidas, y así todos ganan dinero.

Cuando entrevistamos a Saviano, amenazado por la mafia después de la publicación de su libro *Gomorra*, este afirmaba que en

Nueva York existía una familia, es decir, una unión entre italianos, albaneses y mexicanos y que incluso había varias calles de la ciudad a las que sólo entraban estos grupos. Lo que no podía entender era por qué los mexicanos no aprovechaban la migración para dominar el narcomenudeo en las ciudades. Algo así como hizo la Cosa Nostra durante la epidemia de heroína de la década de los setenta. En aquel momento, la mayor parte de la heroína en Nueva York era asiática, y al venir de tan lejos era controlada sólo por los italianos. Brennan lo resumía así: «Ahora con tanta heroína viniendo de la frontera no hay tanta centralización en la distribución, todos tienen una parte».

La lógica de Brennan era aplastante. La demanda de drogas es creada por los traficantes. Esto no quiere decir que la sociedad estadounidense, así como el resto de consumidores mundiales, no tenga una gran sed de drogas y que el propio sistema prohibicionista y de libre mercado, no influya en que el contrabando de narcóticos sea uno de los negocios lucrativos en el planeta. Como consecuencia, los traficantes ahora deciden de repente abastecer las calles de heroína y súbitamente hay un mercado asiduo a esa droga. Lo hicieron con el *crack* y aprendieron a mantener la cocaína como un pedido estable, que en las últimas décadas ha mantenido un consumo muy similar. Y todos, absolutamente todos, negros, dominicanos, italianos, colombianos, rusos, mexicanos, europeos, brasileños, africanos y caribeños comen una rebanada del pastel.

Tuvimos que recorrer todo el continente para percatarnos de que el actual negocio de los estupefacientes es posible por ser completamente funcional dentro del sistema capitalista. Froylán Enciso, un colega historiador de las drogas, consideraba que su secreto se basa en dos cosas: la dispersión de la ignorancia —los que forman parte de la cadena no se conocen los unos a los otros, no entienden que son un engranaje— y de una economía del olvido, que se negaba a recordar, por ejemplo, el auge de la cocaína, que hace más de 100 años se consumía de manera legal y de la que todos, incluso una de las transnacionales más poderosas del mundo, hablaban y la consumían como la droga maravilla.

Capítulo 2
Moscas

A medida que crecía, Bernardo Flores se iba pareciendo cada vez más a su padre. La misma nariz ancha, los ojos pequeños, la cara redonda y grande con rasgos finos. Un rostro acorde a la bondad. Discreto, trabajador, inocente, tímido, cómodo en segunda fila.

La gran diferencia entre Nardo, el papá, y Nardito, era que el hijo no quería ser un campesino en la sierra. En agosto de 2014, con 21 años, se fue a estudiar para ser maestro a la Escuela Normal Raúl Isidro Burgos, en Ayotzinapa, a cinco horas de su pueblo, San Juan de las Flores. En un mes consiguió su primera novia. Fue en una reunión de escuelas normalistas. Bernardo sintió un flechazo al ver a la chica, pero estuvo a punto de perderla porque no se atrevió a hablarle. El niño tímido y regordete tuvo la suerte de contar con un amigo más intrépido, que le pidió el número de teléfono en su nombre. Bernardo la llamó y empezaron una relación a distancia, con esporádicos encuentros que se producían en las juntas de los estudiantes de diferentes escuelas que ambicionaban con ser maestros. Estaba contento, o eso le decía a su madre cada vez que hablaban por teléfono. El único problema que le comentó es que a principios de septiembre empezó a sentir un dolor en las costillas. Don Bernardo viajó desde la sierra hasta Ayotzinapa para asistir a una reunión de padres de alumnos y le llevó una identificación a su hijo, necesaria para la consulta médica. Bernardo tranquilizó de nuevo a su padre diciéndole que más allá de aquel pequeño dolor todo marchaba bien en su nueva vida, lejos del campo. Se despidieron con un abrazo.

Fue la última vez que Nardo vio a su hijo.

El 26 de septiembre, Bernardo y otros compañeros robaron dos autobuses y fueron a Iguala, a casi dos horas de Ayotzinapa, a *botear* —recaudar dinero para la escuela, una práctica habitual en la Isidro Burgos—. El objetivo final era acudir a la ciudad de México, donde se conmemoraría la matanza estudiantil del 2 de octubre de 1968, cuando el Ejército Mexicano reprimió las protestas estudiantiles en Tlatelolco, matando al menos a doscientas personas. Bernardo nunca llegaría a la capital del país.

Sus padres recibieron la llamada de unos familiares diciendo que había una balacera en Iguala y que los estudiantes de la Escuela Normal Raúl Isidro Burgos estaban allí. Los padres llamaron al celular de Bernardo una y otra vez. Una y otra vez saltó el buzón de voz.

El 26 de septiembre, Cutberto Ortiz, 22 años, estudiante de primer curso, iba a visitar a su padre a San Juan de las Flores para celebrar su cumpleaños. «Somos como hermanos», nos dijo Óscar, el padre, sólo que el hijo era más alto, más cejudo y más patilludo. También más avezado para la carpintería y la albañilería. En agosto, Cutberto se mudó a Ayotzinapa después de pasar el examen de ingreso con un 8.7 de promedio. Su madre quería que se quedara en el pueblo. Estaba asustada porque la zona de la escuela, cercana a la capital de Guerrero, Chilpancingo, era peligrosa y prefería que su hijo trabajara entre los frijoles, el maíz y el arroz. Su padre, en cambio, quería que su hijo fuera todo lo que quisiera ser. Cutberto llamó a casa unos días antes para explicar que no podía ir a celebrar a su padre porque tenía actividades con la escuela. El 26 de septiembre se subió a uno de los autobuses, igual que Bernardo, su vecino del pueblo, y nunca regresó. Su padre dice ahora que si encuentra a su hijo se lo llevará de regreso a San Juan de las Flores.

En Alpuyecancingo de las Montañas, Cristina preparó mole con carne de puerco, uno de los platos favoritos de su hijo, para celebrar el 16 de septiembre, fiesta nacional.

—Me cocinaste como si supieras que venía —le dijo Benjamín, que la visitó por sorpresa y por última vez ese fin de semana.

Dos semanas después, Cristina seguía con su rutina en el pueblo: cocinaba para la familia y cuidaba a una anciana. Hasta que su hermano compró el periódico y vio que su sobrino estaba en la lista de los muchachos que habían desaparecido. Cristina no se lo podía creer. Viajó hasta Ayotzinapa y el lunes llegó al portón de chapa negro de la Escuela Isidro Burgos, al lado de una pintada que decía: Cuna de la conciencia social, donde le confirmaron la noticia. Nos hablaba rascándose el color de sus uñas medio despintadas. El rímel que delineaba con abundancia el contorno de sus ojos parecía corrido pero decía con su voz aguda que ese día no había llorado. Dijo que no tenía motivo porque su hijo estaba vivo.

Era 1 de noviembre, Día de Muertos. Padres y madres de los 43 estudiantes desaparecidos en Iguala llevaban más de un mes viviendo en la Escuela Normal Raúl Isidro Burgos, ocupando los cuartos de sus hijos o los camastros habilitados en aulas y salas de reuniones. El edificio es un viejo complejo de piedra construido hace más de 80 años. Los padres ahora sólo lo abandonaban para hacer mandados, para marchar exigiendo que les devolvieran a sus hijos o para ir hasta la ciudad de México a escuchar las explicaciones de las autoridades, por ejemplo, del presidente Enrique Peña Nieto (quien no ha acudido nunca a la escuela).

Las puertas de madera del piso inferior están rotas, los cristales de las ventanas agrietados. La piedra enmohecida. La escuela no ha aguantado el rigor del tiempo y la falta de inversión. Aquí estudian chicos de dentro y de fuera del estado de Guerrero porque en la región es la escuela más económica de este tipo: instituciones que nacieron en la década de los veinte del siglo pasado para extender la educación de magisterio y se convirtieron en nidos de la revuelta social. Lo más nuevo del complejo son los murales sobre revoluciones y revolucionarios pintados en las paredes por los alumnos.

En la cancha de baloncesto había una ofrenda por las otras seis personas asesinadas ese 26 de septiembre —tres de ellas estudiantes de la escuela—: fotos de los muertos, veladoras, papel color morado, los pétalos anaranjados de la tradicional flor de cempasúchil. Una pancarta de José Guadalupe Posada (1852-1913), uno de los ilustradores más célebres de la Revolución Mexicana, representaba a un Don Quijote a lomos de un caballo esquelético: un caballero andante que vuelve de la muerte para hacer pagar sus fechorías a los malvados —el ex alcalde de Iguala, José Luis Abarca, el ex gobernador de Guerrero, Ángel Aguirre o el presidente de México, Enrique Peña Nieto—. Fotos colgadas de cuerdas retrataban protestas a lo largo del mundo exigiendo que a aquellos chicos que se los llevaron vivos los regresaran vivos. Al lado de la ofrenda, los padres se sentaban en sillas de plástico, formaban un círculo de pieles curtidas bajo el sol y manos callosas. Muchos tenían los ojos entornados, vencidos sólo por un momento al cansancio. Habían abandonado sus cosechas en la sierra. Algunos habían dejado atrás a sus mujeres, las desconsoladas madres de los jóvenes o a los abuelos incapaces de moverse por su avanzada edad. Al abuelo de Nardito ya le habían quitado a su hermano durante la llamada Guerra Sucia en los setenta, cuando las autoridades desaparecían guerrilleros con absoluta impunidad. Los padres y madres, al hablar, lo hacían entre el presente y el pasado imperfecto. Entre el que «quieren» sus hijos y el que «querían», que les «gusta» y que les «gustaba», entre el «son» y el «eran». Hablaban entre la esperanza de que sus hijos siguieran vivos y la lógica que decía que las autoridades los encontrarían en una de las fosas que proliferan en Guerrero, estado que es un cementerio.

Don Margarito, un hombre de cabello cano y cara enjuta que vestía siempre una chamarra de mezclilla, hablaba de animales salvajes. De cobardes. Decía con voz ronca que un hombre no atacaba a nadie desarmado y menos a unos niños: «Ojalá estuviera esa noche allá, armado». Lo que empezó como una aseveración de un tipo duro, acabó con un susurro quebrado por el dolor. A veces le podía la frustración porque le hubiera gustado arreglar las cosas como a un hombre.

A José Alfredo le dijeron que su hijo se había quedado sin cara, que uno de los tres estudiantes asesinados ese 26 de septiembre fue desollado vivo. «Mi hijo tenía una cicatriz en la cara, pero ahí no había cara». En la cabeza sólo quedaba el cabello, rapado, como el de todos los estudiantes del primer curso. Una novatada típica de la escuela. En la morgue José Alfredo observó durante unos instantes aquel cadáver sin rostro pensando que era Giovanni. Sólo cuando vio «la ropita» y no la reconoció se dio cuenta de que aquél no era su hijo. Todavía no podía comprender por qué Giovanni, un estudiante, desapareció «cuando a cualquier delincuente que se rinde se le perdona».

«Pongan en el libro que Iguala, la cuna de la Independencia, es ahora la cuna de la delincuencia –nos dijo–. Pongan en el libro que México ya no es más lindo y querido. Ahora es México, qué lindo y qué herido».

José Alfredo, gorra de campesino, alambre de oro en una de las paletas de la dentadura, ojos melancólicos, decía que la vida discurre por un camino recto diseñado por Dios y que cuando uno se desvía de ese sendero se aparece el diablo. Pensó que a su hijo le pasó eso: tuvo un pequeño descuido y se le apareció Satanás.

El 26 de septiembre de 2014, un alcalde ordenó a sus policías que reprimieran a unos estudiantes. Los policías los detuvieron y se los entregaron a un grupo de traficantes. En Iguala no se sabía dónde acababa el Estado y empezaba el crimen organizado, si es que había alguna diferencia, y ese tipo de atrocidades se podían pensar y ejecutar. José Alfredo no estaba muy desencaminado cuando habló del diablo. La noche, según anunció el Procurador General de la República, Jesús Murillo Karam, en una rueda de prensa la semana siguiente al Día de Muertos, acabó con una hoguera prendida durante quince horas en un basurero, calcinando los cuerpos de 43 estudiantes. En un país habituado a que la policía «maquille» los hechos y los acomode a conveniencia de la clase en el poder, esa versión aún despertaría más desconfianza –en diciembre el semanario *Proceso* publicó una investigación que indicaba la participación de la Policía Federal en los hechos– pues hacía tiempo que monitoreaban a 10 de los 43 estudiantes por pertenecer a un grupo de ideología revolucionaria.

Los dos autobuses con alrededor de un centenar de normalistas llegaron a Iguala la tarde del 26 de septiembre. La ciudad es una plaza clave del narco, una puerta de salida para que la droga siga su camino al norte. Las tres vías de entrada estaban custodiadas por retenes de policía y la plaza vigilada por *halcones* —vigilantes— de Guerreros Unidos, el grupo de traficantes que dominaban el lugar. En cuanto los estudiantes pisaron la pequeña ciudad de 120 mil habitantes, las llamadas se sucedieron hasta el teléfono del alcalde, José Luis Abarca, 53 años, un advenedizo de la política que de joven vendió huaraches y sombreros de palma, durante dos décadas se consolidó como un importante joyero y empresario de la zona y en 2012 alcanzó la presidencia municipal. Según un miembro de la municipalidad, llegó al puesto por el padrinazgo de Lázaro Mazón, ex senador, al que muchos señalan como cacique de la zona. «El partido ponía una vaca (como candidata en las elecciones) y el partido ganaba», decía una fuente de la alcaldía parafraseando un viejo dicho sobre el legendario dominio del Partido Revolucionario Institucional (PRI). En esos días se rumoraba que podría ser el próximo alcalde, pero el hombre prefería mantenerse alejado del cargo: «mártir no soy», nos dijo. Uno de los familiares de Mazón, Luis Mazón, sustituyó a Abarca como presidente municipal después de la masacre. Duró cinco horas. Había declarado que temía por su vida. Abarca era un viejo enemigo de los estudiantes y de los activistas. Lo habían acusado de torturar y apretar el gatillo en 2013 contra Arturo Hernández Cardona, un líder campesino.

Aquel 26 de septiembre era un día importante para La Pareja, como se conocía en Iguala al alcalde y su esposa, María de los Ángeles Pineda. Él, un tipo que apenas llegaba al metro y medio, dominaba los resortes del estado y, con más de veinte familiares en la nómina municipal, practicaba el nepotismo sin mesura. Ella, una mujer fría y altiva, hija y hermana de narcotraficantes pertenecientes al Cártel de los Beltrán Leyva, parecía controlar a los del crimen. Ahora quería candidatearse para proseguir la dinastía en la alcaldía. Pineda preparaba un gran acto-baile para ese día en el zócalo de la ciudad, un arranque extraoficial de su campaña política. Javier Monroy, activista que brinda apoyo a los familiares de desaparecidos desde hace siete años, recordaba que recibió varios mensajes al celular advirtiéndole que ese día había muchos civiles armados en Iguala. Nos explicó que una tradición entre los grupos criminales de Guerrero es aprovechar los eventos públicos para hacer un ejercicio de fuerza y atacar al enemigo. Unas semanas atrás, Guerreros Unidos había bloqueado el transporte colectivo desde algunos municipios vecinos a Iguala, controlados por la organización rival, Los Rojos. Esperaban una venganza. Un narcoalcade, una narcoprimeradama, narcopolicías, narconarcos, y estudiantes contestatarios sin bozales, que robaban autobuses, cerraban carreteras, atacaban municipalidades y recaudaban dinero más allá de la cordialidad, eran las premisas para que en vez de multar o mandar una noche al calabozo a unos estudiantes revoltosos, deviniera en el horror.

La balacera comenzó en el centro de la ciudad y se extendió hacia las afueras durante horas. Tali, una psicóloga de secundaria en una escuela de Iguala, recordaba que bajó a tomar un trago después del trabajo y la gente empezó a correr de vuelta a sus casas. Los habitantes huían mientras los policías cazaban estudiantes. Abarca había pedido refuerzos a la policía de Cocula, un municipio vecino con los mismos estándares de infiltración del crimen que Iguala. Entre los agentes locales y los vecinos, mataron a tres estudiantes. Uno de ellos, Julio César Mondragón, fue desollado vivo: le arrancaron la piel de la cara y los ojos y así lo dejaron morir. En la confusión también balearon e hicieron volcar un autobús donde viajaba un equipo de futbol de Chilpancingo, Los Avispones. Murieron tres personas, una de ellas era un menor. Otro estudiante quedó en coma. Esa noche, 17 personas fueron heridas de bala, entre ellas un líder sindical, que regresaba a la capital de Guerrero con su chofer después de una reunión y quedó envuelto en la balacera. Al primero lo alcanzaron en un brazo, y perdió parte de la extremidad. Al chofer en el pie. Tuvo que conducir noventa minutos hasta llegar a un hospital. Todo Iguala escuchó la balacera, al parecer, menos el propio Abarca, que no contestaba las llamadas del gobierno del Estado, y los militares de la base situada en la ciudad, que, según la versión oficial, sólo salieron de esos muros cuando por fin llegó el silencio (aunque hay testigos que afirman que también participaron en la matanza). Los 43 estudiantes que desaparecieron esa noche fueron capturados y llevados a la comandancia de policía. Allí los agentes cambiaron las placas de sus coches y los trasladaron hacia las afueras, adonde hicieron la entrega a los sicarios. Los miembros de Guerreros Unidos apilaron a los estudiantes, aún vivos, en un camión y una furgoneta para el ganado. El relato de la noche se interrumpió durante 42 días, hasta que el procurador dijo que se los llevaron vivos pero que probablemente regresarían muertos.

Guerrero es uno de los estados más pobres de México, el principal productor de oro y amapola y el más violento del país. Miguel Ángel Jiménez, uno de los líderes de la Unión de Pueblos y Organizaciones del Estado de Guerrero (UPOEG), movimiento de autodefensa que aglutina a varios municipios que, cansados de la violencia, se han levantado en armas, se unió a la búsqueda de los 43 estudiantes desde los primeros días. En una noche cálida de noviembre, Jiménez, vestido totalmente de blanco y con sandalias de cuero, dijo que la desaparición de los 43 «es sólo la gota que derramó un vaso que lleva mucho tiempo lleno». Varios de sus compañeros de la UPOEG habían desistido de acompañarlo porque tenían miedo: fuera de sus comunidades deben ir desarmados. Hacía un par de días, durante una jornada de búsqueda con la policía, llegó a un río. Antes de cruzar, el comisario de la zona le dijo que los que surcaban el caudal abordo de una lancha eran de la *maña* —el crimen—. Minutos después se pararon en la cercanía de una cueva conocida como La Junta. «Nos dijeron que ahí no podíamos entrar —se quejaba Jiménez—. Estoy convencido de que había muchos muertos». Más adelante, declararía: «El gobierno no hace nada. Yo me metí a esto porque no quiero el infierno que veo delante de mí».

Un par de noches antes de la charla con Jiménez, el activista Javier Monroy, que llevaba acampado en la plaza central de Chilpancingo desde el 27 de septiembre, elaboró una ofrenda «de resistencia» para los estudiantes de Ayotzinapa y para «todos los demás». En 2007, su amigo Jorge Gabriel Zerón desapareció en el centro de la ciudad. Desde entonces se volcó en su búsqueda y ha apoyado a varias familias. Durante más de siete años, cansado de la inconsistencia de las cifras oficiales, llevó la contabilidad de los desaparecidos de Guerrero a través de las noticias de dos periódicos locales: 600 personas. «Las autoridades están desapareciendo a los desaparecidos de las listas». Monroy y su asociación, el Taller de desarrollo comunitario (Tadeco), sufrieron el acoso del gobierno y la prensa cuando denunciaron que en Guerrero el narco no era un estado paralelo, sino la misma cosa, y que las fosas proliferaban. El pensamiento generalizado, nos dijo Monroy, era que si a alguien le ocurría algo es que se lo había buscado. Los acusaron de proteger a traficantes y vender droga en una papelería y un cibercafé que regentan. «Ahora ya no pensarán que mentimos», Monroy hablaba en referencia a la matanza de Iguala. Al lado de la ofrenda, Graciela Ledezma, periodista de 38 años, contaba que llevaba ocho años buscando a su hermano. El 22 de diciembre de 2006 Carlos se fue a Cuernavaca para comprar regalos en el Sam's. En el camino de regreso desapareció. Graciela ha tenido que pagar la gasolina de los inspectores, la tinta para que puedan escribir sus reportes y decía que cada vez que cambian de investigador, el caso empieza de cero. Lo único que encontraron de su hermano, en una cuneta de la carretera federal, fue la ropa que llevaba aquel día. Graciela siente que se ha enfermado por la preocupación. Tiene cáncer. «Tenemos la sensación —decía Monroy— de que en Guerrero todo el mundo conoce a alguien que ha desaparecido».

Hasta diez mil policías llegaron a Iguala en las siguientes semanas para incorporarse a la búsqueda de los estudiantes. Por el camino se encontraron decenas de osamentas sin nombre. Eran

43 y muchos más. Guerreros Unidos había poblado de tumbas los alrededores de la ciudad. En la colonia San Miguelito, un lugar de calles de terracería y casas de chapa y madera, en el que un terreno sólo cuesta unos diez mil pesos, Ernesto Pineda, el fundador de la colonia, ligado al Partido de la Revolución Democrática (PRD), dijo públicamente en abril: «el cerro Gordo (a diez minutos en coche de San Miguelito) es un panteón». Lo que pasó en los siguientes días podría estar o no ligado a su declaración: policías ministeriales balearon su casa ese mismo mes. Lo acusaron de secuestro, le dieron una golpiza y lo recluyeron en el penal de Acapulco. Al poco tiempo, dos sicarios mataron a su hermano en su casa. Una anciana que se había mudado a la colonia después de que su hija le comprara el terreno a Pineda, nos comentó: «Con nosotros era buen hombre, pero una escucha tantas cosas que ya no sabe». La señora tuvo que vivir durante un tiempo oliendo los vapores que desprendía una casa de carrizo a pocos metros de su hogar: un laboratorio para procesar heroína, desmantelado también en abril. En la otra cuadra todavía se mantenía en pie el almacén donde se guardaban los químicos, una casa de cemento con dos pequeñas ventanas sin cristales. Al seguir el camino que subía el cerro aparecían las fosas. En la orilla, un hombre, su mujer y su hijo, se resguardaban del sol bajo un árbol. Aún en noviembre, época templada, el termómetro llegaba hasta los 30 grados en esta región desértica de Guerrero. En abril pasado la Procuraduría del Estado desenterró ahí nueve fosas. Hallaron 19 cuerpos. Más arriba, en la zona conocida como la Joyita, los agentes de la Procuraduría General de la República (PGR) encontraron nueve cuerpos más. En mayo se habían descubierto otros nueve. Al lado de las fosas ya excavadas, la policía acordonaba otra zona. Sobre las piedras que salpicaban pedazos de tierra removida se leían pintadas con *spray* rojo: POSIBLES FOSAS. Una cruz de madera bajo un árbol recordaba a esos muertos sin nombre.

En el Cerro Viejo, otro lugar a las afueras de Iguala, un anciano al lado de una tienda de abarrotes aseguraba que aquello también era un panteón y que la policía debía buscar en las cuevas de la zona. «Está lleno de muertos», dijo. Kilómetros más arriba, la PGR encontró 30 cadáveres más enterrados en fosas clandestinas. Para llegar hasta ellas había que caminar durante 20 minutos por un sendero de piedras y tierra rodeado de vegetación espesa con un ancho en el que apenas cabía una persona y la mitad de otra. En ese camino dos policías ministeriales nos detuvieron. Cuando le preguntamos a uno de ellos por qué la policía estaba tan infiltrada por el crimen, respondió que «a veces no te dan otra opción». Dijo algo más hondo: «Estamos unidos con un hilo a la muerte». Mientras caminaba por el sendero se quejaba de que él también conocía a muchos compañeros muertos, desaparecidos y dejó entrever el miedo a que un día le tocaría a él o sobre todo a su familia.

El día anterior, en el tercer cementerio de Guerreros Unidos, el basurero de Cocula, una veintena de marinos impedía el paso a la zona. Después de 42 días encontrando otros cuerpos, los estudiantes presuntamente habían aparecido allí. Muertos. En bolsas de basura.

En pequeñas ciudades como Iguala, la plaza central conserva el significado de un lugar donde se comparte la vida de los vecinos y se festeja a la comunidad, pero el idioma del narco ha tergiversado la palabra plaza hasta convertirla en un término bélico, un espacio que si se franquea equivale a la muerte. Cuando los policías entregaron los estudiantes a los sicarios, la misma lógica macabra convirtió a los futuros maestros en traficantes de drogas. «El Cabo Gil», jefe de sicarios de Guerreros Unidos, telefoneó a su líder, Sidronio Casarrubias, y le preguntó qué hacía con los chicos. Casarrubias dijo que «en defensa de su territorio» le daba permiso para ejecutarlos. De acuerdo a la versión que dieron tres de los señalados como sicarios involucrados en la masacre, los estudiantes, apilados en el camión y la furgoneta, fueron trasladados al basurero de Cocula. Al menos quince de ellos llegaron muertos. Los arrastraron cogidos de las piernas y los pusieron en el suelo. Al resto los obligaron a bajar de los vehículos con las manos en la cabeza y a tumbarse. Los sicarios les volvieron a preguntar si pertenecían a Los Rojos, y los estudiantes, asustados, respondieron una vez más que sólo eran estudiantes. No sirvió de nada. Les dispararon e hicieron caer sus cuerpos por una barranca. Los hombres de Guerreros Unidos contarían después a las autoridades con una pasmosa tranquilidad que comenzaron a construir un círculo de piedras, que pusieron llantas y madera y encima colocaron los cuerpos, que los rociaron con combustible y prendieron una hoguera que duró casi quince horas. Al día siguiente, echaron tierra sobre la pira, despedazaron los restos calcinados de los estudiantes y los guardaron en ocho grandes bolsas de basura. Después las tiraron al río.

Unas horas después de que el Procurador General de la República, Murillo Karam, anunciara la versión oficial de los hechos en rueda de prensa, los familiares de los 43 estudiantes volvieron a hablar. Dijeron que hasta que no tuvieran la certeza, un análisis de ADN de un resto calcinado al que llorar, para ellos sus hijos estarían vivos. Seguirían hablando en tiempo presente.

***

Se dice que el dolor más profundo que se puede experimentar es la muerte de un hijo. En México, 43 familias abandonaron su vida para exigir que les devolvieran a sus hijos vivos. En el mismo país, un poeta renunció a la poesía. Javier Sicilia dejó de escribir cuando en marzo de 2011 encontraron a su hijo muerto en un coche junto con otros seis cadáveres, todos enrollados con cinta canela de la cabeza a los pies. No es la misma historia en Honduras, el país más violento del mundo.

Los homicidios ahí son tan normales que una madre puede ver el cuerpo sin vida de su hijo con la misma emoción con la que ve el informativo de la tarde en el salón de su casa. Matar en estos rincones de Latinoamérica, donde más de nueve crímenes de cada 10 nunca son condenados, por otro lado, sale casi gratis. Los asesinatos se vuelven demasiado cotidianos, comunes, letra muerta.

***

Todavía no era la hora de comer cuando el equipo forense de la policía de San Pedro Sula, capital financiera de Honduras, visitaba su tercera escena del crimen. La camioneta del inspector de homicidios Víctor Guzmán dejó atrás los caminos pavimentados hasta llegar a la colonia Roma, un barrio de construcciones bajas multicolores y derruidas a las afueras de la ciudad. Justo allí, en un pequeño corral, situado en la parte trasera de una casita de madera, estaba un cadáver que hasta hacía siete horas era un chico de 17 años llamado Kevin. Más allá de Guzmán, nadie parecía ocuparse del adolescente, excepto tres gallinas que picoteaban el piso alrededor del cuerpo.

Por la mañana de este caluroso y húmedo miércoles de febrero, dos jóvenes se bajaron de una furgoneta y encañonaron a Kevin. El inspector Guzmán, un hombre de 29 años de rasgos pétreos, movía en cámara lenta su cuerpo enorme entre la reja de alambres rotos que cercaba el corral y las tablas informes de la casa. Guzmán preguntaba con apatía a los familiares y a los vecinos del barrio, que entre el murmullo y la mudez, estaban ajenos a todo.

—¿Alguien conoce a los homicidas? ¿Alguien vio su cara?

En su bloc de notas apenas garabateó la historia de los dos jóvenes, anónimos sicarios, que dispararon a plena luz del día. Eso fue todo. La escena se desarrolló casi en completo silencio: el impotente interrogatorio del policía y el runrún de fondo de los espectadores eran la única banda sonora. Los curiosos se amontonaban detrás de la valla de madera que delimitaba la propiedad, para chismear y sacar fotos con los celulares. Sentada en un banquito de madera, una chica chateaba relajada en su móvil, justo al lado del cuerpo.

Kevin, el chico muerto, llevaba una playera negra, unos jeans holgados, ahora manchados de polvo y salpicados con gotas de sangre, y unos viejos tenis marrones con la lengüeta por fuera de los vaqueros. No tenía tatuajes ni cicatrices ni cadenas de oro, o ninguna otra señal que a primera vista lo diferenciara de cualquier estudiante de secundaria de un barrio humilde. El cabello rapado al dos y los grandes ojos castaños, abiertos, sin vida, le daban a su rostro un aire incluso más inocente.

—Andaba en malos pasos, no estudiaba y casi no sabía nada de él —dijo la madre de Kevin como si hablara del clima, a pocos pasos del cadáver de su hijo.

El inspector Guzmán, que iba y venía preguntando sin dar con una respuesta convincente, la miraba con ojos cansados y escépticos. La mujer no movió un solo músculo de la cara.

—¿Ven a la madre? —nos preguntó Guzmán—. Esto es un show. A nadie le importa.

El día para Guzmán y su equipo comenzó con un tiroteo en un barrio a las afueras de la ciudad y continuaría, después de meter a Kevin en la furgoneta del forense, en un descampado, en la parte trasera de una iglesia, de donde desenterraron un cadáver amordazado, desfigurado: el cuerpo estaba tan podrido que parecía una masa jabonosa con manchas azarosas color vino. Los testigos tardaron un minuto en descifrar que ese bulto era un hombre. Según el médico forense, el cadáver llevaba cinco días dentro de una bolsa de basura. Había gusanos donde antes hubo piel. La masa desprendía un hedor a varios metros de distancia que entraba por las narices y provocaba arcadas. Un policía examinaba el cuerpo mientras otro hablaba de un ajuste de cuentas entre pandillas. Este muerto no era el primero en aparecer desguazado; en los últimos tiempos se había hecho común encontrar cadáveres amputados, decapitados. Ya no bastaba con matar: los restos de las víctimas debían ser un mensaje para el enemigo. Un agente dijo que este cadáver era un candidato ideal a formar parte de las casi 300 víctimas de homicidio —de un total de unas mil trescientas— por las que no habría madres, hermanos ni familia que las reclamen. Los muertos en San Pedro Sula que no tienen vivos que pidan por ellos, acaban incinerados en una fosa común.

El último caso del inspector Guzmán de ese día, desplazó al equipo forense a un restaurante de comida rápida en pleno centro, a un par de cuadras de la plaza del Ayuntamiento. Los meseros llamaron a la policía porque aseguraban haber visto un feto flotando en el inodoro del baño del comedor. Cuando Guzmán llegó, decenas de personas ya estaban arremolinadas en la calle, formando el coro tradicional de los crímenes en Honduras. Los policías tardaron poco menos de diez minutos en examinar la escena del crimen, y al final salieron a la calle relajados, bebiendo unos refrescos que compraron en el mostrador. El inspector Guzmán, en una de las pocas muecas que se permitió durante el día, sonrió con ellos. El supuesto feto del inodoro no era más que una guayaba podrida.

La paranoia era general durante la semana que estuvimos en San Pedro Sula. Era nuestro cuarto mes de viaje y ya habíamos conocido Guatemala y El Salvador, los otros dos países que conforman el Triángulo Norte centroamericano: excluidas las naciones en guerra, esta es la región más violenta del mundo. Los guatemaltecos y salvadoreños comparten el fenómeno de las maras, las guerras civiles recientes que destrozaron sus países, la migración forzosa, el narcotráfico, la corrupción, la pobreza, la concentración de poder en pocas familias que sentencian el rumbo del país, y también aparecen entre la lista de naciones con mayor índice de homicidios del planeta, pero cuando hablan de Honduras encuentran un leve consuelo, una comparación en la que por fin pueden ganar. Son tuertos hablando de ciegos.

Pasadas las doce horas que duró su turno, cuando los homicidios le dieron un descanso, Guzmán acudió a la oficina del Equipo Integrado de Levantamiento de Cadáveres, que compartía con otros tres agentes, a llenar formularios y archivar los casos en carpetas. El suelo del despacho tenía las baldosas agrietadas y una mancha de humedad había invadido las paredes. Los archivadores estaban abollados como si alguien los hubiera golpeado y algunos de sus cajones no se cerraban por completo. Aquí, las computadoras, de tan antiguas, parecían un accesorio de colección. Guzmán guardaba en el cajón de su escritorio más de una treintena de casos de homicidio sin resolver desde que, hace un año, fue trasladado por sus jefes de Tegucigalpa a San Pedro Sula. Desde que salió de la academia, había patrullado por barrios pobres parecidos adonde se crió, donde las muertes son ya rutinarias. Antes de convertirse en inspector de homicidios de la ciudad más violenta del país más violento del mundo, trabajaba como agente de la Unidad

Antipandillas. Guzmán se paseaba por la destartalada oficina con la misma calma que lo hacía en la escena del crimen de Kevin. Lucía una camiseta polo apretada, que marcaba dos bíceps tan anchos como jamones y parecía embutir sus ya de por sí parsimoniosos movimientos. Otros dos policías bromeaban y se reían a carcajadas. Guzmán les devolvió una escueta sonrisa, que funcionaba con independencia de la expresión de su mirada, siempre escrutadora. El inspector salió de la oficina para comprar un café en una máquina expendedora situada en la planta baja del edificio, y cuando regresó, se sentó en la silla de su escritorio. Más que sentarse se desplomó. Guzmán estaba cansado. Era difícil interpretar si ese desgaste provenía del desinterés —sus superiores sólo lo presionaban para que resolviera dos casos al mes— o del hartazgo provocado por tanta muerte.

Nuestro viaje a Honduras se precipitó una mañana de febrero de 2012 cuando en Ciudad de Guatemala llamábamos a la puerta de la casa del general Efraín Ríos Montt, que había presidido el país entre 1982 y 1983, y en esos días esperaba un juicio por genocidio y crímenes de lesa humanidad. En mayo de 2013, el militar, ministro de la fe evangélica, que solía dar homilías por radio ataviado de uniforme, sería condenado a 80 años de prisión por la matanza de 1,771 ixiles, indígenas mayas, y por la violación sistemática de mujeres de esa etnia. Aquel genocidio de principios de los ochenta era una muestra de los actos atroces cometidos durante la guerra civil de Guatemala (1960-1996), la más larga de América Latina, en la que murieron unas doscientas mil personas y cien mil mujeres fueron violadas. Diez días después de la sentencia, la Corte Constitucional anularía la condena por un «error técnico».

En días anteriores habíamos hablado por teléfono con la hija y el abogado de Ríos Montt para pedir una entrevista. Ahora, frente al portón de la casa, una construcción de una planta rodeada de una valla de cemento en una zona residencial de la capital guatemalteca, un asesor del ex presidente decía que el general estaba descansando y no nos quería recibir. Toda oportunidad de hablar con el viejo militar mientras contemplaba convertirse en el primer jefe de Estado condenado por genocidio en los tribunales de su propio país, se había agotado. Era mediodía, y sin plan inmediato, decidimos volver al hotel. Pablo se montó como casi siempre en el asiento del conductor y José Luis encendió un cigarro y puso la radio en un canal aleatorio, donde un boletín informaba sobre el incendio de la cárcel de Comayagua, en Honduras, a 10 horas por carretera de Ciudad de Guatemala. 361 presos y una mujer que estaba de visita murieron incinerados. Cuando llegamos al hotel, ya sabíamos que teníamos nuevo destino.

Habíamos escuchado tantas historias truculentas sobre Honduras, relatadas por habitantes de otros países truculentos, que por primera vez emprendimos la ruta con incertidumbre. Guardamos las cámaras de fotos y las laptops debajo de la rueda de repuesto del coche; escondimos las carteras y las tarjetas entre las herramientas de la cajuela y el dinero en las costuras de los asientos.

Cruzamos la frontera la misma noche en que Ríos Montt nos cerró la puerta al pasado de Guatemala. Un funcionario de aduanas se inventó un impuesto de 30 dólares que obligó a Alejandra y José Luis a buscar un cajero en el primer pueblo hondureño. Llegamos a Comayagua de madrugada y buscamos cobijo en un hotel poco acogedor, frío y oscuro, pero que cumplía el único requisito fundamental: estar abierto a esas horas. Ubicado en una de las calles que llevaban a la plaza central, donde se encontraba la gran atracción turística de la ciudad, el reloj de la catedral, considerado el más antiguo de América. Se trataba de un sencillo artefacto de colores blanco y verde, que fue fabricado en el año 1100 por los árabes, durante la conquista de la Península Ibérica. Llegó a Comayagua, la antigua capital de Honduras, como parte de un regalo a un duque en el siglo XVI. Tiempo después sabríamos que la posada era propiedad de un narcotraficante, dato que sólo habría ayudado a incrementar la incertidumbre y la sensación de adentrarnos en un lugar oscuro a ciegas y a tientas. Guardamos 900 lempiras –unos

40 dólares– con tanto esmero dentro del asiento del Pointer, que nunca las encontramos.

Al amanecer caminamos hasta un hospital de cuatro plantas de paredes blancas para visitar a los sobrevivientes del incendio. Siete presos convivían en una pequeña habitación donde se esparcían los camastros de colchones finos. Un grupo veía la televisión, otro reo leía en el periódico una noticia sobre la tragedia en el penal. Una enfermera cambiaba la cura del abdomen a un joven de cabello rizado, musculoso. En los cuerpos de los presos se alternaba la tinta de sus tatuajes de la MS13 y el Barrio 18, las gasas y la carne viva de las quemaduras. Nos dijeron:

—Olía más a sangre que a humo.

—¡Cómo lloraban al quemarse!

—Los guardias abrieron fuego. Tenían miedo de que nos fugáramos.

Un veinteañero de complexión fuerte y con el cabello rapado, con dos grandes 13 tatuados en sus brazos, contó que había roto a golpes el techo de la cárcel y había saltado desde 10 metros para escapar. Sólo ocho personas de las 110 que estaban en su pabellón se salvaron. José Enrique Guevara, otro de los presos, que tenía la pierna en alto y escayolada, fue el único sobreviviente del módulo 6, donde se inició el fuego. Antes de salir de su celda, las llamas cubrieron casi todo su cuerpo y tragaron entero a su vecino. Los presos aseguraban que aquel febrero de 2012 los protocolos habían fallado, y no había sido una casualidad. Los guardias, decían, habían desaparecido con las llaves, dejándolos encerrados, o en otros casos habían disparado contra ellos. La primera versión oficial decía que el fuego había sido causado por un cortocircuito, después las autoridades especularon con un incendio provocado, «una mano criminal». Finalmente el caso se cerró sin esclarecer las causas. Los hombres del hospital denunciaban que alguien había ordenado que los presos, más de ochocientos hombres, se quemaran dentro del penal, vivos.

La prisión de Comayagua era un orgullo para las autoridades, que la habían calificado de «modelo». Antes del incendio funcionaba como una granja-penal, ubicada en la carretera, con varias hectáreas de campo donde los presos cultivaban hortalizas y cuidaban gallinas ponedoras. Después del incendio, más allá de los familiares que se agolpaban en la verja de entrada al penal para consultar las confusas listas de sobrevivientes y muertos, la vida no se había interrumpido en las calles de la ciudad. El luto no se veía en el mercado, en las tiendas, en los hoteles. En estos días, tampoco faltaban las voces que hablaban con alivio del incendio, como si las llamas hubieran curado a Honduras de parte de una enfermedad. En la plaza central, al lado del reloj antiguo, un hombre vendía fundas para pistolas como quien vende estuches para celulares.

Comayagua no fue el primer caso de una muerte masiva de presos en ese país centroamericano. Entre 1990 y 2014, se produjeron cinco incendios, dos de ellos mortales, y según la versión oficial, también causados por cortocircuitos. El Porvenir, una cárcel ubicada en la región caribeña de La Ceiba, se incendió en 2003 y murieron 69 personas. Durante el incendio, los *paisas* —los reos que controlaban el penal— mataron a 60 miembros del Barrio 18 ante la complacencia de los custodios. Uno de los cadáveres tenía marcas de 20 machetazos. En 2004 ardió el penal de San Pedro Sula, después de otro supuesto cortocircuito en el módulo que ocupaban los miembros de la Mara Salvatrucha, y fallecieron 107 presos. Nueve años después, la Comisión Interamericana de los Derechos Humanos condenó al estado hondureño a indemnizar a las familias de las víctimas. El secretario del Interior pidió perdón y dijo que uno de los compromisos era mejorar las condiciones de la cárcel. La declaración la hizo en el lugar donde se planeaba la construcción de un nuevo penal: un descampado donde se amontonaban filas de celdas, muy parecidas a jaulas de animales de circo.

La semana siguiente, después de concluir la cobertura sobre el incendio de Comayagua, nos enfocamos en nuestro plan original de retratar San Pedro Sula. El segundo día visitamos el penal, un edificio pintado de amarillo pálido de paredes desconchadas que se alza en el centro de la ciudad, al lado de una escuela. Las mismas autoridades que habían calificado a Comayagua de «modelo», definían esta cárcel como «una bomba de tiempo». En su interior había 2,557 reos, aglomerados en un reclusorio con capacidad para 800, dividido en una sección para los integrantes de la Mara Salvatrucha, otra para los del Barrio 18 y una tercera en la que están encerrados los «civiles», quienes no pertenecen a ninguna banda. Seis de cada 10 de los presos no tenían condena. «Hay más de cien reos durmiendo de pie en cada módulo, se asfixian, se desesperan, el calor... pero yo lo sé manejar», nos dijo Wilmer Martell, el director de la cárcel.

Martell era un hombre que casi ocupaba el mismo espacio horizontal que vertical, y hablaba con la tranquilidad de quien parecía tener bajo control los detalles. Aunque le antecedía fama de tipo duro, nos recibió en su oficina con una sonrisa y un estrechón de manos. Su despacho era un cuarto en el que apenas cabían un par de sofás roídos y una mesa de madera de la que el brillo se había opacado hace tiempo. El director acababa de llegar al puesto y decía que mantenía una política de diálogo para mejorar las condiciones del penal. Para corroborarlo hizo llamar a dos presos, un par de españoles cincuentones acusados de no declarar efectivo en el aeropuerto. Los dos tenían el cabello cano y ralo y aunque eran de complexión delgada, de sus cuerpos asomaban sendas barrigas. El más viejo tenía un ojo vago y al más joven le faltaban varios dientes. Sentados cómodamente en uno de los sillones, sin esposas y con dos botellas de agua cortesía de Martell, contaron que eran *tomboleros* (comerciantes que se dedican a vender rifas a cambio de premios en las fiestas del pueblo) y que también se dedicaban al «negocio inmobiliario» y a otras cosas «que no se dicen». La conversación era una pantomima, con reverencias y compadreos de los presos hacia el director. Martell escuchaba complacido, mientras los dos españoles alababan su trabajo y lo invitaban a que visitara España cuando ellos quedaran en libertad. Después de 10 minutos, los dos presos salieron al patio central con nosotros. En cuanto la puerta del despacho se cerró detrás nuestro, las caras de ambos cambiaron y las sonrisas desaparecieron, como si se bajara el telón y dejaran atrás el escenario.

—Yo no sé si voy a llegar vivo al día siguiente. Aquí lloro todos los días —dijo el más viejo con voz lastimera.

En un susurro, y presuroso, explicó que cada mes pagaba a otros internos unos quinientos dólares para que no le pasara nada dentro de la cárcel. Por las noches, dijo también, las ratas saltaban entre los colchones.

—La ley de la selva, ¡es la ley de la selva! —confirmó el otro, asustado.

Los dos españoles, acompañados por un guardia, regresaron cabizbajos a su celda.

Antes de despedirnos, le pedimos autorización a Martell para entrar en los módulos. «Los puedo dejar entrar, pero no sé si saldrán», respondió el hombre que decía tener controlada la situación.

Pocos días después de la visita, 21 presos serían trasladados a otros centros penitenciarios para evitar una pelea entre bandas. Un mes más tarde, estallaría un motín en el que murieron 13 personas. Los diarios locales ilustraron la matanza con fotos de presos subidos al tejado del edificio, algunos con antorchas y las caras tapadas.

En barrios como el de Kevin, donde el pavimento da paso a la terracería y los servicios básicos escasean, las pandillas son una autoridad mucho más plausible que el Estado. Si alguien tiene una verdulería, las maras cobran un porcentaje del producto. A un propietario de una tienda de abarrotes, en cambio, puede que ya le exijan pagar en dinero; al señor que reparte el gas, le exigen una contribución mensual de unos cien dólares. Cada línea de autobús también debe abonar su cuota ilegal de protección. El poder de las pandillas en estos barrios es omnímodo. En las esquinas, además, controlan el microtráfico de drogas. Muchos jóvenes de estas zonas sin identidad se unen a las pandillas para ser alguien. En su mayoría lo hacen a la MS13 o al Barrio 18, dos estructuras que crecen si la otra mengua. El respeto de los *homies* —compañeros—

se gana principalmente matando a un miembro de la banda rival. Bajo esta lógica se forman asesinos y víctimas.

La colonia Rivera Hernández, en el suroeste de San Pedro Sula, es uno de los escenarios más tradicionales de la ciudad donde las pandillas ejercen su poder y pelean sus batallas. Otra tarde de calor húmedo, como toda la semana que pasamos ahí, llegamos con el Pointer al epicentro de la colonia, un parque donde los niños compraban gomitas de dulce a la salida del colegio. Esta era la mitad del barrio, de los más poblados de San Pedro, que se define como de clase media-baja. Justo en este eje que separa el mundo de los civiles del de las pandillas, está la comisaría de policía, una construcción envejecida desde donde los agentes patrullan el lado derecho del parque, que definen como uno de los lugares más violentos de la ciudad. A lo largo de varias calles polvorientas, se sucedían las casas en ruinas, quemadas y tapiadas. Una de las fachadas estaba salpicada de agujeros de bala: los más grandes venían de ráfagas de AK-47, los más pequeños de 9 mm. Sobre la pared de uno de los callejones, había un graffiti del tamaño de una persona en tinta negra, sin arte, de dos números 18, que indicaba que la zona pertenece al Barrio 18. A unas cuadras de allí, en un depósito de basura, apareció un elaborado dibujo de la Muerte agarrando una pala en las manos. Era el comienzo de la Tercera Avenida, uno de los rincones más convulsos del barrio, donde seis agentes de la Policía Nacional, armados con fusiles semiautomáticos, patrullaban la zona a bordo de una *pickup* que lucía nueva, si bien adornada con un agujero de bala en el espejo retrovisor, producto de un enfrentamiento la semana anterior con los pandilleros. El agente Martínez, el copiloto, hacía de guía. Tenía el típico humor negro de quien ha visto demasiados muertos:

«Aquí asesinaron a una niña de 14 años.» «Esta casa la quemaron los mareros porque los propietarios no pagaron.» «Ahí mataron a un señor que vendía leña.» «¿Verdad que es bonito Honduras? Hay muertos por todas partes».

La *pickup* se detuvo en medio de la Tercera Avenida y los policías se desplegaron por el terreno como un grupo de operaciones especiales, tratando de cubrir cada flanco y a los compañeros. A simple vista no parecía que hubiera ningún peligro, la calle estaba prácticamente desierta. Un niño de unos 11 o 12 años, que apenas levantaba un metro y treinta centímetros del suelo y vestía una playera un par de tallas más grande de lo que su cuerpo reclamaba, era el único transeúnte. «Ése es uno de los líderes de aquí», dijo Martínez, que le dedicó una mirada penetrante. El niño, lejos de asustarse por la inquina de un policía de 1.90 metros y de complexión fuerte, con cara de bulldog malhumorado, le devolvió la mirada incluso con mayor intensidad. «Nos odiamos». Unas horas después, Martínez confesaría que su odio no era sólo una cuestión profesional: «Mi hijo caminaba borracho una madrugada por esta zona y lo mataron. Sólo porque no era de aquí».

Al atardecer, la *pickup* paró en un descampado a las afueras de la colonia. Los únicos elementos del paisaje eran las ralas plantaciones de caña que rodeaban la periferia y un par de casuchas en ruinas a la derecha e izquierda. Al descampado en el que nos encontrábamos le llaman Puerto Escondido. Es un cementerio sin tumbas: los pandilleros esconden las armas y tiran los cuerpos en los cañaverales. En el camino a Puerto Escondido, los agentes nos preguntaron si alguna vez habíamos disparado un arma. Contestamos que no. Meses después, un capitán paraguayo nos contaría que para un militar su fusil era como la mujer de la que estabas enamorado, uno no se separaba de ella, tampoco en la cama. Los policías hondureños, en cambio, no tenían ningún reparo en compartir su pistola.

—¿Quieren disparar aquí?

La mañana siguiente, el cuarto día en San Pedro Sula, el alcalde Juan Carlos Zúñiga, un cirujano cardiovascular que lucía una delineada barba de candado y cabello repeinado al gel hacia atrás que vestía un elegante traje verde, charlaba con sus asesores en su viejo despacho. Zúñiga tenía un alto índice de confianza entre los sampedranos, algo que atendiendo al currículum de sus antecesores, no sorprendía. El alcalde llegó al poder después de que los dos ediles anteriores fueran acusados de corrupción. El último fingió un ataque al corazón mientras la policía lo esposaba. El anterior huyó de Honduras en 2009, durante el golpe de estado contra el entonces presidente, Manuel Zelaya. Ahora presenta un programa en la televisión local.

El regidor Zúñiga se sentó en un sillón tapizado con cuero de imitación. Contestó las primeras preguntas con sosiego y una impecable compostura. Admitió que su policía no podía sofocar el crimen de la ciudad por falta de recursos. La gran mayoría del dinero del consistorio, dijo, se destinó a pagar la deuda que dejaron sus antecesores. Pero cuando escuchó la comparación de San Pedro con Ciudad Juárez, la ciudad que encarnó durante años la violencia del continente, se ofendió y elevó el tono:

—¡Esto no es Ciudad Juárez, aquí no hay tanques en las calles!

Aunque en efecto las calles no han sido tomadas por el ejército, las estadísticas dicen que San Pedro Sula ha superado a la que durante varios años fue la capital mundial del crimen. Honduras vive una encrucijada. Las pandillas, en especial la Mara Salvatrucha y el Barrio 18, las dos grandes maras de Centroamérica, controlan la extorsión y el microtráfico en los barrios marginales y pelean entre sí. El crimen organizado trasiega por el país el 79% de la droga que viaja al norte, según un estudio del Departamento de Estado de Estados Unidos. Transparencia Internacional valora entre 10 y tres el nivel de corrupción de los países. Por debajo de esa cifra se considera una nación incontrolable, un estado fallido. La puntuación de Honduras es de 2.5. En 2011, en el país murieron casi tantas personas por homicidio como las que al otro lado del mundo fueron asesinadas en Siria, que ya se encontraba en plena guerra civil. En las últimas 24 horas habían muerto seis en San Pedro Sula, una ciudad de 700,000 habitantes. En el último mes, 143. En esos días de febrero, el sol se ponía a las 6 de la tarde y la ciudad quedaba desierta. Un supermercado a pocas cuadras de la plaza central cerraba a esa hora. El inmovilismo apenas era roto por una pareja que cenaba en un destartalado balcón y algún vagabundo borracho. La gente tenía miedo de su ciudad. Los mismos vecinos que se agolpaban en el día a ver los cadáveres como quien ve un espectáculo de circo callejero, en las noches se refugiaban en sus casas. A veces paraliza tanto ver hombres armados como ver ciudades sin hombres.

Justo después de nuestra entrevista, el alcalde Zúñiga se dirigió al salón municipal para reunirse con la plana mayor de seguridad de San Pedro y sus alrededores. La oscuridad de su despacho contrastaba con la solemnidad de la sala de eventos: un rectángulo de techos altos, de cuyas paredes pendían grandes óleos colgados que representaban las hazañas del pueblo hondureño. Varias hileras de sillas decoraban el fondo de la sala para que los sampedranos pudieran ver cómo sus autoridades intentaban liderar la salida del hoyo. Zúñiga pidió perdón por el retraso y se sentó en la cabecera de una gran mesa ovalada de madera, donde le esperaban policías, políticos, empresarios y representantes de la sociedad civil. Antes de empezar la reunión, todos bajaron la cabeza, cerraron los ojos y cruzaron las manos. La primera en hablar fue una veterana política. No inició la discusión: la mujer llamó a todos a rezar para «pedir a Dios que paren los muertos».

El inspector Guzmán y su equipo habían desenterrado al cadáver jabonoso de manchas del color del vino. Después de cinco días en el anonimato de una bolsa de basura enterrada bajo un árbol, el cuerpo comenzaba a tener su público cuando Guzmán pisó la escena del crimen. Un grupo de niños jugaba, entre sonrisas pícaras y pasos cortitos, a ver quién era el valiente que se acercaba más al cuerpo hediondo. Los reporteros locales también se habían congregado para escribir unas líneas para su periódico. El médico forense, en cuclillas, buscaba indicios sobre el cuerpo de la víctima. Uno de los choferes del Equipo de Levantamiento de Cadáveres charlaba animadamente con los periodistas. Llevaba más de una década dedicado a aparcar la furgoneta al lado de los muertos. En un momento de la conversación, encendió un cigarrillo, y contó una de sus anécdotas favoritas:

—Una vez fuimos a recoger el cadáver de un taxista en las plantaciones de caña. Estaba hinchadito y lleno de gusanos. Cuando lo agarramos se nos cayó. Nos quedamos con la piel en las manos. Parecía arroz, ¡como el de los chinos!

Todos rieron a carcajadas.

Alguien recogió el cadáver embolsado y llamó por ayuda para cargarlo a la ambulancia. El sol continuaba pegando con fuerza. Los policías todavía no habían comido y ya habían visitado cuatro escenas del crimen. Guzmán, indiferente a las risas y al hambre, caminó por la escena con la parsimonia de quién buscaba sin esperanza de encontrar. Esta vez ni siquiera tuvo una madre desinteresada a quien preguntar por el muerto. Su bloc de notas permanecería vacío.

***

La tasa media mundial de homicidios es de 6.2 por cada 100 mil habitantes, según la Oficina de Naciones Unidas contra la Droga y el Delito (UNODC). En San Pedro Sula, de acuerdo a varias organizaciones internacionales y nacionales, ronda los ciento ochenta. La ciudad ha encabezado durante tres años la lista de las más violentas —sólo la ha superado en algunas ocasiones Aleppo, uno de los territorios más devastados por la guerra en Siria—. Las estadísticas también dicen que al año mueren asesinadas 437,000 personas en todo el planeta y que 36% de las víctimas son americanas (169,000). Por otro lado, la UNODC, calcula que en el mundo se incautan 671 toneladas de cocaína, la inmensa mayoría procedentes de Perú, Bolivia y Colombia. Si quisiéramos responder la pregunta ¿cuántas vidas vale un gramo?, y bajo la lógica que el discurso público nos da a entender en muchas ocasiones —el tráfico de drogas es el causante de todos los problemas—, la respuesta sería que en el continente muere una persona por cada cuatro kilos de cocaína que se incautan. La ONU calculó en 2012 que en todo el mundo habían muerto unas 183,000 personas relacionadas con las drogas. Su margen de variación era de 95,000 a 226,000, porque las cuentas en este caso no son tan simples.

El narcotráfico causa miles de homicidios, pero crimen organizado y muertos no son sinónimos perfectos. El ex zar antidrogas de Costa Rica, Mauricio Boraschi, decía con su voz fina una tarde lluviosa en su despacho que si por él fuera Costa Rica despegaría mágicamente, levaría anclas y se situaría en la Isla del Coco –un parque natural costarricense situado en el Pacífico, a 532 km del territorio continental–, como si todas las desgracias de su país se debieran a que forma parte del corredor centroamericano de la droga. Los índices de homicidios de Costa Rica, la suiza de Centroamérica, una nación sin ejército y con una relativa prosperidad económica, con todo, son muy inferiores a los de sus vecinos del Triángulo Norte. Incluso los de Nicaragua, que se turna con Honduras como el país más pobre de la región, son todavía más bajos. Honduras es hoy la nación más violenta del mundo no sólo por la inevitabilidad geográfica. Lo es, sobre todo, porque entre esas fronteras se puede matar. Para el crimen organizado el asesinato es un recurso viable, pero lo primero sigue siendo el negocio.

Cuando en Ciudad Juárez, en el norte de México, los cárteles de la droga luchaban un día sí y otro también por el control de la plaza –una guerra a la que se sumaron pandillas locales que querían arreglar viejas rencillas–, su vecina del otro lado, El Paso, era la ciudad más segura de Estados Unidos. En general, a lo largo de los más de 3,100 kilómetros de frontera entre Estados Unidos y México, del lado estadounidense se encuentran varias de las ciudades más seguras del país mientras que en México proliferan las ciudades violentas, aunque la droga sólo tiene que cruzar un puente o un río. Cuando un sicario quiere ajustar cuentas con alguien que trabaja del lado estadounidense, lo normal es que lo «levante», lo lleve a México y allí lo ejecute.

En los años ochenta, cuando Pablo Escobar sembraba con bombas la ciudad de Medellín, en Colombia, ese enclave se convirtió en el más violento del mundo, pero la violencia no era algo nuevo en esa nación. Desde el asesinato de Jorge Eliécer Gaitán, candidato a la presidencia por el Partido Liberal, el 9 de abril de 1948, empezó la confrontación entre conservadores y liberales; después llegaría el conflicto interno con las Fuerzas Armadas Revolucionarias de Colombia (FARC); en los ochenta y noventa, el poder de los grandes capos; en los 2000 los paramilitares, que nacieron como una supuesta solución, acabaron siendo actores principales del tráfico de drogas y de los homicidios. En el Valle del Cauca, una zona de producción cocalera y de cannabis, los indígenas protestan con palos de madera contra los narcotraficantes, la guerrilla y el ejército. Varios líderes indígenas han muerto por estar en medio de la enfermedad y el antídoto. Los índices de homicidios en Colombia han descendido abruptamente desde los años de Escobar, pero la tasa por cada 100 mil habitantes (30.9) sigue siendo mayor que la de México (21.5), que ha sustituido a Colombia como la nación de los grandes cárteles.

Medellín aparece en los periódicos como un ejemplo de ciudad recuperada, pero en otras latitudes de Colombia, sigue sembrándose el horror. En Tuluá, una ciudad de 250,000 habitantes, cercana a Cali, en 2012 habían aparecido 198 cadáveres producto de la violencia, algunos decapitados y desmembrados.

***

Doralín llevaba media vida huyendo de la violencia cuando una noche de julio escuchó una balacera cerca de su casa, en la urbanización San Francisco, un complejo de casas de ladrillo y zinc habitadas por desplazados del conflicto interno colombiano. En Tuluá, el sonido de los disparos se había convertido en algo cotidiano en los últimos meses. La orilla del río que cruza la ciudad había amanecido dos veces con los brazos y piernas de un cadáver yaciendo sobre ella. Los habitantes de los barrios de Trinidad e Inmaculada no cruzaban el puente para visitar a sus familiares o ir de compras porque son plazas disputadas entre bandas rivales por el control del microtráfico. En la vía férrea, la policía encontró una bolsa de basura con el tronco de un hombre en su interior. En agosto, unos vecinos hallaron cerca de la terminal de autobuses una maleta con los restos de un hombre desmembrado. Meses más tarde, el día de

San Valentín de 2013, la policía atendió a un trabajador de una empresa funeraria con los labios cosidos, los párpados sellados con pegamento y un cartel que decía SAPO (soplón). Y en las últimas semanas cuatro cabezas aguardaban en la nevera de las instalaciones de Medicina Legal, situadas en un cementerio, a que alguien los identificara.

Doralín no se acostumbraba al sonido de los disparos. Toda esa espiral de violencia y toda una vida bajo el fuego cruzado, no impidieron que esa noche, en especial, tuviera un mal presentimiento. Y que ese presentimiento se cumpliera.

El mayor de sus tres hijos, Carlos Andrés, salió esa tarde para pasar el rato en la casa de un amigo. Tenía 19 años, era guapo, exitoso con las chicas y un buen futbolista. También era puntual. Así que cuando a las 10 de la noche Doralín escuchó la balacera y su hijo todavía no había llegado a casa, se asustó. Minutos después, una vecina le confirmó sus peores presagios. Carlos Andrés había recibido un disparo en la espalda y lo trasladaron al hospital.

Allí murió.

Varios testigos aseguraron que después del estruendo de las balas, los sicarios gritaron: «¡Ay, hijoeputa, ése no es!».

En la colonia San Francisco, una vecina, amiga de Doralín, dijo que a Carlos Andrés lo mataron porque era idéntico al hijo del dueño de uno de los expendios de droga de esas calles polvorientas. Sólo por tener la cara equivocada.

Las famosas balas perdidas se convirtieron esa noche en balas equivocadas. En Tuluá suelen ocurrir este tipo de episodios sacados de una tragicomedia fatídica. El más famoso de los tulueños es Faustino Asprilla, quien fue un letal goleador en el futbol europeo. De «Tino», amante confeso del juego, el alcohol y las mujeres, cuentan en el pueblo que una medianoche de un 31 de diciembre irrumpió en las calles de Tuluá convertido en un forajido de *western*. Asprilla galopó enfebrecido a lomos de un caballo entre la gente que celebraba el año nuevo en verbenas callejeras. Con la mano izquierda sujetaba las riendas y una botella de licor. En la derecha portaba un revólver. Al llegar a la plaza disparó varias veces al aire. Después desapareció dejando tras de sí el rastro de la pólvora.

Otro tulueño célebre es el ex alcalde, Gustavo Álvarez Gardea-zábal, el primer regidor homosexual de Colombia, se subió hace unos años abordo de una lancha para protestar contra la Marina de Estados Unidos, que había hecho base en la costa colombiana.

Otro más es José Edier Gómez, escritor, intelectual, profesor y periodista. Se hace llamar un hombre «tres veces chiquito»: es «chiquito» de estatura y editor del periódico local *El Chikito*, que se vende en formato «chiquito», de volante, la mitad de una cuartilla. Él se paraba en la plaza central cada semana para que pararan los muertos. «Si me tienen que matar que no sea por hacer nada», afirmó en una ruidosa cafetería a pocos pasos de la plaza. Para él su ciudad fue «violentada» por los conservadores que llegaron en los cincuenta. Antes de eso, Tuluá se conocía por personajes como José María Céspedes, un cura que realizó una gran aportación a los estudios de botánica de Carlos Linneo mientras guerreaba con los españoles en aras de la independencia; o por Enrique Uribe White, poeta, inventor, astrónomo… el «Da Vinci» de Tuluá. Después ha sido mencionada porque en 40 kilómetros a la redonda nacieron varios de los narcotraficantes más famosos de la historia, como Diego León Montoya, alias «Don Diego», Wilber Varela, alias «Jabón», Iván Urdinola, alias «El Enano» o Diego Pérez Henao, alias «Diego Rastrojo». En la misma mesa que El Chiquito se sentó un empresario de voz aguardentosa que venía de una reunión con los comerciantes. Nos contó, con la condición de dejar su nombre en el anonimato, que acababan de decidir que si la policía no hacía nada, los empresarios contratarían a paramilitares de Medellín para «limpiar» a las bandas. En esta época de guerra entre narcos, cansado de las extorsiones, el hombre dijo que nunca las cosas habían estado tan mal. Casi añoraba los años en que Diego Rastrojo le ordenaba cerrar un club para beber e inhalar cocaína rodeado de más de una decena de prostitutas.

Es el ciclo de la violencia en el que los que nacen para salvar a la población se acaban convirtiendo en los opresores. Pero los mismos que el empresario quería llamar para poner orden, son los responsables de que en una antigua ralladura de yuca, una fábrica en ruinas, vivieran 14 familias desplazadas por la violencia en el campo. También de que Doralín hubiera acabado en la colonia San Francisco, desplazada, llorando a su hijo.

Un mes después del asesinato de Carlos Andrés, Doralín parecía deambular sin demasiada vida. Los pómulos hundidos y unas enormes ojeras le daban a su rostro un toque cadavérico. El cabello desaliñado, recogido con una coleta. En la sala, un espacio en el que apenas entraban un par de sillones, sus dos hijos pequeños disfrutaban de un videojuego de futbol en la Play Station. Allí todavía había risas. Cuando Doralín entró al cuarto de Carlos Andrés se le ensombreció el rostro y la voz se le quebró. El cuarto estaba igual que el día que su hijo se fue a pasar la tarde con un amigo. La cama estaba hecha y de las paredes colgaban varios posters de su equipo de futbol. Doralín abrió un álbum con fotos de su hijo:

—He escapado de la violencia y mire cómo he acabado.

***

El narcotráfico se ha infiltrado en un continente convulso y ha convertido un fenómeno extraordinario, el asesinato, en algo cotidiano. Como todo lo normal, los muertos están condenados al olvido en demasiadas ocasiones. Después de la desaparición de los 43 estudiantes en México, el país parecía, al fin, que había perdido el miedo a través de tanto horror.

Cada 20 de noviembre, el Ejército desfila por el centro histórico de Ciudad de México para conmemorar la Revolución Mexicana, pero en 2014 las calles amanecieron vacías y los comercios cerrados. En la tarde, fueron los civiles quienes tomaron las calles y ocuparon el Zócalo, la plaza principal de la capital y centro neurálgico de la democracia mexicana. Decenas de miles de personas —los padres de los estudiantes, campesinos a caballo, adultos mayores, familias con cochecitos de bebé, jóvenes de clase alta y baja— marcharon para exigir justicia y pedir la dimisión del presidente de México, Enrique Peña Nieto. Los mexicanos, un pueblo en general orgulloso de los símbolos nacionales, ondearon su bandera en la manifestación:

la mayoría estaban teñidas de negro. En la plaza, frente al Palacio Nacional, el edificio que albergó a los presidentes mexicanos durante décadas, los manifestantes quemaron un muñeco gigante que representaba a Peña Nieto. Una señora portaba una pancarta en la que se leía: Nos ROBARON TODO, INCLUSO NUESTROS MIEDOS.

«Vemos que es un país en el que no se va a poder vivir —dijo Jesús Robles Maloof, abogado, quien asistió jurídicamente a 11 personas que fueron detenidas en la protesta, acusados por tentativa de homicidio, asociación delictuosa y motín—. Lo de Iguala es una cadena de agravios que demuestra que todo es posible. Y la reacción del gobierno, que no está escuchando, nos ha enojado más».

«Voy a fotografiar todo lo que pueda y subirlo a *Facebook*. Sé que es un granito de arena muy pequeño, pero esto no se puede olvidar», dijo Michelle Escamilla, una psicóloga de 30 años.

«Más que la indignación, me mueve la posibilidad de pensar otro lugar para México en el mundo. Esto es la punta del iceberg de un sistema de guerra contra las drogas orquestado por Estados Unidos y otros países que en los últimos años ha dejado veintiséis mil o más desaparecidos, un cuarto de millón de desplazados y cien mil», dijo Froylán Enciso, historiador de las drogas en México.

«Es momento de salir de nuestra burbuja clase mediera. Tenemos un gobierno cínico que no hace nada, es nuestro momento de salir a la calle», señaló Gina Segoviano, publicista. Nunca había salido a marchar hasta la llegada de Peña Nieto a la presidencia. Su primo fue asesinado por un cártel de la droga.

«Cuando vi que habían encontrado a Julio Cesar Mondragón sin cara (uno de los tres estudiantes asesinados el 26 de septiembre, cuando desaparecieron los 43), me quedé pensando en qué país vivimos dónde pasa esto y se puede quedar impune», lamentó Alejandra Espino, ilustradora, quien empezó a protestar dibujando. Participó en una campaña con varios artistas haciendo los retratos de los 43 estudiantes de la Escuela Normal Rural de Ayotzinapa. Al dibujar se dio cuenta de que podía ver cómo estos desaparecidos tenían una cara y era una forma de relacionarse con ellos «persona a persona» y darles una voz a través de su retrato.

«Creo que es un caso que derrama el vaso. Ya hemos tenido muchos como el de la Guardería ABC, la matanza de San Fernando, el asesinato de dos normalistas hace unos años, esto engloba lo que significa este gobierno», dijo Juan Pablo de Tavira, arquitecto, de 34 años, que desde hace un par de meses participa reuniendo víveres para Guerrero y repartiendo información sobre el caso Ayotzinapa. Los casos a los que hace referencia (el incendio de una guardería en Hermosillo, Sonora, que dejó un saldo de 49 niños muertos, y la matanza de 72 migrantes en Tamaulipas) son saldos pendientes en los que la opacidad y la impunidad presuntamente encubren la participación del Estado.

«Lo que siento es una empatía tremenda», dice Juanjo Martínez, quien junto con otros compañeros produjo «Grito de Guerra», un video musical para recaudar fondos para las familias de los estudiantes. «Todos hemos sido alguna vez estudiantes. Y no queremos que a nuestros hijos les pueda pasar algo así».

El 5 de noviembre, los alumnos de varias universidades habían convocado a otro paro nacional para exigir que las autoridades encuentren a los normalistas. En un momento de la noche, mientras los representantes universitarios se turnaban en los discursos y vociferaban los himnos de estos días: «Vivos se los llevaron, vivos los queremos» o «Todos somos Ayotzinapa», unos estudiantes, a modo de performance, cavaban con picos la piedra de la plaza. El mensaje era claro: México es una enorme fosa común. El 8 de noviembre, en una nueva marcha que desembocó en el Zócalo, un grupo de poco más de una decena de personas incendiaron la puerta del Palacio Nacional. El fuego también quemó varios edificios federales y estatales en el resto del país. Era otro mensaje claro: «Fue el Estado», otro de los himnos que resonaban en las protestas.

Desde que llegó a la presidencia, en 2012, Peña Nieto vendió al mundo un México que se iba a incorporar a la modernidad. Su agenda política incluía varias reformas como la de la energía o las telecomunicaciones que, aseguraba, iban a transformar el país. El anterior presidente, Felipe Calderón, inició una guerra contra el narcotráfico que dejó decenas de miles de muertos, pero en este sexenio la violencia se había eliminado del mensaje presidencial, aunque la progresión de muertos en el mandato de Peña Nieto es muy similar.

«Peña Nieto es el primer telepresidente de México. Sus reformas ofrecieron una nueva telenovela nacional, pero demasiado pronto se le atravesó la realidad. Para sobrevivir tendrá que salir de la pantalla y enfrentar lo que está afuera de ella: un país dolorosamente verdadero», escribía Juan Villoro, uno de los intelectuales más respetados del país, en el diario *Reforma* el día después de la marcha. La columna se titulaba «El Reino de Oz». El día que Murillo Karam anunciaba el supuesto asesinato de los 43 estudiantes, el Presidente viajaba a China. Durante su estancia en el extranjero, una investigación periodística desveló que tenía una propiedad a nombre de uno de los principales contratistas de su gobierno. La explicación la ofreció en un video su esposa, Angélica Rivera. En un discurso leído, Rivera declaró que la vivienda, valorada en unos ocho millones de dólares, la había comprado ella gracias a su trabajo durante años como actriz de telenovelas. Del supuesto tráfico de influencias, ni ella ni su esposo han dicho nada.

«Es muy difícil creer que con todo el aparato de inteligencia del Estado no encuentren a 43 estudiantes. Si fuesen tres hormigas, te las guardas en el bolsillo, pero no a unos chicos que además iban en bus. Alguien tiene que saber algo —dijo Juanjo Rodríguez, el productor del video musical en apoyo de las familias—. Y ahora aparece esta explicación de la casa. Se parece a María Antonieta y su coman pastelitos.»

La marcha del 20 de noviembre acabó con disturbios. Los granaderos dispersaron a algunos manifestantes en el Zócalo y detuvieron a 11 personas. «Llegaron antes de que hubiera ningún problema», dijo el ex general Juan Francisco Gallardo, que estuvo preso durante nueve años, según varias organizaciones internacionales, por denunciar la impunidad del Ejército en el país. «Es como si los bomberos llegan antes de que empiece el fuego». Varios manifestantes sospechaban que los disturbios fueron incitados por el propio gobierno a través de infiltrados. El abogado Jesús Robles

Maloof concluyó: «Con el arresto de esas 11 personas quieren volver a meter el miedo a millones».

La indignación de México, sin embargo, no se palpaba en Iguala ese mes. La mañana después de que capturaran en la ciudad de México a José Luis Abarca y a su esposa, que habían estado prófugos desde la desaparición de los estudiantes, en la plaza central una niña se bañaba entre chorros de agua de una fuente mientras retumbaba la música electrónica en dos grandes altavoces. Iguala todavía estaba tomada por policías, era difícil conseguir un hotel si uno no era un uniformado. Aun al caer la noche, en el momento en que el asfixiante calor daba un respiro, los habitantes se sentaban alrededor de la Iglesia o en el Zócalo a disfrutar del fresco. A las ocho de la tarde nos encontramos allí con Tali, la psicóloga de secundaria que tuvo que huir de las balas. Charlamos con ella enfrente de la municipalidad, también calcinada. Una capa de hollín oscurecía el escudo mexicano. Tali, una mujer alegre, nació en la Costa Chica de Guerrero, pero vive en Iguala desde hace siete años. Decía que ya se sentía una más en la ciudad. Hasta después del 26 de septiembre, varios conocidos le habían dicho que los «ayotzinapos» no tenían nada que hacer en Iguala, que no comprendían por qué habían venido a molestar. «No me lo puedo creer, pero a mucha gente le da igual», decía ensombreciendo por un momento su carácter juvenil. En el epicentro de la tragedia, ella aseguraba que sólo había cambiado la retórica: los policías patrullando, los periodistas de todo el mundo preguntando, la gente, sintiéndose segura, disfrutando ahora sí de la plaza. A ella le preocupaba el olvido.

—¿Qué pasará cuándo todos se vayan?—, se preguntaba.

Después de unos segundos, ella misma se respondía.

—Supongo que cambiaremos de dueños.

Capítulo 3
Depende el marrano

El Ruso mató por primera vez hace unos 30 años y fue por venganza. Un «hijueputa» había violado a su hermana y él fue a buscarlo sin pensar. Tomó un tubo de PVC y le amarró un clavo a un extremo. Le tajó el cuello. «Aprendí que la parte más frágil de un hombre es la yugular o la aorta», nos contaba una tarde en Medellín, mientras se tocaba el cuello con los dedos expertos de un forense veterano. Cuando ocurrió todo aquello, el Ruso tenía 13 años.

De rizados cabellos bermejos y brillantes ojos negros, el Ruso narraba su historia en la azotea de un edificio en Barrio Triste. Desde allá arriba se observaban las laderas preñadas de casuchas típicas de Medellín, la segunda ciudad más importante de Colombia. Apenas unos metros por debajo, yacían las sucísimas calles, el asfalto salpicado de aceite de motor y trozos de neumático, y la hojalata de tuercas y tornillos que el piso había asumido como propios. Como puestos de mercado, las esquinas aparecían colmadas de adictos al *bazuco*, una mezcla de pasta base de coca, queroseno y cualquier fruslería que sirviera para mezclar la sustancia y así abaratarla. Igual que el *paco* en Argentina, o el *crack* en Brasil, el *bazuco* en Colombia es una droga barata y popular.

Al fondo, como un islote, el pasto de una glorieta arropaba una escultura metálica de un mecánico trabajando sobre un motor: Barrio Triste, la meca de los talleres automotrices en Medellín.

El Ruso ignoraba por qué Barrio Triste se llamaba así, aunque tenía excusa: no había nacido allí. Los vecinos con los que hablamos compartían diferentes versiones. Algunos decían que antes, hacía más de 80 años, el barrio había sido un asentamiento de gente muy pobre, tan pobre que sólo mirarlos causaba tristeza. Otros decían que uno de los primeros mecánicos que se instaló allí era francés y se apellidaba *Triste*. La gran mayoría explicaba, sin embargo, que el barrio debía su nombre al ecosistema propiciado por los maestros mecánicos. Fue en la década de los 50, argumentaban, cuando empezaron a instalar sus talleres en la zona, generando ríos callejeros de aceite de motor quemado, montañas de neumáticos, nubes permanentes de dióxido de carbono y arenales de hojalata y metales en desuso. Suponían que era por eso y un poco también por las oleadas de violencia que afectaban al barrio desde la década de los ochenta, a las «ollas de vicio» —los fumaderos de droga que habían proliferado en la década de los noventa— y a la miseria que brota en las esquinas de tanto en tanto. Algunos vecinos aún recordaban las «cuevas», un par de edificios abandonados en Barrio Triste que durante años habían resguardado a mendigos, prostitutas y narcotraficantes. En *La isla de Morgan; una crónica desde las cuevas de Medellín,* el periodista José Alejandro Castaño Hoyos recogía el testimonio de un narco que despachaba desde allí: «Las Cuevas son el patio de atrás del infierno. Hasta el diablo, mira lo que te digo, se aburre aquí. Arranca para otro lado».

Barrio Triste era un compendio de todas esas historias, una Medellín en miniatura.

La colonia había alcanzado fama mundial años atrás por la película *La vendedora de rosas*, nominada a la Palma de Oro en el festival de Cannes en 1998. Colombia se proyectaba al mundo con una película de jóvenes delincuentes apenas cinco años después de la caída del capo de capos, el narcotraficante Pablo Escobar, muerto a balazos en una azotea de Medellín cuando huía de la policía.

La vendedora de rosas ilustraba las consecuencias de los años de Escobar. Rodada en Barrio Triste, narraba la devastación moral de las comunas, una historia que bien podía haber contado el Ruso.

«Mi oficio eran las drogas, el alcohol, el *sicariato*, el narcotráfico… No lo digo con orgullo, pero era una forma de subsistir», relataba. Aunque no pretendía excusarse, el sicario decía que su infancia había sido complicada. En su versión, el tono rojizo de su cabello había generado el repudio de su padre. El viejo nunca lo llamó hijo, ni le llevó regalos por el «Niño Dios» —por Navidad—. Sólo una vez, un día cualquiera, trajo a la casa una *volqueta* usada —un camioncito— para el niño. En otra ocasión, el Ruso le pidió que le comprara unos tenis para la clase de educación física y él le respondió:

—Si yo no soy su papá, vaya a pedírselos a su papá.

El Ruso se enfadó y le contestó:

—Si usted no es mi papá, entonces pa' la puta mierda.

La respuesta del otro fue una patada «certera» en la boca. «Jamás me demostró cariño», explicaba el Ruso. Su forma de relacionarse eran los golpes.

En el centro de Medellín, en Colombia, el Parque del Periodista es un oasis de jolgorio entre edificios de oficinas. Todos los días, cuando el sol se esconde, decenas de *punketos,* de *skaters,* de *rastafaris*, hombres de traje y corbata, mujeres de falda y saco, conviven entre cuatro árboles y cinco bares. Cuando el centro de negocios de la ciudad se va a dormir, el Parque del Periodista cobra vida.

Una noche, un colega de la prensa local nos citó allí. Días antes nos había hablado de Barrio Triste. Lo conocía bien por sus trabajos en las «ollas de vicio» del rumbo. Nos recomendó hacer una visita, contrastar la belleza neoclásica de la iglesia del Sagrado Corazón, referente del barrio, con la suciedad y el abandono de sus calles, tan cercanas al centro, a las vías elevadas del metro y al río Medellín y su tono de cobre desgastado. Esa noche nos presentó a un amigo suyo de Barrio Triste para que nos recibiera, un activista vecinal. Vestía gorra, chaleco, camiseta blanca de manga larga y pantalones repletos de bolsillos estilo militar. En ese momento no imaginábamos que aquel hombre que bebía una cerveza sentado en el parque, nos presentaría a dos sicarios en Barrio Triste en las semanas siguientes, como si fuera cualquier cosa, un paseo de domingo con parada en un puesto de dulces y helados. Pero así fue. Un día nos llevó a ver a El Ruso y otro día conocimos a El Tinta, un sicario en activo que trabajaba en un taller mecánico del barrio en sus horas libres.

Aquella noche, con el activista, compartimos cervezas y aguardientes de tapa azul, típicos de la región, *Aguardiente Antioqueño,* mientras grupos de muchachas de piel lechosa entraban y salían de *El Eslabón Prendido,* un clásico de la salsa en Medellín que funciona a media cuadra de allí. Entre tanto, grupos de *skaters* y de *punketos* pasaban por la plaza, incluso algún *skinhead.* Nos sorprendió que todos convivieran sin problemas: en una de las ciudades más violentas de Colombia, *skaters* y cabezas rapadas parecían llevarse bien.

Después de matar al violador de su hermana con el clavo y el tubo de PVC, El Ruso se unió al *combo* —la pandilla— que controlaba al barrio desde la delincuencia. Era una banda delictiva más de tantas que habitan desde hace décadas los bajos fondos de Medellín. El Ruso recordaba sus primeros años en el combo, la «guerra» de los ochenta, cuando bloques de paramilitares empezaron a disputar las comunas a los milicianos que apoyaban las guerrillas de las Fuerzas Armadas Revolucionarias de Colombia (FARC) y el Ejército de Liberación Nacional (ELN); cuando parte de esos paramilitares pelearon entre sí y las autoridades los enfrentaron a todos. Los combos servían a unos y a otros, pero de fondo señoreaba el narcotráfico, el poderoso Cártel de Medellín.

El Ruso trataba de hacer recuento: «¿Cuántas personas yo maté, hermano? Pues la verdad, si te digo que ocho, no es cierto, ¿quince? De pronto fueron quince, pero creo que han sido más».

Para 2003 la Facultad Latinoamericana de Ciencias Sociales, Flacso, calculaba que más de seis mil trescientos combos imponían su ley en las comunas de Medellín. El Ruso apuntaba el nombre del barrio en que vivía y los que quedaban cerca, aunque pidió que evitáramos decirlo por seguridad, para que no lo pudieran reconocer. Su comuna había sido una de las más castigadas por el conflicto entre paramilitares, guerrilleros, narcotraficantes y autoridades. Mientras el número de homicidios descendía en la ciudad respecto de los años duros de Escobar (finales de los ochenta, principios de los noventa), el barrio del Ruso experimentaba repuntes.

Parecía que los recuerdos hacían sufrir a este fortachón de espalda ancha. Según pasaba la tarde, sus ojos decían más que sus frases, cada vez más cortas, ambiguas, muestras de un pasado que el Ruso traía de vuelta a cuentagotas. Le preguntamos por las heridas que cubrían parte de su cuerpo, cicatrices de aspecto cremoso, mantequilla helada. Ahí le cambió la voz. El Ruso encarcelaba recuerdos y gestionaba sus visitas al presente pero no podía obviar las quemazones que lucía en el cuello y los brazos.

Cuando era adolescente, contó después de una larga pausa, le habían llevado a un laboratorio en el campo a procesar cocaína. En el camino le habían vendado los ojos. Pasó varios días trabajando y casi al final, por accidente, una canaca —un barril— de ácido sulfúrico se le cayó encima. El Ruso entró en coma y no despertó en varios días, aunque a él, cuando finalmente abrió los ojos, le parecieron minutos. El ácido le había provocado quemaduras de segundo grado y el barril, en la caída, le había quebrado los huesos de un pie y un brazo. Allá en ese lugar, decía el Ruso, quien tiene un accidente, o sale muerto o le desaparecen. Los guardianes del laboratorio le dieron por muerto y arrojaron su cuerpo por una ladera. La suerte que tuvo, decía, es que al día siguiente un arriero que pasaba con su caballo lo vio al pie del cerro y lo auxilió. El Ruso pasó año y medio recuperándose. No había puesto los dos pies en la calle cuando empezó a preparar la venganza.

Repuesto de su accidente, buscó al arriero que le había ayudado. Le preguntó dónde lo había encontrado y marchó a buscar a los guardianes. Pocos días más tarde dio con ellos y… «Un amigo me había dado un revólver del 38 —dijo con pausa, quizá paladeando el recuerdo, reproduciendo la escena para sí mismo—. Los maté a todos: cuando a uno lo levantan a palos, palos reparte».

Aquella tarde en Medellín solo escuchamos detalles de dos asesinatos: el del violador de la hermana del sicario y el de los guardianes que le dieron por muerto. Según el código de el Ruso esas muertes eran merecidas, más que cualquier otra que hubiera causado. En ellas se explayaba, suponían para él ejercicios de convicción, una forma de esclarecerse el mundo, una idea de la justicia: matar para volver al equilibrio.

Durante los años que estuvo en activo, el Ruso había quitado vidas ajenas por motivos diversos: para dar un mensaje a una banda rival, para que no lo mataran, porque el combo de su comuna estaba en guerra contra otro o simplemente porque alguien le pagaba para que lo hiciera. En todos esos casos la muerte era producto de su actividad, de su trabajo, un trámite ajeno a consideraciones, una fuente de empleo. Parecía que matar por venganza y por dinero fueran conceptos distintos, repelentes entre sí, difícilmente vinculables; que al ahorrar palabras sobre sus proezas laborales esas muertes encogieran, caducaran con mayor facilidad, se desvanecieran como cuchicheos en un cementerio.

—¿Para quién matabas durante todos estos años?

—Pues para el que más pagara, parce —contaba el Ruso con simpleza, en su prolongado acento antioqueño.

—¿Y cuánto vale matar a un hombre?

—Depende, hermano.

—¿De qué?

—Depende del marrano. Hay tarifas de 300,000 pesos [170 dólares], de tres palos [millones], de ocho…

La frialdad mercantil aplicada a la muerte.

El Ruso insistió durante toda la tarde en que había dejado de matar, que se había retirado y ahora trabajaba de mesero en un restaurante. Contaba que había sido por su hija pequeña. Una noche, hacía cuatro años, llegó con una carta para él. En el colegio le habían mandado que escogiera a la persona que más amaba para dar un paseo al día siguiente. Ella eligió a su padre. Esa noche El Ruso iba a salir a «goliar», a robar con los «parceros» del combo. Ya llevaba tiempo pensando en dejarlo, aunque parecía difícil. De los 150 sicarios que había conocido, calculaba, solo sabía de cuatro o cinco que lo habían dejado. Muchos de sus amigos habían muerto, estaban «encanados» —en la cárcel— o en silla de ruedas.

El Ruso calculaba que había meses en que morían entre 10 y 11 conocidos de su círculo cercano. Cuando eran «sangre», amigos de siempre, buscaba venganza, otras veces lo dejaba pasar. Con más de 20 años en el oficio de quitar vidas, el Ruso era una rareza: un sicario en la treintena es en sí una contradicción.

La carta de su hija cambió la vida de el Ruso. Esa noche, recordaba, no fue a «hacer la vuelta», salió de casa para vender un arma y así tener plata para el paseo del día siguiente. «Hijueputa, fue como si me hubieran lavado el corazón con un papel de lija, así: ¡o cambia o cambia!».

A partir del paseo del día siguiente, el Ruso empezó a sonreír, «fue el día más feliz de mi vida», recordaba. Antes, decía, sonreía muy poco y cuando lo hacía no era por felicidad o gozo. Fue esa tarde con nosotros cuando se percató. Nunca antes se había preguntado si sonreía o no y por qué lo hacía. Sólo ahora, con un «taco» —un nudo— en la garganta, decía que fue aquel día con su hija cuando empezó a sonreír «humanamente». La carta «fue una inyección letal que yo recibí», explicaba el Ruso, como si la muerte de una parte de su ser fuera la única manera de reparar su situación, la aniquilación de una pulsión que alojaba en su interior desde hacía décadas. «Entonces empecé a ser persona, antes no sabía qué era eso».

Era una etapa de novedades en la vida de El Ruso. Por primera vez conocía la dignidad, reía de alegría o ganaba plata «sudada» —en un trabajo sin matar a nadie—. Una intensa mirada satisfecha, el eco catártico de una confesión, asomaba por sus ojos, como si abundar en el cambio que había experimentado tuviese el efecto de acentuarlo e incluso de mejorarlo.

Otra de las novedades en la vida del Ruso es que su padre había empezado a llamarle hijo.

Había ocurrido hacía casi un año. Su padre había caído enfermo y su familia lo había internado en un hospital. Con el paso de los días la factura creció y llegó un punto en que no se pudieron hacer cargo. Eran casi dos mil dólares y el Ruso, que decía no sentir odio hacia su padre, los juntó. Tiempo después apareció por su casa. El Ruso pensaba que quizás andaba algo borracho, que por eso se lo dijo; ignoraba si lo fue a buscar por sentimiento o por la mala conciencia de que el hijo que había repudiado hubiera pagado su cuenta del hospital, pero a él no le importaba. Llegó, lo saludó y le dijo:

—Gracias, hijo.

«La suerte es que siempre lo miré como padre», reflexionaba el viejo sicario, «nunca lo miré como enemigo. Porque si le miro como enemigo, créalo, le hubiera dado de baja».

Conocimos al Tinta días antes que al Ruso. Nacido en Medellín hacía 38 años, Tinta, un hombre flaco y encorvado, era otra contradicción, un sicario longevo, aunque a diferencia del primero éste seguía en activo. Hacía seis meses se «había dado gatillo» por última vez con unos «manes» de Caldas, un municipio del área metropolitana. Recordaba que le fue bien y que volvió con vida.

Tinta narraba su historia en la trastienda de un taller mecánico en Barrio Triste. Ya de noche, la hojalata y los metales del asfalto brillaban a la luz de la luna. Un mecánico que salía del taller dijo que ese era el cielo de Barrio Triste, el asfalto con estrellas de latón, aunque a decir verdad Barrio Triste gozaba de tres cielos distintos: el del suelo, el de siempre y el que aparecía en las montañas que rodean la ciudad, un enjambre de lucecitas que prende cada día al atardecer. Tinta echaba las horas muertas en el taller con un primo. El activista vecinal que habíamos conocido en el Parque del Periodista era amigo suyo. Sentado en un banco de madera, el sicario, preso de un meneo constante, como si fuera un junco seco a la merced del viento, contaba que al matar sentía poder y mucha adrenalina:

—¿Y qué sientes por el que se queda en el suelo?

—Nada —respondía, como si le hubiéramos preguntado algo extraño—. Ese *man* está muerto. Al quieto se le deja quieto.

—¿Y nunca te da miedo cuando tienes un encargo?

—No, a uno ya le gusta, siente adrenalina, y entonces no le da miedo. No... —reflexionaba— miedo no da.

Tinta, que aquel día vestía una camiseta de AC/DC y una gorra de la Virgen, nunca había intentado salir de ese mundo o al menos, si lo había hecho, evitaba dar detalles. Ignoraba a cuántas personas había matado y su cara reflejaba esa expresión desconcertada de los delanteros que fallan goles evidentes. Explicaba que lo único que recordaba de cuando era pequeño eran los combos, que ya de muy joven supo reconocer la verdadera autoridad de las comunas, los que controlan el tráfico de drogas, las *vacunas* −extorsiones− al transporte, las armas, e incluso la basura o la leche.

En los días que estuvimos por Medellín visitamos varias comunas para conocer el presente de los combos que mencionaban El Ruso y El Tinta. Una mañana conocimos a El Paisa, el líder del combo de un barrio más al norte de la ciudad. El Paisa era un hombre gordo, ataviado de gorra y vaqueros, con tres celulares que nunca dejaban de sonar. La subida al barrio recordaba a la de las *favelas* que se asientan en los morros de Río de Janeiro, cuestas empinadas, casuchas sin pintar y en equilibrio a ambos lados, banquetas llenas de gente. La comuna del Paisa integraba el tercer cielo que observan los vecinos de Barrio Triste cuando cae la tarde.

Repantigado en una silla de plástico, junto a una tienda de abarrotes y varios de sus soldados −muchachos que difícilmente rebasaban los 13 años−, El Paisa explicaba cómo funciona el negocio. Primero aclaró que su combo debía lealtad a la Oficina de Envigado, la organización que controla el tráfico de drogas en Medellín desde la muerte de Escobar. Luego explicó que la Oficina llevaba la mercancía al barrio, el combo la vendía y pagaban de vuelta. En una de esas mandó a uno de los chicos por algo. Se perdió entre las casuchas y volvió a los cinco minutos con dos pequeños bultos: uno era un *bareto* [un cigarro de marihuana envasado al vacío] y otro una pequeña bolsa de cocaína.

−Nosotros vendemos unas 900 o 1,000 bolsitas de cocaína como ésta quincenales −decía, mientras abría el plástico del polvo blanco− cada una a dos mil quinientos pesos [como dólar y medio]. Dos mil van a la Oficina, trescientas para mí y doscientas para el que la vende −calculaba.

Aquellos muchachos, cuyo juego parecía consistir en acercarse lo suficiente a El Paisa para estar a mano y alejarse lo suficiente para no molestar, eran sin excepción escuálidos, ajenos aparentemente a preguntas sobre su condición: ¿qué hago yo aquí? ¿No soy muy joven para esto? ¿Existe acaso una edad adecuada para traficar con drogas o matar a alguien?

Durante la conversación que habíamos tenido, Tinta parecía igualmente distante de cualquier tipo de reflexión. Su vida, según nos la contaba, parecía un cúmulo de consecuencias sin principio claro, como si el traje de asesino aguardara en su armario desde la infancia. Antes de saber por qué o a quién, Tinta ya estaba matando, las comunas guerreaban unas con otras, y la violencia y las drogas conformaban el hilo conductor de su existencia. Unos meses atrás, contaba, mataron a uno de sus últimos parces, «un hermano» que él mismo había hecho ascender en el combo y con el que se había criado. Se intuía cierto gesto de dolor en su rostro al recordarlo. Pero enseguida se esfumó: «la vaina aquí es así, parce».

Matar y morir conformaban un solo concepto, un equilibrio macabro que El Tinta asumía. «Usted sabe, igual que yo doy gatillo sé que un día me van a detonar», contaba, y si sentía algo, miedo, angustia, no lo mostraba, su tono de voz bailaba entre el sigilo y la contundencia, ignorando que la muerte, en otras partes, no es un negocio común. Antes de irnos le preguntamos si se imaginaba vivir en un sitio donde no hubiera asesinatos. El Tinta parecía que iba a decir algo pero no abrió la boca. Entonces le preguntamos si se imaginaba un sitio donde al menos no hubiera tantos asesinatos. El sicario se quedó pensando. Dos segundos, tres; sus manos manchadas de grasa, la mesa del taller llena de trastos viejos, cables, alambres, arandelas. «Yo no me imagino una ciudad así», respondió.

Dar gatillo, detonar, vacuna, manes, dar de baja, goliar, encanado, calentarse, son expresiones comunes en Barrio Triste. Tanto el Ruso como el Tinta las empleaban indistintamente y todas tenían que ver con la delincuencia. El activista vecinal nos contó una tarde en el barrio que eso era el *parlache*, el dialecto de las comunas de Medellín, nacido en los años duros del narcotráfico y los enfrentamientos urbanos entre guerrilla y paramilitares. El activista decía que el parlache era reconocido en todo el mundo gracias a los actores de *La vendedora de rosas* o de *Rodrigo D: no futuro*, ambas del cineasta antioqueño Víctor Gaviria, retratos descarnados de la realidad de las comunas de Medellín.

La mayoría de los actores de esos largometrajes no eran profesionales, sólo niños de la calle que se habían interpretado a sí mismos. Gran parte del reparto de las dos películas había muerto pocos años después. Lady Tabares, la protagonista de *La vendedora de rosas*, había caído presa acusada y condenada por el asesinato de un comerciante. Para 2014 ya había pasado más de 10 años en prisión y RCN, una de las cadenas de televisión más populares de Colombia, preparaba una serie sobre su vida.

El activista, que había formado parte del elenco de la película, nos acompañó a visitar a uno de los pocos que habían sobrevivido, John Freddy Ríos, Choco en la cinta, paralítico de cintura para abajo después de recibir dos disparos en la cabeza por un ajuste de cuentas. Choco estaba tirado sobre un cartón sucio y mojado en Barrio Triste, junto a un carro de supermercado y un perro que era pura piel y huesos. Nos contó que él había estado en la película, que el activista, mayor que él y los demás muchachos que participaron, había cuidado de todos. El activista nos pidió que le diéramos unos pesos y se los dimos, sin saber qué decir o qué hacer, con una extraña sensación de impostura, de turistas de la miseria.

Choco hablaba muy rápido, era difícil entenderle. El activista repasaba por su parte las joyas del «cine de sicarios» de los últimos años, películas dedicadas al mundo del hampa en Medellín, pero también en Bogotá, Cali o Cartagena. En dos minutos mencionó *Sumas y Restas*, *Perro come Perro*, *El Rey*, *Rosario Tijeras*, *La Virgen de los Sicarios*. La violencia desbordada había favorecido el surgimiento de un idioma propio y un género cinematográfico en el país. Prometió conseguirnos copias de algunas y pasar a dejarlas más tarde por el hostal donde nos hospedábamos.

111

Vestido de gorra y chaleco, los ojos achinados como si el sol siempre brillara demasiado, el activista era un maniático del cine. Su participación en *La vendedora de rosas* había impulsado la creación de una productora y en aquel entonces, finales de 2013, andaba inmerso en la grabación de su propia película de delincuentes, unos con la intención de redimirse y otros con la única idea de seguir haciendo lo que siempre hicieron.

Entrada la tarde, de vuelta al hostal, jugábamos al billar en la sala. Era una zona de bares cercana a la estación de metro Estadio, a unos 15 minutos en autobús del centro. Barrio Triste quedaba justo al otro lado del río Medellín. Aunque los días eran cálidos, en las noches refrescaba. Hacia las siete sonó el celular de Jaled, nuestro colega de Madrid, que se había unido al viaje en Colombia y bajaría parte del continente con nosotros. El activista, decía, esperaba en la esquina de la calle. Fuimos a buscarlo. Allí estaba, solo, con abrigo, cargando una bolsa de plástico llena de películas pirata. Caminamos juntos de vuelta al hostal, llovía. Cuando estábamos a mitad de calle, escuchamos que alguien susurraba por la espalda, muy cerca de nuestras cabezas: «Parce, ¿cómo era que te llamabas?». El Tinta gastaba una broma y aparentemente surgía de la nada, envuelto en su gabardina que parecía un mar de sombras, con su gorra de la Virgen y la cara de travieso. No miró a nadie a la cara hasta que entramos al hostal, a la sala del billar: sólo le interesaban las dos esquinas de la calle. Mientras el activista explicaba el argumento de cada una de las películas, el Tinta agarró un taco y empezó a jugar carambola. Eran tres bolas, la blanca y dos rayadas. En el juego de carambola obtiene mejor puntuación quien consigue que su bola golpee a las otras dos y al menos tres lados de la mesa. El Tinta tiraba tan fuerte, tan violentamente, que no supimos cómo reaccionar. Además acertaba: su bola contra las otras dos, su bola contra las paredes de la mesa. El sicario ni siquiera se quitó la gabardina, lo que alimentaba nuestra imaginación: ¿por qué no se la quita? ¿Qué lleva debajo? El Tinta era un as del billar y cuando dio el juego por concluido, el activista y él se despidieron. Aún estábamos diciendo adiós en la puerta cuando el Tinta ya se había esfumado. El activista ignoraba dónde había ido, al menos eso decía, aunque no parecía preocupado.

No volvimos a ver al Tinta. Semanas más tarde nos dijeron que había desaparecido, que la policía lo andaba buscando y se había escondido. Supimos de él por el activista. Cuando le preguntamos por lo ocurrido, entonó una leve carcajada. «Así es la vaina», dijo, y parecía que esa expresión, tan común en Barrio Triste, significaba mucho más, como si explicara la vida del Tinta en cuatro palabras, la razón última de todo lo que había hecho, justificándolo un tanto, aunque también condenándolo: mata porque no tuvo otra opción, pero es y será un asesino. Así es la vaina.

Del activista y el Ruso sabemos algo de vez en cuando. A finales de 2014 el Ruso andaba en Centroamérica en unos negocios. El activista vivía enfrascado en su película, todavía por terminar y postproducir. Habían sido meses malos en Barrio Triste. Cuando nosotros visitamos la zona pudimos andar tranquilamente, hablar con todos. El activista no nos quiso decir, pero a finales de 2014, en el plazo de un mes, una decena de amigos suyos habían perdido la vida en las calles.

***

Matar para ascender en la pandilla, porque si matas a alguien subes, pero si matas a alguien importante, subes más.

En Caracas, los policías son los muertos más importantes. A principios de noviembre de 2014 más de 115 habían sido asesinados en las calles de la capital venezolana. En la delegación de Catia, un pandillero de 32 años, veterano, explicaba que «la placa y la pistola de un policía son como una especie de trofeos, demuestran poder». Caracas es una de las ciudades más peligrosas del mundo con 4,000 homicidios al año en sus calles. El Pandillero insistía: «Muchos de los policías son los jefes del tráfico de drogas en los barrios, así que también son ajustes de cuentas». Pero no son sólo los policías. El pandillero vigiló las esquinas de su barrio durante años con cinco hermanos. Ahora sólo quedan tres. Recuerda un episodio de pequeño que se le ha quedado grabado:

—Un chico de unos trece años increpó a otro que estaba en una casa viendo televisión con una chica. El joven de la vivienda salió y empezaron a discutir. El primero entonces se sintió ofendido y buscó comprensión en su pandilla, que perdía el tiempo fumando marihuana en una pequeña plaza. Cuando escucharon la historia, todos los amigos fueron a buscar al otro, lo atacaron con palos y lo dejaron malherido. Un muchacho de 12 años que intentaba ganarse el favor de sus compañeros llegó entonces al lugar. Como todavía no había demostrado su valía, el líder del grupo le dio la pistola. «Mátalo», le ordenó. El niño dudó unos segundos. «¡Cobarde!», le gritaron todos. Al final, le dio el tiro de gracia.

Matar para dar un mensaje, como parte de un ritual de madurez, para que no te llamen cobarde. Matar porque estás en guerra.

El hondureño Jovel Miranda murió asesinado el 25 de abril de 2013 en San Pedro Sula. Tenía 31 años y pintaba casas. Lo balearon. Aunque Jovel no era un pintor cualquiera. Durante años había liderado una de las clicas del Barrio 18 en San Pedro Sula, la Santana Locos, pero hacía más de una década que lo había dejado. La pandilla, nos contaba cuando lo conocimos en Honduras, no olvida fácilmente. Alguien que sale se convierte en un peseta, un desertor y sus viejos camaradas le odian tanto como a los miembros de la pandilla o la clica rival. El milagro, nos contaba, es que después de 12 años seguía con vida.

Jovel, un hombre de mirada inquieta, vitalista, los brazos llenos de cicatrices por tatuajes que borró, el pecho recordando su pasado con números enormes, uno y ocho; entusiasta a ratos por las posibilidades que le presentaba el futuro, por seguir con vida, se había iniciado en la pandilla a los 11 años, cuando vivía en Los Ángeles. Un tío suyo comandaba una facción del Barrio 18 en la ciudad californiana. Jovel adoraba a su tío. Para él, decía, era como un padre, un referente. A los 11, decía, le brincaron a la pandilla, cumplió el ritual de iniciación, 18 segundos de golpes propinados por tres de sus futuros *homies,* sus hermanos de la clica. Luego ya se tatuó el uno, ocho de rigor en su cuerpo, aunque al poco tiempo le deportaron de vuelta a Honduras, igual que a su tío.

Jovel contaba su historia en la terraza de la piscina de un hotel céntrico de San Pedro. Nos había citado allí porque parecía una zona segura, cerca del Ayuntamiento, de la plaza principal, alejada de esas colonias de las afueras donde la tierra le gana la batalla al asfalto, y donde el estado, débil de por sí en un país castigado por la violencia, supone un concepto abstracto: a veces, los 15 o 20 kilómetros que separan a esos barrios del Ayuntamiento parecen una distancia mayor a la que recorrimos nosotros en los dos años de viaje.

Jovel pidió un bocadillo que tardó varias horas en terminar. A los 15 minutos de empezar a hablar, intensificó sus miradas al hombre que se sentaba en la mesa de al lado. Parecía ensimismado, mirando la alberca, pensando en sus cosas. Pero para Jovel podía ser muchas otras cosas, un informante de la pandilla que había dejado, de la pandilla rival, de la policía, de cualquiera. Le espetó: «señor, ¿está usted escuchando?». El señor sonrió con ironía, como diciendo, «y por qué iba a escucharle yo, a mi qué me importa». Pero Jovel se le quedó mirando, callado, hasta que el otro se levantó y se fue. De todas formas nosotros marchamos pocos minutos después, fuimos al hotel donde nos quedábamos. Allí hablamos durante horas. Grabamos un video corto, La vida de Jovel, que luego subtitulamos —la cantidad de jerga lo aconsejaba— y lo colgamos en *Youtube*. Jovel resumía su vida en un cuarto de hora, cuando ese tiempo en cualquiera de sus años en la pandilla podía contener más horror, violencia, experiencias traumáticas que cualquier otro cuarto de hora del que hubiéramos oído hablar hasta entonces.

Su tío, contaba, quería salir de la pandilla a su vuelta a Honduras. Y lo hizo. Además, aconsejaba a Jovel que hiciera lo mismo. Pero justo entonces, explicaba el viejo pandillero, rivales de la Mara Salvatrucha le asesinaron. «Entonces dije que iba a hacer todo lo posible para vengar su muerte —decía—. Y desde ese día para acá, pues, me entregué a la pandilla».

115

Fue un proceso largo, nos contaba. Sus días consistían en buscar rivales de la MS-13 para matarlos, en beber alcohol, drogarse. Vivían en casas que la pandilla se agenciaba. Eso le gustaba, formar parte de algo. Entre ellos, decía, se entendían, «había una protección, una identidad». Poco a poco fue ascendiendo en la jerarquía de la pandilla. Era un proceso, «vas a otros barrios a aniquilar a miembros de otras pandillas para poder demostrar tu felonía, tu valor». Así, Jovel ganaba «respeto», aunque aclaraba que no sólo los muertos contaban para ganar respeto, también las estrategias que planteaba, la disciplina que imponía, la inteligencia, finalmente. Pero sí, decía, «lastimosamente a veces tienen que morir miembros de otras pandillas para demostrar tu capacidad de liderazgo».

Jovel desgranaba sus recuerdos, las reglas de la clica, los castigos para quienes las incumplían. La primera norma, quizá la más importante, pues es la primera que mencionaba, era que si entrabas en la pandilla era para siempre, no podías salir. «La única forma de poder salir —zanjaba—, es muerto». Y así Jovel se convertía en una anomalía, como los sicarios treintañeros —pues era en realidad lo que era, lo que había sido—, aunque parecía no darse cuenta, pues enseguida pasaba a la siguiente regla. O quizá lo había pensado tantas veces que no tenía sentido volver a ello, pues al final, era incapaz de resolver las dos únicas dudas que planteaba sus situación: ¿Por qué no me han matado todavía, después de tantos años? ¿Me matarán en algún momento?

Jovel recordaba también cuando su vida cambió. Estaba en la cárcel, siempre armado con un «filo», un machete, para repeler posibles agresiones de la MS-13. Él y sus *homies* controlaban la venta de droga en prisión, mantenían contentos a los policías, parecía que todo iba bien, pero… Algo había cambiado. Quizá no era consciente, o no quería serlo, pero la pandilla había cambiado. Aquel día en San Pedro, Jovel enunció muy fácilmente los motivos por los que la pandilla y él se habían distanciado, pérdida de valores como confianza, respeto, solidaridad. Pero entonces… Él recordaba un momento decisivo en su partida, la muerte de un «*homie* de respeto», «El Shadow», envenenado en la cárcel. La misma pandilla, decía, lo había matado y él pensó que si habían matado a El Shadow podían hacer lo mismo con él. Jovel se convenció, quería salir. Y tuvo suerte. Justo por entonces tenía que ir al juzgado por una audiencia, para ver si le liberaban. Su padre, que Jovel había mantenido fuera de su vida hasta entonces, acudió en su auxilio. Le dijo:

—Yo te voy a ayudar a salir de la cárcel, si quieres cambiar tu vida, te ayudo, y si quieres salir de la pandilla, adelante. Es la última oportunidad que te voy a dar.

Su padre era un hombre de la iglesia y en ese momento, recordaba, él no creía en Dios. Y sin embargo, oró.

—Si existes señor —rogó—, ayúdame a salir, si logro ver yo luces, que puedo conseguir un empleo, si puedo quitarme estos tatuajes, entonces...

Y poco a poco lo fue logrando, conoció a trabajadores de una ONG que le apoyaron, le dieron refugio... Al año de salir, él y otros ex pandilleros comparecieron ante los medios en San Pedro para exigir al Gobierno que detuviese su recién estrenada política de tolerancia cero contra las pandillas. Según ellos, era una forma de encubrir asesinatos extrajudiciales a gente como él, pandilleros retirados. Por ese entonces se incendiaron dos cárceles en Honduras. Conocidos y ex camaradas de Jovel murieron allí y él, contaba, ayudó a identificar algunos de los cadáveres. Luego creó una organización para ayudar a gente como él, Generación X, de apoyo a ex pandilleros que trataban de rehabilitarse. Y después de la adrenalina de los primeros años, lo más difícil, subsistir a una vida normal.

Una de las pocas exclamaciones que entonó Jovel aquel día fue «¡he cambiado mi vida, soy lo mismo, un líder, pero un líder social!». Y lo era, pero no daba dinero para vivir, por eso salía con su papá a pintar casas. Quizás aquel día, aquel 25 de abril, no tenía que haber ido a ese barrio, pero necesitaba el dinero, su mujer y su hijo lo necesitaban.

Nunca estuvo claro quién lo mató y a casi nadie le llamó la atención en Honduras. ¿La pandilla? ¿Un asalto? ¿Un rencor?

Al día siguiente, el diario *El Tiempo*, de San Pedro, recogía en un puñado de palabras la muerte del viejo pandillero, «Cuando iba con su padre matan a pintor».

¿Matar por casualidad? ¿Para que nadie se olvide de quién manda?

El 24 de junio de 2013, un sargento del Batalhao de Operações Especiais de la policía de Río de Janeiro, el BOPE, moría en la favela de Nova Holanda, al norte de la ciudad. Si un efectivo del BOPE muere en una favela, un vecino de la favela muere a continuación. No en vano, en el escudo del Batalhao anida una calavera a modo de advertencia. A diferencia de los barrios humildes de Medellín o Caracas, los criminales de las favelas de Río pasean armados por la calle. El barrio es su territorio, no hay policía que valga.

Aquel día de junio, por la tarde, un grupo de asaltantes cruzaba la avenida Brasil, que separa la favela de Nova Holanda del barrio clasemediero de Bonsucesso.

Los asaltantes aprovecharon la marea de gente que se manifestaba en Bonsucesso para robar en algunas tiendas. En aquella época una marea de marchas inundaba las calles de los centros y otros barrios de las principales ciudades de Brasil. Marchaban contra la corrupción, los gastos fastuosos en las Olimpiadas de Río 2016 y en el Mundial de futbol, la falta de escuelas, de hospitales, la impunidad en muchos casos. Todo había empezado días antes por el anuncio de la subida del precio unos pocos céntimos del billete de autobús, pero fue llama suficiente para que todo prendiera. Décadas atrás, el movimiento por los derechos civiles de la población negra en Estados Unidos había empezado por la negativa de una señora a ceder su asiento del autobús a un ciudadano blanco. En Brasil se lo creían y aquella tarde, en el barrio de Bonsucesso, los vecinos levantaban la voz para que los gobernantes les hicieran caso. Entonces aparecieron los vándalos, robaron, asaltaron y cruzaron la avenida Brasil para refugiarse en la Nova Holanda.

La Nova Holanda es la favela principal del *Complexo da Maré*, un entresijo de calles estrechas, viviendas de una y dos alturas, pintura desgastada, agujeros de bala en las fachadas, tubos blancos de PVC desaguando suciedades en una acequia inmunda, niños gritando, niños riendo. Maré es la réplica marginal de los barrios ricos de la zona sur de Río, un destello del paisaje que no sale en la foto, 140,000 vecinos en un hormiguero vital y cochambroso.

La policía perseguía a los asaltantes cuando corrieron a refugiarse a la favela. Cuando amagaron con entrar, los narcotraficantes que dominan Nova Holanda dispararon, así que desistieron. Horas más tarde llegaba el BOPE para buscar a los maleantes, primero a los asaltantes y después a los que habían disparado a sus compañeros. El BOPE es el grupo de élite de la policía de Río, conocido mundialmente por las películas de *Tropa de Elite*. El primer equipo llegó a la favela e intentó entrar, pero las balas cayeron de nuevo. Uno de los agentes fue alcanzado y minutos más tarde murió camino al hospital. Durante la noche más agentes del BOPE ocuparon la favela y acabaron con la vida de al menos nueve ciudadanos. Algunos vecinos decían que no todos eran narcos. A la mañana siguiente, Nova Holanda lucía una imagen extraordinaria: las calles amanecían vacías de gente y de ruido. La favela, un escenario que se entiende a partir del alboroto, una mezcla de olores, humedad rancia, asfalto soleado, frijoles negros y *maconha* —marihuana—, parecía aquella mañana el *atrezzo* oxidado de una distopía cinematográfica.

Para la tarde, Nova Holanda recuperaba poco a poco su aspecto habitual, ruidosa, exagerada. Los vecinos comentaban los sucesos de la mañana y la noche anterior. Todos recordaban escenas que parecían sacadas de una película de acción, agentes del BOPE corriendo de esquina a esquina, vigilando las fachadas con la punta de sus metralletas, cubriéndose unos a otros.

Cuando caía la tarde, integrantes de ONG's y representantes de la asamblea legislativa de Río de Janeiro acudieron a Maré por las quejas de los vecinos ante posibles violaciones de derechos humanos cometidas por los BOPE. De los nueve muertos, decían, algunos habían sido asesinados a sangre fría por agentes del cuerpo de élite. Por la mañana, con la favela desierta, un grupo de activistas de ONG's y dos periodistas habíamos visitado las casas de familiares de los muertos. Algunos decían eso, los habían matado a sangre fría y señalaban manchas de sangre en el suelo y trozos de pared desconchada por los disparos. Entretanto, el BOPE había seguido buscando, como un juego macabro del ratón y el gato. Tal era el grado de paranoia, que los vecinos llegarían a asegurar que el BOPE seguía *retaliando* —cobrándose la venganza—, aunque a golpe de cuchillo para que las ONG's no escucharan ruido de disparos.

Antes de que llegaran los representantes de la asamblea, la escuela de samba de Nova Holanda acogió el velorio de uno de los muchachos muertos durante la noche. Se llamaba José Everton Silva de Oliveira, aunque todos lo conocían como *Betinho* y no aparentaba más de 20 años. Betinho era uno de los soldados del comando delictivo que manda en Nova Holanda y las favelas de alrededor. En la Nova Holanda y las otras favelas de Maré, de hecho en las más de 700 favelas de Río, varios grupos armados se disputan el control. En Nova Holanda domina el veterano *Comando Vermelho*, con más de 30 años de experiencia en el tráfico de drogas y la guerra de guerrillas con la policía. Betinho había sido uno de los que se había enfrentado con la policía. En la favela decían que había muerto en el tiroteo, durante la noche.

Más de cincuenta vecinos rodeaban el ataúd de Betinho. Decenas de caras jóvenes contemplaban al muerto, dos ojos cerrados, hinchados, flores blancas y un velo de gasa sobre la cara para evitar a las moscas. Algunos llevaban una camiseta con la cara de Betinho y una leyenda: «¿Dónde está aquel brillo de tus ojos? Tu sonrisa no está más como antes. El amor se enfrió, creció el odio y te aprisionó sin darte oportunidad».

En 1999, el cineasta carioca Joao Moreira Salles estrenaba el documental *Noticias de una guerra particular*, la primera aproximación exhaustiva a la problemática de las favelas de Río. Moreira Salles mostraba cómo el BOPE, ya entonces, funcionaba como un batallón militar, en guerra permanente contra los narcos de las favelas. El director de la Policía Civil, Helio Luz, decía sin tapujos que las autoridades se habían creado para hacer la seguridad de las élites, no de los *favelados*. Los favelados, claro, buscaban su propia seguridad.

Casi quince años después, parecía que la vida seguía igual. El día después de la operación del BOPE en Maré, el comandante del batallón de la policía militar que funciona en Maré, Rodrigo Sanglard, detallaba sin cortapisas la relación que mantenían con la favela. Explicaba que sólo entraba a la favela –de la cual ya estaba dentro, quería decir, cuando salía a la calle , «en carro blindado», decía que era la única forma. «Si entro a pie es en formación de guerrilla, todos preparados para disparar; si no, sólo en blindado. Y siempre que entramos en blindado parecemos una olla de palomitas de maíz, tinc, tinc, tinc, tinc. Disparos».

Luego, en referencia concreta al episodio con el BOPE, decía: «Después de la muerte del sargento aumentaron los objetivos en el sentido de identificar exactamente a los criminales. Está claro que ahora hacemos el servicio completo. Ahora ya no entramos sólo en busca de maleantes, sino que agarramos todo lo que encontramos: droga, armas, coches robados. Lo que vamos encontrando lo capturamos».

Por eso una internada de la policía como la de aquel día en Nova Holanda era tomada como una invasión por los comandos delictivos. Y más por el contexto, los narcos estaban avisados de que las autoridades querían tomar el control de la favela de cara a los grandes acontecimientos que se acercaban. El Gobierno de Río se había embarcado en una política de recuperación de las favelas céntricas y cercanas a las zonas ricas por la celebración del mundial de futbol y las Olimpiadas. Había llamado al programa «pacificación». En cualquier otra ciudad recuperación o pacificación serían metáforas de rehabilitación, reparación de espacios públicos, inversiones en nuevas infraestructuras, reeducación de parte de la sociedad… Pero en Río, recuperación era un acontecimiento literal y pacificación un eufemismo. La policía recuperaba las favelas a la fuerza, las tomaba a la vieja usanza militar. Aunque su objetivo principal era ahuyentar a los grupos de criminales que impartían autoridad, en el camino, muchas veces, pisoteaban los derechos de los vecinos.

Bira Carvalho, un morador de Nova Holanda desde hace décadas era uno de ellos. Vivía en una silla de ruedas desde hacía muchos años. De joven andaba en malos pasos. Un día él y su banda prepararon un asalto, pero todo salió mal y un disparo en la espalda le dejó paralítico de cintura para abajo. Desde entonces es una referencia en Maré, el espejo donde muchos jóvenes se miran, la conciencia de los que andan en el mundo de la delincuencia.

Bira tomaba fotos de lo que ocurre en Nova Holanda desde hacía años. Cualquiera le podía encontrar en una de las esquinas de la calle principal de la favela, con su cámara, a la sombra del toldo de una tienda de refrescos. Un día Bira estaba en su esquina cuando le avisaron que la policía había entrado en su casa. Cuando llegó ya se habían ido. Ignoraba qué estaban buscando pero dejaron su casa hecha un desastre, todo revuelto, los libros por el suelo y su cámara, rota, botada en la taza del inodoro.

Meses después Bira aún no se lo explicaba, aunque entonces ya había dejado de hacerse muchas preguntas. Una mañana, en la casa de su mamá, junto a su esquina favorita de la favela, Bira sacaba libros de su mochila negra, *La República* de Platón, *El Arte de la Guerra*, varias biblias, *El Príncipe* de Maquiavelo, el *Manifiesto Comunista*, un iPad, una laptop.

—¿Leíste el *Manifiesto Comunista*?, le preguntamos

—Sí

—¿Y qué aprendiste?

—Que el BOPE va a entrar como quiera en mi casa, pero nunca lo hará en una casa de clase media o media alta.

En el documental de Moreira Salles, el documentalista preguntaba a un sargento del BOPE qué sentía cuando mataba a alguien en la favela: «La sensación —decía—, es de deber cumplido. Si te digo que llego a casa y no duermo, estaría mintiendo». El director preguntaba igualmente a un soldado del comando de una favela qué había sentido después de balear a un enemigo y quemarlo vivo dentro de una pila de neumáticos: «Me sentí normal, como ahora. Si tengo que volver a matar, mato». En una de las últimas tomas, Moreira Salles entrevistaba a varios presos. Uno decía que mataba porque le gustaban las cosas buenas. Otro porque no le gustaba que la sociedad lo masacrara.

Matar de camino a la dignidad.

De las cinco regiones más violentas del mundo, tres son latinoamericanas y dos son africanas. Centroamérica, Sudamérica y el Caribe presentan un mínimo de 16 asesinatos por cada 100 mil habitantes. En el caso de Centroamérica el número asciende a 25. El continente americano es globalmente el más violento del planeta. En 2013 murieron asesinados 157,000 americanos según datos de la Oficina de Naciones Unidas contra la Droga y el Delito, 16.3 de cada 100 mil. En Europa, por dar una comparación, fueron asesinados 22,000, tres de cada 100 mil. Morir asesinado en América es cinco veces más común que en Europa. En América Latina hay tantos motivos por los cuales matar que al final, también, matas porque puedes, porque nadie, si lo haces bien, sospechará de ti.

***

Eran aproximadamente las cuatro y media de la mañana del último día de junio de 2014. Un convoy del Ejército Mexicano patrullaba una carretera rural que comunica el Estado de México con Guerrero. Ocho soldados integraban la comitiva. Cerca de San Pedro Limón, un pequeño pueblo del municipio de Tlatlaya, al sur del Estado de México, el sargento de infantería del convoy observó a un hombre armado al borde del camino, junto a una bodega a medio construir. El sargento alertó a sus compañeros, que enseguida prepararon sus armas y se pusieron alerta. El vehículo se detuvo, sus focos apuntaban a los muros de concreto.

Cuando vio al convoy militar, el hombre armado que vigilaba junto a la carretera corrió al interior de la bodega. En un primer momento ignoraba quiénes eran, solo que un vehículo se había detenido junto a ellos, motivo de sobra para alertar a sus compañeros. Cuando escucharon, los de dentro maldijeron.

—¡Ya nos cayeron los contras! —gritaron, pensando que se trataba de una banda rival, del lado de San Miguel Totolapan o Iguala, municipios cercanos de la región de la Tierra Caliente de Guerrero.

No está claro cómo ocurrió, pero entre el ejército y el grupo de la bodega se inició una balacera. Los soldados declararían horas más tarde que los otros habían disparado primero. Testigos que vieron todo desde el interior del galpón, apuntaron en cambio que los militares habían empezado. La balacera duró entre cinco y 10 minutos. Los soldados se identificaron como efectivos del Ejército Mexicano y pidieron a los de dentro que se rindieran. En la bodega había entre veinticinco y veintisiete personas. Según la investigación de la Comisión Nacional de Derechos Humanos de México, entre ocho y trece hombres armados del grupo disparaban desde el interior. Mientras, pensaban qué hacer. Algunos se refugiaron entre las tres camionetas con las que habían llegado a la bodega la tarde anterior. Otros se pegaron a la pared izquierda. Al fondo, del mismo lado, dos mujeres y dos hombres esperaban que la situación se calmara. En una de las camionetas, una tercera mujer, a quien llamaremos Julia para proteger su identidad, aguardaba igualmente a que dejaran de disparar.

A diferencia de las otras dos, Julia había llegado a la bodega hacía pocas horas. Venía de Arcelia, pueblo vecino de Tlatlaya en el estado de Guerrero. En la entrevista que nos concedió para darnos su versión de lo que había sucedido esa noche, decía que ella no tenía nada que ver con el grupo armado, que esa noche sólo había ido a buscar a su hija Erika. Su testimonio fue esencial para desmontar la versión oficial, la que el ejército había enunciado en un comunicado y que el gobernador del Estado de México, Eruviel Ávila, había respaldado horas más tarde. 22 personas, presuntos delincuentes según el ejército, habían muerto, decían, como resultado del enfrentamiento. Pero Julia dijo que eso no había sido así, que el enfrentamiento había concluido y los muchachos, ignoraba si todos, pero la mayoría, decía, seguían con vida. Después, según su versión, varios soldados de la patrulla entraron a la bodega y acabaron con la vida de los supervivientes. Los ejecutaron a sangre fría. Meses más tarde, la Procuraduría General de la República concluiría en su investigación que los soldados habían ejecutado al menos a ocho. En su informe, la Comisión Nacional de los Derechos Humanos (CNDH) elevaría esa cifra a entre doce y quince.

Llegar a Julia fue en sí una aventura. Entre Pablo y la fotógrafa de la investigación, Nathalie Iriarte, localizaron después de tres meses al papá de Erika. Un mes antes, habían leído en un diario regional declaraciones del alcalde de Arcelia, diciendo que la menor Erika era de allí y que su madre había ido a buscarla. Después de dos viajes a Arcelia, dimos con el papá, quien nos enlazó con Julia, la mamá, presente en los hechos.

La primera entrevista de tantas con Julia se produjo un viernes a las once de la noche, en un despacho prestado. Después de esperar más de cinco horas, después de muchos sopes y gorditas y vasos de agua de tamarindo, apareció Julia con su hijo Juan. Y contó lo que había pasado, y habló de Erika. No lo dijo entonces, pero Julia se sentía culpable de su muerte. Algunos familiares la acusaban de negligencia. Erika se había esfumado del mapa hacía meses y ella, su madre, no sabía dónde estaba.

Julia insistía en eso, en la desaparición de la adolescente. Ella, como trabajaba fuera de Arcelia y sólo volvía los fines de semana, ignoraba qué podía haber pasado, aunque suponía que las «malas compañías» de Erika habían tenido que ver con su marcha. No era que supiera nada en concreto, sólo que en Arcelia y los pueblos de la Tierra Caliente, las adolescentes —Erika tenía entonces 15 años— desaparecen a veces por culpa de un novio, o de un grupo de amigos, o por la promesa de una aventura.

El día que fue a la bodega, 29 de junio por la mañana, Julia había recibido una llamada suya. Erika le había dicho que esa tarde iría al poblado de San Pedro Limón, en el municipio de Tlatlaya, Estado de México, así que fue a buscarla. Quería que volviera con ella a Arcelia, que retomara sus estudios, que prosperara. Julia tomó un autobús por la tarde. En poco más de una hora llegó a San Pedro Limón y poco después vio a Erika en una de las camionetas del grupo armado de la bodega. Según las declaraciones de las otras dos testigos recogidas en el informe de la Comisión de Derechos Humanos, las dos mujeres que aguardaban al fondo de la bodega durante el episodio con el ejército, Erika conocía a algunos de los integrantes del grupo.

Entre bala y bala, narraba Julia aquella noche, los soldados exigieron al grupo que se rindiera. Ellos aceptaron y entre tanto ataron a los dos hombres y las dos mujeres que yacían al fondo del galpón para que simularan un secuestro. Así, pensaban, conservarían la vida: los soldados no los matarían porque había víctimas en el interior. Se equivocaron.

Un soldado había resultado herido durante el intercambio de disparos. Algunos integrantes del grupo armado habían recibido balazos igualmente. Primero tres soldados y luego dos más entraron al galpón. Las dos mujeres y los dos hombres que yacían al fondo, sobre un colchón, gritaron que estaban secuestrados. Julia salió de la camioneta y se dirigió hacia ellos. Preguntaba por Erika. Para entonces la niña agonizaba en el suelo de la bodega por las balas, boca abajo, con unos jeans ajustados y una camiseta oscura de cuello en pico. Fue la única mujer, una adolescente, que murió aquel día.

Según el testimonio de las tres mujeres, los soldados mataron a los sobrevivientes. Rendidos, los militares los desarmaron, les preguntaron su nombre y su apodo y les dispararon. En la entrevista que Julia concedió y en sus declaraciones ante las autoridades y de las otras dos mujeres, explicaron cómo habían atestiguado desde su esquina la ejecución de varios hombres. Como todavía era de noche, no se veía demasiado. Apenas lo que el foco del vehículo militar alumbraba desde afuera. La bodega era espaciosa, de unos 21 metros de lado, pero no tenían duda alguna de lo que había ocurrido. Una de ellas, que luego mandarían presa a un penal federal por acopio de armas, relataba que escuchó a uno de los militares decir:

—Los que estén vivos o heridos, vuélvanles a disparar.

Julia escuchó igualmente a otro militar que increpaba a los rendidos:

—¿No que muy machitos, hijos de su puta madre, no que muy machitos?

A los primeros, recordaban las tres, los mataron junto a la pared izquierda de la bodega, orientada al norte. La primera testigo escuchó que los soldados ordenaban a los presuntos delincuentes que se pusieran de rodillas:

—¡Hínquense! —entonces les disparaban.

Julia, las dos mujeres y los dos hombres que habían fingido el secuestro, cruzaron la bodega a instancia de los militares. Fue entonces cuando Julia pudo ver a su hija, todavía con vida, tirada en el suelo. Julia decía que sabía que estaba viva porque pudo tomarle el pulso en la muñeca izquierda. Su corazón aún latía. En su investigación sobre el caso, la Comisión de Derechos Humanos concluía que Erika y otros seis integrantes del grupo habían muerto durante el intercambio de disparos.

Los militares los condujeron a un pequeño habitáculo junto a la entrada de la bodega, del lado derecho, orientado al sur. Uno de ellos se quedó vigilando. Afuera, junto al vehículo, otro acompañaba al soldado herido. Los demás estaban dentro. En el habitáculo, un cuarto de cuatro metros de lado, las tres mujeres y los dos hombres quedaron parados, frente a la pared, dando la espalda al camino, que podían haber visto si se giraban, a través de una apertura en el muro. Todavía no amanecía cuando los soldados sacaron a los dos hombres. Les dijeron que les iban a tomar unas fotografías, que no pasaba nada, al fin y al cabo ellos eran víctimas, secuestrados. Una de las testigos recordaba que antes de llegar al habitáculo, al fondo de la bodega, los hombres habían explicado que se dedicaban a la *pisca* y siembra de elotes, que no tenían nada que ver con el grupo armado, que los habían secuestrado de verdad. De hecho, en sus declaraciones ante diferentes entidades gubernamentales, las mujeres señalaban igualmente que habían sido secuestradas por el grupo armado. La más joven, que tiene 20 años, apuntaba en su declaración ante la Comisión de Derechos Humanos que unos diez días antes de lo sucedido, fue secuestrada y violada repetidamente por algunos de los integrantes del grupo de la bodega. La otra testigo, que cuenta 26, explicaba ante la misma instancia que un par de días antes del suceso fue secuestrada mientras compraba en Tlapehuala, uno de los pueblos de la Tierra Caliente cercano a la bodega. Incluso Julia, que había llegado a la bodega la noche anterior al enfrentamiento, explicaba que la habían retenido. Llegó ese día a San Pedro Limón hacia las ocho de la tarde. Había quedado con Erika en que se encontrarían allí. Esperaba frente al hospital del pueblo cuando vio a su hija dentro de una camioneta, junto a otros hombres. Se acercó y le dijo a uno de ellos que quería hablar con Erika. Ellos al parecer accedieron, aunque llevaban pocos minutos hablando cuando cambiaron de opinión. Obligaron a Julia a subir al vehículo, le dijeron que se callara y emprendieron la marcha de vuelta a la bodega. Un vecino de San Pedro explicaba que había visto a varios de ellos por la tarde en un comercio, comprando refrescos y recargas para el teléfono celular. Vestían con uniformes de la marina, pero calzaban huaraches, unas sandalias típicas de la zona. Cuando llegaron al galpón, decidieron quitarle a Julia el chip del celular porque pensaban que podía llamar a «la ley».

Dos minutos después de que los dos hombres salieran del habitáculo, las tres mujeres escucharon disparos de bala. Ya no volvieron a verlos. Minutos más tarde, la luz del día empezó a iluminar la bodega, llegaron efectivos de la Armada y horas después funcionarios de la Procuraduría General de Justicia del Estado de México. En total, contarían los soldados en su informe, 22 presuntos delincuentes habían muerto al enfrentarse con ellos. Para entonces, Julia ya estaba enferma de los nervios.

Durante semanas, la Secretaría de la Defensa Nacional de México defendió la versión de los soldados: no había razón para dudar de ellos. El día de la matanza, el gobernador del Estado de México, Eruviel Ávila, felicitó a los militares: «El Ejército Mexicano, allá en Tlatlaya, tuvo una valiente presencia y acción al poder rescatar a tres personas que estaban secuestradas; lamentablemente un militar resultó herido, pero el Ejército, en legítima defensa, actúo y abatió a los delincuentes». Las palabras de Ávila compraban la versión de la Sedena porque no había motivo para dudar. El sur del estado que gobierna y la región colindante de Guerrero, la Tierra Caliente, era una zona problemática desde hacía tiempo.

El investigador Alejandro Hope, experto en seguridad y narcotráfico, contaba una mañana, semanas después de lo ocurrido, que la Tierra Caliente es un territorio sitiado, presa de los intereses de los grupos delictivos: «Es una zona de producción de amapola y heroína. Del lado de Michoacán, además, ha crecido la de metanfetamina. En Luvianos —pueblo cercano a Tlatlaya, donde hacía pocos meses habían atentado contra la vida de un conocido locutor de radio y habían matado a su hijo— también se cultiva marihuana». Hope decía que «el submundo criminal en la Tierra Caliente se había desordenado entre 2009 y 2010, cuando murió el capo Arturo Beltrán Leyva en Cuernavaca. Él controlaba los grupos delictivos de Guerrero». Fue entonces cuando se partió La Familia Michoacana, el cártel que había dominado la zona durante años: «La facción de "El Chango" Méndez se separó de lo que después acabaría siendo Los Caballeros Templarios. De ahí surgieron una multiplicidad de bandas, muchas de alcance muy local». Entre ellas, Hope mencionaba a La Familia, que controla la zona donde yace la bodega, Los Pelones, Los Rojos y los Guerreros Unidos, que estuvieron detrás de la desaparición y el asesinato de los 43 estudiantes de la escuela rural de Ayotzinapa, Guerrero, en septiembre de 2014 en la ciudad de Iguala.

Al principio las palabras de Ávila y el Ejército no fueron puestas en duda, pero cuando se publicó el testimonio de Julia, a mediados de septiembre de 2014, su versión se desplomó. Semanas más tarde, cuando la Comisión de Derechos Humanos divulgó su informe, se supo además que funcionarios de la Procuraduría del Estado habían torturado a las tres mujeres y agredido sexualmente a dos de ellas para dirigir sus declaraciones. En una de las entrevistas que nos concedió, Julia dijo que cuando las trasladaron a Toluca, a las instalaciones de la Procuraduría estatal, una de las otras dos dijo a una funcionaria que en verdad los militares habían disparado a integrantes del grupo armado cuando estos ya se habían rendido. La funcionaria, según Julia, contestó:

—¿En qué quedamos? ¡Eso no nos sirve!

Igualmente, en declaraciones a la Comisión de Derechos Humanos, la testigo más joven, de 20 años, contó cómo otro funcionario había amenazado con violarla si no firmaba un papel. Estas frases son del informe de la Comisión: «Cuando estaba en ese lugar [las instalaciones de la Procuraduría de Justicia del Estado de México, en Toluca] un hombre la amenazó de violarla, ya que le hizo preguntas sexuales amenazantes, se bajó el pantalón y le ordenó que se inclinara. En ese momento dijo que ella diría lo que le indicaban, por lo que aceptó firmar lo que le dieron, sin poder leerlo, y sin abogado presente».

En noviembre, cuatro meses y medio después de lo ocurrido, Eruviel Ávila dijo a la prensa que el Estado de México buscaría «la reparación del daño a las tres víctimas». Cuando hizo esa declaración, dos de las tres «víctimas» seguían en prisión con un cargo de acopio de armas.

Entre las seis y las siete y media de aquella mañana, efectivos de la Marina y otros convoys del ejército llegaron a la bodega. Entre tanto los soldados del primer convoy ya habían manipulado la escena del crimen, cambiando cuerpos y armas de lugar. A finales de septiembre, el diario *La Jornada* publicaría las primeras fotos de la escena, con los cuerpos en el suelo, junto a las paredes, en el centro, y también cerca de las camionetas. Julia ataría cabos: «¿No ve? A Erika le sembraron el arma, en la foto que vi en el diario, donde está ella, el arma está de su lado izquierdo, y ¡ella es derecha!». Días antes, en agosto, Julia ya nos había contado que la habían tratado de incriminar desde el principio. Había ocurrido en las dependencias de la Procuraduría General de Justicia del Estado de México en Toluca. Mientras la interrogaban, un funcionario la había obligado a posar junto a las armas que el ejército había incautado en la bodega. Antes de llegar a Toluca, todavía en el galpón, un marino

130

había insinuado que si se salía de la versión oficial la pagaría: «Me dijo que ya sabía mi cara».

Las bravuconadas de las autoridades trataban de apuntalar la versión oficial. Los soldados parecían pensar que nadie sabría nunca qué ocurrió de verdad, incluso, quizá, que habían actuado bien. La situación en Guerrero y el Estado de México era complicada desde hacía tiempo. Según datos del Sistema Nacional de Seguridad Pública de agosto de 2014, Guerrero es el estado con mayor tasa de homicidios del país: 59.2 casos por cada 100 mil habitantes. En el apartado de homicidios totales, el Estado de México había sido en 2013 el más destacado según el Instituto Nacional de Estadística, con 3,280. La Tierra Caliente, concretamente, era un punto rojo en la frontera entre ambos estados. En marzo de 2013, un enfrentamiento entre grupos armados había dejado 10 muertos en el pueblo de Ajuchitlán. En diciembre de ese año, el ejército había tiroteado un auto causando la muerte a cuatro vecinos de Arcelia. Los militares alegaron que los ocupantes del vehículo portaban armas, que se sintieron en peligro y entonces dispararon. Dos de los cuatro muertos eran funcionarios del ayuntamiento del municipio. Llevaban un rifle de mira telescópica porque habían salido de caza. El 2 de febrero de 2014 seis sicarios habían muerto en el pueblo de Apaxtla y así podríamos añadir una larga lista de ejemplos, pasando por las ejecuciones del Estado de México y los asesinatos de Iguala. En ese contexto parecía posible que unos narcos hubieran atacado a un convoy militar.

Del lado contrario, aunque menos mediáticos, aparecían varios casos de supuestas ejecuciones extrajudiciales por parte de las autoridades, sobre todo del Ejército. En el periodo de Gobierno de Felipe Calderón, de 2006 a 2012, la CNDH había atendido quejas por 47 ejecuciones sumarias por parte de los cuerpos de seguridad. En los primeros años del siguiente sexenio, hasta noviembre de 2013, la Comisión ya había recogido otras 29. En ambos casos el Ejército estaba detrás de la mayoría de situaciones. En un reportaje publicado en el diario digital *Sin Embargo*, la reportera Sanjuana Martínez apuntaba que de las 3,700 investigaciones abiertas en el periodo de Felipe Calderón por supuestos abusos de militares contra civiles, solo 20 efectivos habían sido condenados.

Siete de los ocho soldados de la bodega fueron consignados ante un juzgado federal en noviembre de 2014, aunque sólo tres enfrentan un cargo de homicidio. Cuando Julia escuchó la noticia no se alegró. «Fueron toditos, mire», dijo, quizá revisando imágenes en su cerebro, sólo para asegurarse de lo que ya sabía, como quien lee una noticia increíble tres veces únicamente para constatar que ya lo entendió a la primera.

Algunas actitudes de Julia sorprendían, por ejemplo la ausencia total de incomprensión, de preguntas acerca del motivo por el que había ocurrido todo aquello, por qué el ejército había matado a civiles a sangre fría. Para ella, el ejército había respondido como siempre en la Tierra Caliente, actuando antes de preguntar, porque el ejército, parecía evidente, no estaba allí para preguntar.

De alguna manera, su fatalidad, la ausencia de preguntas acerca de una masacre como la que había vivido, recordaba al gesto desconcertado de delantero fallón del Tinta, que se tocaba la cabeza, pensando o no, diciendo que el muerto está muerto y que al quieto se le deja quieto, ajeno a cualquier consideración sobre si su vida de sicario estaba bien o no. Porque su vida le causaba suficientes problemas como para añadir, a estas alturas, una duda existencial.

A principios de diciembre de 2014, las dos mujeres que habían fingido el secuestro en la bodega —y que luego dirían que el grupo las había secuestrado de verdad— aún estaban presas en el penal de Tepic en Nayarit. La madre de una de ellas, vecina de Arcelia, se quejaba. Y parecía que con razón. El juez que había dictado formal prisión contra ellas se basaba mayormente en el informe de los soldados, quienes luego habían sido detenidos por varios delitos, entre ellos asesinato. Para esa madre carecía de sentido que su hija estuviera presa por el relato de unos soldados, que ahora estaban en prisión.

Apenas una semana más tarde, el juez finalmente la puso en libertad. Por teléfono, la mamá de la chica más joven no se lo creía. Habían sido cuatro meses de charlas semanales con ella a través del auricular, nada más. No tenía dinero para ir a verla al penal donde estaba presa, en Tepic, Nayarit, a más de 10 horas en coche de su casa. La señora López insistía desde el principio en que su hija era inocente. Respecto de las acusaciones de que ella estaría ligada con presuntos delincuentes, decía que era falso. En una visita a su casa, a principios de diciembre, había sacado un documento firmado por los profesores de la escuela donde ella trabaja como asistente de limpieza. El documento prueba, decía, que su hija acudía a esa misma escuela todos los días, de nueve de la mañana a tres de la tarde, para ayudarla. «Ya le digo —insistió—, a mi hija la hicieron hablar cosas que no son ciertas». Se refería, claro, a los funcionarios de la Procuraduría General de Justicia del Estado de México, los mismos a quienes la CNDH acusaba de agredir física y sexualmente a las testigos de la masacre.

Para finales de 2014, Julia vivía con la sombra constante de dos policías federales. El Gobierno le había puesto escolta. Tenía ganas, decía, de volver a trabajar, de empezar de nuevo. Parecía cansada. Habían sido meses de entrevistas con abogados, psicólogos, letrados, funcionarios de la PGR, viajes de ida y vuelta. Y casi siempre ella sola. Su familia se había quedado en el pueblo. Ella había salido al principio, pocos días después de la publicación del reportaje, por seguridad. Y desde entonces andaba sola, pese a la compañía de sus abogados y demás personas que estaban pendientes de su caso. Pasaba muchas tardes frente a la computadora en una sala del despacho de sus abogados, viendo videos sobre la masacre de Tlatlaya. Y no parecía triste, resultaba difícil calificar sus expresiones, pero a veces se reía, sobre todo con los comentarios de la gente en los videos, o en notas que leía en internet, o en Facebook: cuanto más salvaje era el comentario, más gracia le hacía, como si de alguna forma le dieran pena por ignorantes.

Desde el principio, ubicaba fácilmente el motivo por el que se encontraba fuera de su ambiente, la muerte de su hija, y cada día que pasaba era un recordatorio, un nudo que le agarraba y no le dejaba marchar, olvidar, vivir, al fin y al cabo. Era convivir con la muerte y eso, a veces, la desesperaba.

Capítulo 4
La lavadora

Después de media hora de mentiras, El Visitante hizo una pausa en la conversación y esbozó una sonrisa pícara.

—Ya te diste cuenta de que no sé nada de bancos, ¿verdad? —dijo.

El Jefe, sentado enfrente de aquel hombre desconocido, asintió con timidez.

—Quería conocerte porque sé que fuiste tú —le dijo El Visitante.

El Jefe se quedó pasmado. El filete que estaba comiendo se enfriaba en el plato. Se estaba quedando rígido, lo mismo que sus brazos: tiesos como vigas de acero.

—¿El qué? —preguntó— ¿Qué fui yo? ¿De qué habla?

—Los 600 mil dólares que agarraste. Ese dinero era mío —añadió El Visitante con tono tranquilo.

El Jefe al fin salió de la estupefacción y entendió.

Era media tarde. El Jefe y su escolta acudían a cenar a un centro comercial cercano al malecón de Ciudad de Panamá cuando El Visitante, un colombiano de mediana edad, les abordó en los pasillos. Años después, a escasos metros del lugar en el que se produjo aquel intimidador encuentro, El Jefe intentaba dibujar un retrato mental de ese hombre desconocido, pero no conseguía atinar: no sabía si tenía el cabello largo o corto, claro u oscuro; las cejas gruesas; las manos grandes; o el tamaño y la forma de la nariz. Decía que se quedó en shock. Apenas recordaba la templanza de su interlocutor y una sonrisa maliciosa. El hombre que tenía enfrente, sin embargo, parecía saber todo de él: la marca de su coche, dónde vivía, dónde comía.

El Jefe dirigía por entonces la Unidad de Análisis Financiero (UAF) del Gobierno panameño, un organismo encargado de investigar casos de blanqueo de dinero. Pidió mantener el anonimato por cuestiones de seguridad. Bajo su mando, agentes de la UAF desbarataron operaciones y estructuras vinculadas al crimen organizado y no desea que nadie lo pueda identificar. Una de las investigaciones lo relacionó con el hombre que primero lo enredó con mentiras y después lo interrogó. Los agentes de la UAF habían recibido informes de inteligencia sobre una banda colombiana que estaba moviendo droga y dinero. «Cuando les caímos me tocó ir a mí. Los agarramos con todo: 600 mil dólares en un cuarto». El dinero apilado en la estancia aguardaba a que la organización le borrase el estigma de la droga. Abogados, financieros y banqueros serían los encargados de integrarlo al mercado lícito y cerrar el círculo del narcotráfico.

Unos meses antes de nuestra conversación, en Ciudad de Panamá, la Fiscalía Antidroga y la extinta Policía Técnica Judicial (PTJ) habían desarticulado una banda de colombianos, panameños y mexicanos que trasladaba cocaína desde Sudamérica hasta Centroamérica. Las autoridades incautaron tres toneladas de droga y encerraron a 11 miembros de la organización. Lo que en principio era un éxito se convirtió en un desastre: un alto cargo de la PTJ murió envenenado y el fiscal antidrogas, Patricio Candanedo, dimitió. El Jefe le había sustraído 600 mil dólares a El Visitante, así que mientras hablaban su principal pensamiento era que podía no salir del centro comercial.

—No sabía cuándo me iba a sacar la pistola —recordaba el Jefe—. Aquel día me supe vulnerable.

El Visitante hablaba de forma sutil y siempre en primera persona, de lo que El Jefe dedujo que aquel hombre no debía cuentas a nadie: era un capo, el líder de la organización a la que había golpeado. A pesar de lo desconcertante de la plática, poco a poco El Jefe se dio cuenta de que lo que quería el capo era ponerlo en nómina. «Había venido a sobornarme. A él le interesaba que me quedara donde estaba (en la jefatura de la Unidad) y le pasara información».

El Jefe no comprendía por qué el capo no había mandado a un emisario.

—¿Cómo se arriesga usted tanto? —le preguntó.

El Capo sonrió.

Cuando los formalismos se acabaron y llegó una oferta concreta de soborno, El Jefe se armó de valor.

—Mire, yo estoy orinado de miedo —dijo al Capo—. Pero ya que usted me habla tan sinceramente, yo también.

Le dijo que no.

Los dos se miraron en silencio durante un tiempo. El Jefe tampoco recuerda cuánto, pero en todo caso fueron los segundos más largos de su vida.

—Si me vas a matar —le dijo— esos dos de allá se van a ocupar de ti.

El Jefe señaló a sus escoltas, que estaban a unos metros de ellos.

—Si fuera así no estaría aquí sentado —contestó El Capo—. En realidad vine a reconocerte que en todo el caso no hubo corruptelas, esto es parte del juego: a veces se gana, a veces se pierde.

Aquella noche, El Jefe pudo salir por su propio pie del centro comercial. Sólo le arruinaron la cena.

***

La cocaína es un producto que encaja a la perfección con el capitalismo. Su producción es barata y su precio de mercado muy elevado. En el camino hay muchos intermediarios que se llevan su parte. Su principal cualidad es la descarga eléctrica, la rapidez. El corredor de bolsa puede inhalar unas rayas y bajo los efectos de la droga comprar y vender acciones por miles de millones de dólares. «Se habla mucho de los consumidores, pero muy poco del dinero ilegal que se mueve y de las facilidades que ofrecen nuestros bancos», dijo en su oficina de Manhattan, Allan Clear, director ejecutivo de la Harm Reduction Coalition, que lleva desde principios de los noventa tratando de ayudar a los consumidores en las calles de Nueva York. La guerra contra las drogas se basa en una confrontación de seguridad, primero, y en una cuestión de salud, después. Cuando hablamos de dinero la palabra *guerra* se difumina. Los decomisos de droga y los arrestos se producen con frecuencia, los de dinero son menos. Hay voces que denuncian que el prohibicionismo, en el fondo, viene bien para sostener economías y estados débiles con dinero ilícito. El tráfico de drogas es una gran empresa que genera unos trescientos veinte mil millones de dólares cada año –lo equivalente al 1.5% del Producto Interior Bruto mundial–. Ese dinero, según la Comisión Económica para América Latina y el Caribe (CEPAL), sería suficiente para cubrir las necesidades básicas de infraestructura y servicios en América Latina. Con ese volumen de negocio, perder 600 mil dólares puede ser simplemente parte de un juego.

El juego económico del tráfico de drogas combina las cualidades de la bolsa de valores y de los bonos del Estado. Un bróker de Wall Street apuesta en una especie de casino, donde a mayor gasto y más riesgo las ganancias aumentan exponencialmente y las pérdidas pueden devenir en bancarrota. Un trabajador de clase media pone sus ahorros en la deuda del Estado, con un interés pequeño, pero aunque sea poco, tiene la seguridad de que se llevará algún rédito. El traficante de drogas goza de lo bueno de los dos mundos. Puede ganar mucho dinero con poca inversión. Es cierto que en su casino es posible que te maten o que te arresten, pero el riesgo económico es casi cero. Desde los Andes peruanos hasta las calles de Nueva York un kilo de cocaína habrá aumentado 50 veces su valor y si viaja a Australia el precio se habrá multiplicado por 200. Todo esto al por mayor. Si se vende al menudeo, su precio de calle en Manhattan, por ejemplo, sería 300 veces más caro que cuando se produjo en Perú, el principal productor mundial.

Cada dólar invertido en cocaína rinde más que las acciones más valiosas del mercado. En su libro *Cero, Cero, Cero* el periodista y escritor italiano Roberto Saviano, explica que si alguien hubiera invertido 1,000 dólares en Apple en su mejor año —el del lanzamiento del iPad– hubiera recibido al final del curso 1,670 dólares. Si esos 1,000 dólares se hubieran invertido en cocaína, la ganancia sería de 182,000.

–Para mí el mayor riesgo es que el mundo sólo se fije en las cabezas cortadas y no en los nombres, el dinero, la genialidad de los cárteles mexicanos–dijo Saviano una tarde de diciembre de 2014 en la habitación de un sexto piso de un hotel de Manhattan.

El hombre de 35 años que se ha paseado por medio mundo entre la clandestinidad y la celebridad rodeado de escoltas, había llegado unos minutos antes al lobby del hotel vestido con un abrigo y un gorro, que tapaba su precoz alopecia y lo protegía del intenso frío de esos primeros días de diciembre. Ha dicho varias veces que investigar la verdad sobre el crimen organizado no merece la pena si esta es la vida que tiene que llevar. Un mes antes de nuestro encuentro, vio en un juzgado cómo la justicia italiana absolvió a los dos jefes de la Camorra napolitana acusados de emitir la amenaza de muerte que pesa sobre su cabeza desde que en 2006 publicó Gomorra, un libro que denunciaba los trapos sucios de la Camorra italiana. «Para mí es imposible creer la absolución del boss cuando el abogado que lo defendía sí fue condenado. Pero la justicia italiana da miedo. Es todavía muy inmadura», dijo Saviano, siempre expresivo y con hablar pausado. Parecía relajado. En un momento de la entrevista, sacó de su cartera una identificación con nombre falso –un nombre que parece sacado del quarterback de una película colegial de Hollywood– y rió a carcajadas.

Cuando llegó por primera vez al aeropuerto JFK de Nueva York, Roberto Saviano, acabó en un cuartito rodeado de mulas, personas que intentaban introducir droga en una de las capitales mundiales del consumo. Para las autoridades del aeropuerto su «personalidad bajo protección» lo equiparaba a un mafioso o a un arrepentido de la mafia. Saviano le explicó a una agente que él era escritor, pero la policía no podía creer que alguien «con esas pintas» pudiera escribir.

–Invéntate otra mejor– le dijo.

Saviano le respondió que googleara su nombre, que así se daría cuenta de que su «personalidad bajo protección» era todo lo contrario a ser un mafioso. Al final ella cedió. Le ofreció una disculpa y lo liberaron. Desde entonces, el escritor amenazado vive una ida y vuelta constantes, con Nueva York como base, la ciudad del mundo con la mayor representación de organizaciones criminales de todo el mundo. Él asegura que vivir aquí es lo más parecido a la libertad. Aunque parezca paradójico que el escritor amenazado viva en un enjambre de mafias, las reglas en Manhattan son diferentes a las de América Latina. A Saviano hay gente que se le acerca y le dice: *¡Gomorra!, I love mafia.*

«La idea de un hombre que arriesga la vida por el negocio les parece erótico. Un Michael Corleone. El mafioso es heroico y aquí no es ningún problema».

Al sur del Río Bravo, la realidad es la de las cabezas cortadas, en Nueva York la de miles de millones de dólares que se mueven en la invisibilidad, sin apenas violencia.

Antes de llegar a la habitación, Saviano recibió una llamada para hablar sobre un caso de la mafia de Italia, y mientras se abría la puerta, comentaba cómo los cárteles mexicanos se han adueñado del negocio de la heroína. El tema que le privó de libertad sigue siendo su gran obsesión. Y en esa obsesión hoy hay un país que es el centro de sus principales pensamientos: México; y un vector del crimen organizado: el dinero.

«La impunidad más grande sigue siendo la del narcocapitalismo. Es una impunidad que involucra a HSBC, Wells Fargo, Swiss Bank, que han tenido que pagar una sanción a la corte de Estados Unidos por su relación con el narcotráfico. La primera conexión entre México y Estados Unidos no es la migración, no es el flujo de cocaína, es el dinero».

El caso que más le interesa es el que involucró a Wachovia Bank, uno de los bancos más grandes de Estados Unidos, que después de la crisis de 2008 pasó a formar parte de Wells Fargo. El 10 de abril de 2006 las autoridades mexicanas interceptaron un jet que aterrizó en Ciudad del Carmen, en el Golfo de México. En el interior del avión encontraron 5.6 toneladas de cocaína. La investigación posterior, que duró 22 meses, destapó que el jet pertenecía al Cártel de Sinaloa y que se había comprado con dinero del tráfico de drogas lavado en el Wachovia Bank. Aquella compra era sólo calderilla, comparado con los miles de millones que los cárteles mexicanos enviaron a través de transferencias bancarias, cheques de viaje o giros en efectivo a la entidad. Entre 2004 y 2007 se transfirieron utilizando casas de cambio 374 mil millones de dólares —lo equivalente a un tercio del Producto Interior Bruto de México—. Aunque el caso nunca llegó a los juzgados, en 2010 Wachovia Bank fue sancionado por permitir transferencias de dinero procedentes del tráfico de drogas y no aplicar medidas contra el lavado de dinero. El banco pagó 160 millones de dólares, lo equivalente sólo al 2% de los beneficios del año anterior.

Casos parecidos han salpicado a otros grandes bancos: el American Express Bank pagó sanciones dos veces tras admitir que había fallado en el control del ingreso de dinero procedente de las drogas; varias cuentas de la sede del Bank of América en Oklahoma fueron utilizadas para comprar tres aviones que trasladaron 10 toneladas de cocaína; durante casi toda la primera década de los 2000, cárteles mexicanos utilizaron compañías pantalla para abrir cuentas en la sede de Londres del HSBC, una entidad que también se vio envuelta en el lavado de diez mil millones de dólares, según la DEA, de los cárteles de Sinaloa y el Norte del Valle (Colombia). La multa al HSBC fue de récord: mil 900 millones de dólares. Pero del mismo modo que nos explicaban en la crisis que los bancos son demasiado grandes, importantes, en el sistema económico para dejarlos quebrar, también parece que son demasiado grandes, importantes, para que se les castigue con penas carcelarias.

«Lo interesante no son los mafiosos sino la seguridad que protege a Wall Street. Un bróker toma dinero de los Zetas y lo invierte. Hay un bróker italiano, Locatelli, muy importante, que no tiene dinero, porque está todo en Andorra, Liechtenstein, paraísos fiscales, y no puede tocarlo. Es una cosa típica de los jefes del narcotráfico. Si lo tocan, los descubren. Si lo dejan dentro, no», dijo Saviano.

Para el escritor amenazado lo más importante son las cuentas: «Yo creo que todas las políticas y reformas sobre el territorio tienen que empezar con un gran tema. Por ejemplo: Si tú trabajas con albañiles, ganas 500 euros al mes, pero si despachas hachís, ganas 500 euros a la semana, si despachas coca son 1000 euros a la semana, y puedes crecer, puedes abrir tu propio negocio. Si uno se empeña, uno puede abrir una fábrica, un negocio comercial, una oficina. Los únicos que creen en los jóvenes son las organizaciones mafiosas. El mundo criminal es producto de la miseria». Y se pregunta: «¿Cuáles son las cadenas de restaurantes de narcos, las compañías de aviones, las gasolineras? No se sabe. ¿Por qué Slim no toma 50 millones de dólares y financia una investigación sobre narcotráfico? No lo hace porque es mucho más cómodo, porque su hermano está con muchos poderes ligados al narco. La humanidad es infeliz y la mafia gana dinero».

***

Una regla básica entre los perseguidores de traficantes es que para golpear a una organización criminal lo importante no es seguir la droga, sino el dinero. «El narcotraficante lo ve como un negocio —nos dijo Rosendo Miranda, quien fue fiscal antidrogas de Panamá entre 1995 y 2005—. Olvídate por un momento de que la cocaína o la marihuana son sustancias ilícitas, piensa que son lícitas. Desde el punto de vista del mercadeo, ¿tú qué países buscarías para que tu producto saliera más rápidamente a tu mercado de consumo? ¿Te vas a ir para Nicaragua, que no tiene infraestructura? ¿Te vas a ir para Guatemala? ¡Claro que no!». En su despacho, en la enésima planta del enésimo rascacielos de uno de los barrios más ricos de Ciudad de Panamá, reflexionaba sobre el mercado ilícito de las drogas en clave de producto. La cocaína se dirige hacia donde existe la demanda; el dinero busca grandes mercados en los que se pueda disfrazar y pasar inadvertido. «Ha sido así desde siempre —explicó Miranda—. Recordemos las famosas ferias de Portobello en la época colonial: todo el oro que salía de Sudamérica venía para aquí y salía para España. Panamá es un país atractivo, para lo bueno y para lo malo». La economía panameña ha crecido en los últimos años cerca de un 10%, la tasa más alta de Latinoamérica. La Zona Libre de Colón es la segunda zona franca (sin pago de impuesto) más grande del mundo, por detrás de la de Hong Kong. Allí, cada año, circulan 30 mil millones de dólares y trabajan unas treinta mil personas. Por los 80 kilómetros del Canal de Panamá, que conecta dos océanos en apenas hora y media, navega el 5% del comercio mundial marítimo. Los panameños dicen que su país es un poco caribeño, un poco centroamericano y en general un poco de todos lados. Sobre todo, es un gran centro comercial y financiero. Tanto ajetreo supone una gran oportunidad para el comercio lícito, pero también para el ilícito.

Miranda, un abogado vestido con traje a medida, de cabello cano y hablar conciso, recordó un caso de sus años en la fiscalía, una investigación que empezó en Canadá, pasó por Panamá y terminó en una cadena de electrodomésticos en Colombia. Las autoridades canadienses vigilaban a una banda de motociclistas que distribuía droga en Toronto. Los traficantes tenían un problema a la hora de cambiar sus dólares canadienses por americanos y pagarles a su proveedor. Para probar los envíos de dinero ilícito, las autoridades canadienses montaron una casa de cambio ficticia dirigida por policías. Les daban facilidades para recibir sus dólares y les abrieron una cuenta en Nueva York. Los moteros pagaban en moneda canadiense y recibían cheques del banco de Nueva York. La estructura criminal mantenía una empresa con un prestanombres en la Zona Libre de Colón y otra en Maicao, Colombia. Los cheques llegaban a la tapadera panameña, que le hacía préstamos a la de Colombia. Como los cheques estaban respaldados por un banco de Nueva York, nadie sospechaba.

«Con esa estrategia se logró ver que esos delincuentes metieron en Panamá 36 millones de dólares —recordó Miranda—. Las investigaciones realizadas posteriormente en Colombia mostraron, además, que el grupo de Pacho Herrera —un capo del Cártel de Cali— montó una cadena de almacenes de venta de electrodomésticos, y que ahí estaban ellos metidos también. Fue un caso muy sofisticado».

El ex jefe de la UAF hablaba en el mismo sentido que Miranda. «Lo habitual –dijo– es que lleguen a Panamá a lavar dinero. El cómo es lo que no es habitual, si no las investigaciones serían fáciles. Lo hacen con ganado, escuelas, transporte, tarjetas regalo, compran inmuebles, crean empresas ficticias... con todo». Cuando hablamos de lavado de dinero lo solemos hacer en su primera fase: el efectivo. En el *cruce hormiga*, donde personas transportan pequeñas cantidades de dinero (de 5,000 a 10,000 dólares), en tarjetas prepago o en billetes escondidos en los contenedores de camiones, como el de Don Mario, un chofer nicaragüense al que encarcelaron cuando intentaba cruzar la frontera con Costa Rica con un millón de dólares escondido en el vehículo. En cuanto el dinero entra en las matemáticas del sistema financiero casi siempre es indetectable.

—Cuando las autoridades llegan, los delincuentes ya están listos–aseguraba El Jefe en tono frustrado. Según él las autoridades son como un gato que persigue a un ratón demasiado rápido.

***

El camino a la prisión La Joyita deja atrás el esplendor de Ciudad de Panamá, esa especie de Manhattan centroamericano, con sus altísimos rascacielos y el portentoso canal. En las afueras, la capital del país pierde esa identidad única en la región y se asemeja más a los paisajes de sus vecinos: aparecen los techos de zinc, el barro, los niños descalzos y un par de perros callejeros, pulgosos, que se cruzaban en la carretera. Cuando José Nelson Urrego se trasladó a Panamá a principios de los dosmiles, conoció las riquezas del país. Desde 2007 se trasladó a la parte marginal. Hoy, Urrego cumple condena en La Joyita por comprar una isla.

Vestidos con una camiseta polo morada, el color obligado para la vestimenta de las visitas, nos resguardamos en las oficinas de inscripción del penal, una especie de palapa metálica. Aquel día caía una tormenta que refrescaba el calor húmedo del verano panameño. Un calor que provocaba sudor dos minutos después de salir de la ducha. Durante treinta minutos esperamos a este colombiano cincuentón que en 2007 fue condenado a siete años por lavado de dinero y comprar propiedades con dinero ilícito, entre ellas la Isla Chapera, en el Archipiélago de las Perlas, en el Pacífico panameño. El informe pericial de la Dirección de Investigación Judicial asegura que llegó a manejar de manera ilegal más de 25 millones de dólares.

Urrego salió de su celda con andar pausado, vestido de shorts y playera amarilla. Se acercó al área de visitas, un pequeño refugio con sillas de plástico, y se sentó al lado de una de sus abogadas, una treintañera de formas voluptuosas, que después de decenas de encuentros en prisión se había convertido en su pareja. Es un hombre de nariz gruesa, orejas grandes y salidas, y voz suave. Sus ojos denotaban cansancio o tristeza. Un informe médico de la prisión señala que el colombiano sufre un cuadro de depresión.

La historia periodística cuenta que Urrego fue un capo envuelto en el narcotráfico desde los ochenta. En su libro *Los nuevos jinetes de la cocaína*, el periodista colombiano Fabio Castillo lo nombra como coordinador de vuelos de cocaína hacia Estados Unidos. La primera vez que lo detuvieron, su arresto, según las autoridades, suponía «la captura del último gran capo, del mayor lavador de dinero y de uno de los hombres más ricos del mundo». Eso fue en 1998. La policía colombiana lo detuvo en una lujosa casa rural a las afueras de Bogotá, en compañía de dos menores de edad con las que había pasado la noche. Con una camiseta negra puesta del revés, «El Loco», como se le conocía, bebió un vaso de agua para quitarse la cruda de «los buenos tragos que me tomé». Mientras los policías se lo llevaban esposado, negó haber donado dinero a la campaña del ex presidente colombiano Ernesto Samper, acusación que lo había hecho famoso en los círculos policiales. «Si lo he donado que me los devuelvan», dijo irónicamente. En ese momento Urrego poseía 144 propiedades. Entre ellas destacaba el hotel Sunrise Beach, en la isla caribeña de San Andrés, que albergaba una de las discotecas más lujosas de América Latina. Su fortuna se estimaba en dos mil millones de dólares. Estuvo preso tres años.

Fue condenado por enriquecimiento ilícito, pero las acusaciones sobre tráfico de drogas fueron desestimadas por falta de pruebas.

—Mi fortuna proviene de una finca que heredé en los ochenta. Yo siempre he dicho la verdad. Fue una persecución —se defendió Urrego, siempre hablando con un hilo de voz quebrado.

Decía que había conocido a grandes narcotraficantes, a guerrilleros de las FARC que desde que él era pequeño cruzaban por las propiedades de su familia, y a generales corruptos. Capos y militares, decía, se sentaban en la zona VIP de un club nocturno que él regentaba para cerrar negocios millonarios. Entre copa y copa, según su versión, escuchó demasiados secretos turbios. Siempre ha defendido que lo arrestaron para silenciarlo.

Una vez en libertad, Urrego decidió cambiar de aires. En 2001 llegó a Panamá. El país sufría una grave crisis económica. Pensó que era una buena oportunidad para comprar propiedades a un precio bajo y hacer negocio. Comenzó a sacar réditos de sus inmuebles y terrenos, en especial de la Isla Chapera, su propiedad más preciada: un lugar paradisíaco, de frondosa vegetación y playas de arena blanca que compró por menos de 1.5 millones de dólares. Los productores del famoso programa de televisión *Survivor* decidieron grabar algunos programas allí. Sólo con la cesión de los derechos para poder utilizar sus playas como escenario, Urrego ganaba unos sesenta mil dólares al mes. El negocio quebró en 2007, cuando lo detuvieron.

—Fue un complot —se defendía insistentemente—. Lewis Navarro (ex vicepresidente de Panamá) se reunió conmigo dos veces para decirme que quería comprar la isla, que le tenía un afecto especial porque allí iba de joven, y me negué.

Navarro siempre ha negado que se produjeran esos encuentros y que conociera personalmente a Urrego.

—¿A quién van a creer? —se lamentaba antes de soltar unas lágrimas—. Pero voy a luchar por recuperar mi isla.

Por el momento, en vez de concursantes de un *reality show*, por las playas de la isla pasean los efectivos del Servicio Aeronaval de Panamá, que en 2009 abrió su primera base en el Pacífico. El objetivo es custodiar el Archipiélago de las Perlas. Para los traficantes es un punto clave en la ruta hacia Estados Unidos.

***

En El Renacer, otra cárcel a las afueras de la capital, está preso Manuel Antonio Noriega, el dictador que gobernó Panamá desde 1983 hasta 1989, cuando Estados Unidos invadió el país y lo arrestaron. El militar ha pasado los últimos 26 años en prisión. Primero en Estados Unidos, condenado por tráfico de drogas; después en Francia, por blanqueo de dinero; y desde hace tres años en su propio país, sentenciado por múltiples homicidios durante su mandato. Noriega, hoy un octogenario enfermo que pasa sus días entre la celda y el hospital, es en gran parte responsable de la fama de «lavadora» que adquirió Panamá. Las autoridades francesas descubrieron que había recibido sumas millonarias del Cártel de Medellín, de Colombia, que en los 80 operaba por territorio panameño con total impunidad. En general, lo hacían todas las organizaciones de ese país. Al banco central llegaban hombres con maletines cargados de dinero en efectivo y, sin muchas preguntas, abrían cuentas con cantidades exorbitantes.

Aun sin el visto bueno del dictador, y con la cantidad de controles que se han impuesto desde entonces, en el país existe una cierta resignación a que, como centro financiero de la región y país bisagra del comercio internacional, el blanqueo de capitales siempre estará presente. «No hay país que esté libre del blanqueo de capitales y menos un país como el nuestro, que tiene características geográficas y comerciales que nos hacen un terreno fértil. Nos predisponen o nos hacen más vulnerables a estas actividades», admitió Javier Caraballo, fiscal antidrogas panameño, un hombre de complexión grande, cara redonda y cabeza afeitada, que habla con pausa en la mesa de su despacho. Caraballo explica que los estándares de seguridad de la banca han subido mucho en los últimos tiempos, pero a su vez los narcotraficantes también se han sofisticado. Si alguien quiere abrir una cuenta importante en cualquier banco de Panamá, lo primero que hará la institución es poner en marcha una investigación para comprobar si el futuro cliente no tiene antecedentes legales. En el caso de Urrego, afirmaba el fiscal, un banquero contratado por el colombiano consiguió que en su hoja de servicios sólo apareciera una condena de 75 días, una falta menor. El banco no encontró ninguna mancha legal más en el expediente.

El fiscal agrega: «En el narcotráfico hay una gran especialización en cuanto a los roles, resulta difícil encontrar que un mismo grupo se dedique al transporte de drogas y al blanqueo de capitales. Incluso dentro del blanqueo de capitales existen especializaciones: el que se dedica a introducir el dinero en metálico y comprar artículos de lujo o bienes inmuebles, es uno; después le ceden el espacio a otro grupo que se dedica a la parte más sofisticada. Aquí intervienen financistas, abogados, banqueros… personas que conocen el sistema».

Para las autoridades el punto crítico es el momento en que el dinero en metálico se convierte en dinero virtual o en algún bien material. «La mayoría de los casos exitosos los logramos cuando aún se sitúan en la primera fase», contó el fiscal. Unos meses antes de esta entrevista, la Policía allanó un piso de lujo en el que vivía un grupo de colombianos. Encontraron 2.6 millones de dólares en efectivo. La investigación continuó y descubrieron otros cuatro apartamentos de lujo que se habían adquirido con dinero proveniente del tráfico de drogas. Fue un caso típico de una organización que intenta lavar el dinero a través de la compra de bienes inmuebles.

Después, reconoce Caraballo antes de acabar la entrevista, «seguir el rastro del dinero es sumamente difícil. Hemos tenido casos en que el único límite es el de la imaginación».

***

—*The game is the game* —lanzaba al aire El Jefe en el centro comercial mientras jugueteaba con su celular—. Es verdad, es un juego.

El Jefe se oía resignado. Reflexionaba y decía que la prevención, a la que se dedicó durante años, quizá funcione, pero el crimen organizado aprovecha los golpes en su contra para aprender y mejorar. El principal problema, aseguraba, era el doble rasero de todos los actores: «Cuando la DEA (agencia estadounidense de lucha contra la droga) golpea a alguien, otro saca beneficio. Y después es al revés, y así siempre. Tiene un punto de perversión, es verdad. Si los países grandes quisieran combatir esto, todos hablaríamos el mismo idioma, pero no lo hablamos». Mirando al piso de arriba, a la planta alta del complejo, el Jefe se preparaba para marcharse. No quiso decir a qué se dedicaba ahora, ni qué hacía con toda la información acumulada durante estos años. El tipo de valiosa información que una vez le puso frente a frente con un capo.

—Si sales de esto, te sales. Si quieres seguir escuchando vas a tener que estar del otro lado —dijo mientras comenzaba a caminar—. Fíjate que muchos agentes de la DEA, cuando se jubilan, abren empresas de asesoría. ¿Quiénes crees que son sus clientes?

Capítulo 5
Cosecha roja

José Pérez y su esposa llegaron a su casa en Pharr, una pequeña ciudad de 70,000 habitantes, en el condado de Hidalgo, al sur de Texas. Él accionó el control para abrir el portón eléctrico y meter el auto. Sin que se percataran, detrás suyo se estacionaron dos camionetas: lo venían siguiendo. Bajaron seis sujetos armados. Sólo uno con uniforme policial. Ni Pérez, mecánico dedicado a reparar coches usados o accidentados para después venderlos, ni su esposa, entendían qué pasaba. Habían ido a comer juntos, ahora los apuntaban como a criminales. Él salió del auto, perplejo. Uno de los hombres le gritaba:

—¿Dónde están los *mojados*?

Se trataba de miembros de la unidad Panamá, un grupo creado para combatir al narcotráfico en la demarcación. Se paseaban entre las partes de coches que estaban en el garage. Derribaban sillas, tiraban las herramientas colgadas de las paredes. El loro de la familia chillaba. Abrieron la puerta de la casa y empezaron a inspeccionarla en busca de los supuestos migrantes. Al no encontrar ninguno, desesperaron. Otro policía comenzó a vociferar:

—¿Dónde está el dinero?

Rompieron decenas de figuras de cerámica que adornaban la sala y una puerta, tumbaron los colchones y la ropa que estaba en los cajones. Pérez, mexicano residente en Estados Unidos, contestaba que no sabía de qué hablaban, pero los oficiales seguían

151

buscando por toda la casa mientras lo insultaban y se llevaban unos cuatro mil dólares, así como las joyas y perfumes de su mujer.

El saqueo duró casi una hora. La pareja no podía hacer nada más que esperar y mirar cómo metían las manos entre sus cosas sin comprender por qué lo hacían. No podían llamar a la policía, pues la policía era quien invadía su casa. Al final del operativo, uno de los agentes se acercó a Pérez y lo amenazó:

—Llama a alguien que venda droga. Si no, te vamos a llevar a algún sitio… ya sabes a qué me refiero.

Pérez, temiendo las amenazas policiales, llamó a un hombre que había conocido un par de semanas antes y que sabía que tendría cocaína. Su contacto le dijo que se vieran en el estacionamiento de una tienda cerca de su casa. En menos de media hora se encontraron. Apenas el vendedor abrió la cajuela de su coche, los policías lo arrestaron: cargaba dos kilos de cocaína y 50,000 dólares. Pero aquel 26 de septiembre de 2012, la droga y el dinero incautados no llegaron a la comisaría. Los policías declararon haber decomisado sólo unas cuantas *grapas* y, presumiblemente, se quedaron con el resto del botín.

Días después, José Pérez interpuso una denuncia ante la Corte Federal por la *home invasion* o allanamiento de morada. El delito, cometido por criminales, es común en la zona, pero en este caso había sido realizado por la Unidad Panamá. Nunca entendió por qué eligieron su casa.

Dos años después de los hechos, en el jardín de su hogar, nos daba los pormenores: «Probablemente les dieron un mal tip y creyeron que en mi casa había algo. En esta zona hay mucho traficante, muchas *stash houses* (casas de seguridad) —dijo mientras señalaba las casas de sus vecinos—. El de enfrente tenía kilos y kilos de marihuana. Su casa siempre olía y de repente se fue de un día para otro.»

Pérez, esquelético, de piel morena y arrugada, no paraba de fumar a pesar de sus afecciones cardíacas. «Lo que me hicieron fue una invasión, un robo y un secuestro», aseveró disgustado en el sofá, mientras nos enseñaba los videos en la computadora: tenía cámaras de seguridad en su casa. Gracias a las cintas, se pudo identificar a los hombres que invadieron su hogar. Uno, además, dejó su arma en la cocina. Entre los agresores se encontraba Jonathan Treviño, jefe de la Unidad Panamá e hijo del *sheriff* del condado de Hidalgo, Guadalupe Treviño. Aunque la denuncia de Pérez fue desestimada, su caso supuso la caída de la unidad policial y uno de los mayores casos de corrupción en la zona. En diciembre de 2012, el FBI arrestó a la mayor parte de los miembros de esa unidad y en abril de 2014 fueron condenados nueve agentes por conspiración para el narcotráfico, además de tres traficantes que trabajaban con los policías. De acuerdo a la sentencia, la Unidad Panamá, se dedicaba a robar droga en las casas de acopio situadas en la frontera, trabajaba al servicio de grupos de traficantes y custodiaba cargamentos que viajaban en tráileres hacia el norte. En una ocasión, los informantes del FBI siguieron a Jonathan Treviño mientras él y sus hombres daban protección a un tráiler que se suponía llevaba siete kilos de cocaína. Los traficantes pagaron a Treviño 6,000 dólares por el cruce de la frontera y la escolta.

En poblados como Pharr, en los alrededores en la ciudad texana de McAllen, en la frontera con la ciudad mexicana de Reynosa, Tamaulipas, es tanto el tráfico de droga que es común conocer a alguien que venda estupefacientes. El Valle del Río Grande al sur de Texas, es una región llena de *malls*, grandes autopistas y casas de cambio, y uno de los lugares con mayor tránsito de narcóticos entre México y Estados Unidos. De las 1,073 toneladas de droga incautadas en la frontera —según el reporte del año fiscal 2013-2014 de la Oficina de Aduanas y Protección Fronteriza—, 456 se aseguraron en Texas. No es de extrañar que, de acuerdo a investigaciones académicas realizadas por Guadalupe Correa, profesora de la Universidad de Texas en Brownsville, especialista en los cárteles de la droga, esta región sea la más corrupta de Estados Unidos.

La Unidad Panamá trabajaba especialmente para Tomás «El Gallo» González, un hombre que llevaba una doble vida como dueño de una empresa de transportes y como uno de los grandes capos de la zona, con vínculos con el Cártel del Golfo.

Es un hombre de verdad con la sangre de un buen gallo. Su gente le admira y respeta. No le gusta la violencia; prefiere usar la cabeza, pero si lo necesita, puede usar su metralleta, dice el narcocorrido que compusieron en su honor. Su autor, el cantante Chuy Quintanilla, murió asesinado meses después. Apareció junto a su camioneta con dos tiros en la cabeza. *Estoy hablando sobre «El Compa Tony», muy conocido en Weslaco haciendo buenos negocios con esos famosos gringos, él ha sido capaz de superarse y ha sobresalido,* sigue la canción sobre El Gallo, quien también fue detenido y condenado tras ser investigado durante tres años por el FBI. Había realizado muchos viajes cargando hasta tres mil kilos de marihuana y varios cientos de kilos de cocaína.

Robert Caples, ex candidato republicano a *sheriff* de Hidalgo y dueño de una agencia de investigación privada, sospechaba de las corruptelas de Treviño desde varios años antes. Algunos policías le habían contado que el entonces jefe de la policía les obligaba a recaudar dinero para sus fines electorales. No le importaba cómo lo consiguieran con tal de que lo hicieran. «Desde que llegó Treviño a las oficinas del *sheriff* (en 2005), sabíamos por varios informantes que recibía contribuciones ilegales en efectivo y que provenían de narcotraficantes. Estaba recibiendo dinero del cártel», nos dijo Caples intercambiando inglés con español al interior de su oficina en Edimburg, otra ciudad cercana a McAllen.

Durante mucho tiempo siguió la pista de Treviño, un policía estrella en el condado de Hidalgo que contaba con una aprobación mayor al 80%. Caples, un hombre atlético y corpulento de 43 años, se había convertido en una especie de justiciero ciudadano al emprender casi 10 años atrás una cruzada contra la corrupción: consiguió videos, audios y documentos que probaban varios crímenes en las oficinas del *sheriff*. Durante años los filtró al FBI. «No fue nada personal. Sólo no soporto que los corruptos dirijan nuestro país», dijo con una voz grave y amenazante. También creó un grupo en Facebook llamado *American Protection Specialists*, «un movimiento para proteger la frontera Texas-México en el valle del Río Grande de los cárteles de la droga y la corrupción». Se convirtió en un tipo de Wikileaks en el condado de Hidalgo —y Caples, en el Julian Assange de la frontera.

Este veterano de guerra había escuchado que El Gallo había financiado parte de la campaña de Treviño y para probarlo decidió competir contra él en la última campaña a *sheriff* en 2012. «Si estaba en campaña, necesitaría recaudar dinero y pondría a sus agentes a conseguirlo a toda costa. Yo nunca quise ser *sheriff*, pero sabía que era la única forma de comprobar lo que hacía». Según él, Treviño llegó a lavar entre 150 mil y 200 mil dólares.

Guadalupe Treviño, canoso y de bigote recortado, fue condenado a cinco años de prisión después de declararse culpable de lavar 10,000 dólares para su campaña para reelegirse como *sheriff*. «Lo que me molesta es que tenían mucho contra él y como se declaró culpable de lavado de dinero lo juzgan por mucho menos de lo que hizo», dijo Caples, quien vestía totalmente de negro, parecía como si fuera uniformado para salir a una operación policial. Cuando detuvieron al hijo de Treviño por las operaciones ilegales de la Unidad Panamá, varios agentes revelaron cómo el *sheriff* los obligaba a darle una parte de las ganancias procedentes del tráfico de drogas. Su ex mano derecha, José Padilla, actualmente protegido por el FBI, es uno de los principales testigos en su contra. Él lo asocia con El Gallo, con quien supuestamente empezó a tener relación desde 2011. Todavía hoy, en la casa del capo, una mansión en medio de un barrio modesto que se distingue por los logotipos de un gallo en cada una de sus puertas, hay dos carteles de campaña de Treviño. El ex *sheriff*, quien hasta finales de 2014 apelaba su sentencia, a la fecha niega estar involucrado con el narco.

En promedio, un policía en el condado de Hidalgo, gana unos cuarenta mil dólares anuales, además de contar con coche particular y seguro médico. Aún así, la droga sigue siendo más rentable. «Los cárteles están haciendo lo posible para cruzar la droga y para pagar a policías y políticos por esa causa», lamentaba el ex candidato a *sheriff*. Hasta mediados de 2014, unos dos mil policías, agentes y funcionarios estadounidenses eran investigados por su relación con el narco —según un informe del Departamento de Seguridad

Interna–, ya sea por recibir sobornos para proteger criminales, facilitar cruces de droga, escoltar cargamentos o traficar droga de los cárteles mexicanos.

Cuando se habla de tráfico de drogas, se piensa en México, Colombia y Centroamérica y pocas veces, o casi nunca, se habla de Estados Unidos. Parece que un mexicano tira la droga del otro lado de la frontera y mágicamente esta se esparce por todo el país y llega hasta Nueva York, la ciudad con mayor consumo per cápita del mundo. Estados Unidos cuenta con 22.5 millones de consumidores. De las 930 toneladas de cocaína que salen al mercado anualmente, 500 terminan en este país según la Oficina de las Naciones Unidas contra la Droga y el Delito. El 90% de los narcóticos que llegan a Estados Unidos pasa por México. Un flujo comercial ilegal de tal magnitud es impensable sin una profunda corrupción en las instituciones estadounidenses.

José Luis y Alejandra viajaron a Texas para ponerle nombre y apellido a ese fenómeno. Guadalupe Correa nos había recomendado este estado petrolero, con un 35% de la población de origen hispano, por ser el más corrupto y un buen ejemplo de como funciona la frontera. Los escándalos se repiten en la mayoría de los 14 condados fronterizos que hay desde Brownsville hasta El Paso. En Cameron, el ex *sheriff* Conrado Cantú cumple una condena de 24 años por liderar una banda dedicada al narcotráfico, lavado de dinero y extorsión. En Starr, el ex *sheriff* Reymundo Guerra facilitaba la entrada de droga proveniente de Tamaulipas y tenía nexos con el capo José Carlos Hinojosa y sus socios del Cártel del Golfo. Anteriormente, Eugenio Falcon Jr. fue encarcelado por aceptar sobornos como *sheriff* de ese condado. En Maverick, el comisionado Rodolfo Bainet Heredia estuvo relacionado con una banda dedicada al turismo sexual y, según la investigación del FBI, vendió un camión al líder de Los Zetas, Miguel Ángel Treviño. A finales de 2014, Robert Maldonado, un ex agente de la oficina del *sheriff* en Hidalgo, fue condenado a 12 años de cárcel por lavar 40 millones de dólares para el Cártel del Golfo. En un condado vecino de Nuevo México, en la región de Colombus, el jefe de la policía, Angelo Vega y el alcalde, Eddie Espinoza, fueron condenados por vender AK-47 a los cárteles mexicanos.

Llegamos a un estado rico, con alta calidad de vida, cuya población ha crecido un 53% desde la década de los noventa, pues hay una considerable migración de los propios estadounidenses hacia ciudades como Austin, Houston o San Antonio. No obstante, el valle del Río Grande, en la ribera norte del río que en México llaman Río Bravo, no cuenta con grandes escuelas, industrias mineras ni riquezas como en el norte de ese estado. No es México, pero tampoco empieza a ser Estados Unidos. El sur de Texas vive en un limbo. No se habla del todo inglés, tampoco español. Casi todos hablan una mezcla que ellos mismos denominan tex-mex. Alrededor de 90% de sus habitantes son hispanos de origen mexicano, pero se reconocen como estadounidenses. A diferencia del resto del estado, la mayoría es demócrata. Ciudades como McAllen, Laredo o El Paso son de las más seguras del país a pesar de ser frontera con algunas de las más peligrosas de México, como Reynosa, Nuevo Laredo o Ciudad Juárez. Es una región pobre, calurosa, por la que cada año son detenidos al menos 300 mil inmigrantes que intentan cruzar a Estados Unidos. La mayor parte de las ciudades fronterizas, los fines de semana se llenan de turistas y compradores que aprovechan las ofertas de los centros comerciales. En verano llegan miles de *snowbears* —como se le conoce a los habitantes de las zonas más frías de Estados Unidos— para acampar a las orillas de los lagos.

En muchos puntos de la frontera, el Río Bravo es una corriente de agua que implica sólo unos segundos de viaje en lancha para estar en México. En otras partes, como el condado de Zapata, al sur de Texas, México y Estados Unidos son separados por el imponente lago Falcón, un enorme embalse de agua artificial que hace frontera con Tamaulipas y donde cada año se hacen concursos para pescar la carpa más grande. Hace un par de años, David Hartl, estadounidense de 30 años, cruzó en un jet ski y su cuerpo nunca fue hallado. Según el relato de su pareja a las autoridades, unos sicarios lo mataron de un tiro desde una lancha. Varias fuentes aseguran, sin embargo, que Hartl fue a Nuevo Guerrero, la ciudad mexicana fronteriza, a comprar droga para después distribuirla en su país y allí fue emboscado por unos traficantes. Entre 2010 y 2011 hubo una guerra entre cárteles mexicanos, a los que se les conocía como piratas, que peleaban por el control del lago y se enfrentaban desde una lancha a otra. En ese lapso también se encontró un campamento de Los Zetas en una de sus islas. A las orillas de este hermoso lago, rodeado de grandes árboles y espacios recreativos, por el que a diario pasean estadounidenses retirados, un letrero advierte del peligro del otro lado:

ADVERTENCIA. CRUZAR A MÉXICO PUEDE SER PELIGROSO. REPORTE ACTIVIDADES CRIMINALES O SOSPECHOSAS LLAMANDO A LA OFICINA DEL ALGUACIL DEL CONDADO DE ZAPATA.

La frontera entre México y Estados Unidos es la más vigilada del mundo. El lado estadounidense lo custodian más de 21,000 agentes de la Patrulla Fronteriza, drones con un costo de 20 millones de dólares cada uno y en sólo tres años se ha duplicado el número de agentes del Servicio de Migración y Control de Aduanas (ICE, por sus siglas en inglés). La valla que separa ambos países abarca 1,300 de los más de 3,185 kilómetros de territorio fronterizo. En el Senado estadounidense se discute invertir 30 mil millones de dólares para enviar otros 19,000 custodios en la próxima década y alargar el muro hasta prácticamente doblar su longitud.

En 2014, decenas de miles de niños, la mayoría centroamericanos, llegaron a la frontera para intentar cruzar a Estados Unidos, producto de la violencia extrema en sus países y con el rumor de que los menores de edad no pueden ser deportados. Esto provocó una crisis humanitaria por lo que la Guardia Nacional fue trasladada a algunos puntos de Texas —donde la frontera no está vallada— para redoblar la seguridad. A todo el despliegue de seguridad fronteriza se suma el apoyo de las oficinas de los *sheriffs*, de las policías estatales, e incluso, hay civiles armados, milicias que cuidan los ranchos para que nadie atente contra la soberanía estadounidense. La DEA y el FBI también investigan la frontera para combatir el tráfico humano y de narcóticos. Pero el crimen organizado traspasa toda esa seguridad y hay cientos de puntos ciegos a lo largo de esa franja. Lo cierto es que para el narcotráfico los muros son aparentes.

Raymundo del Bosque, número dos de la oficina del *sheriff* en Zapata, nos llevó con su patrulla a recorrer la capital del condado que lleva el mismo nombre. A pesar del despliegue de vigilancia en la frontera, algunas ciudades no cuentan con tanta inversión ni apoyo para combatir la inseguridad en la región. Con sólo cuatro patrullas a su mando, a Del Bosque le corresponden 120 kilómetros de la frontera con el Río Bravo para evitar cada noche que crucen migrantes y cargamentos de droga.

Desde la orilla del río sólo se distingue la división con México por unos postes en medio del agua que hay colocados cada 200 metros. Del Bosque, un tipo regordete que tiene la cabeza de un alce en su oficina y colecciona piedras del lago Falcón que pule en forma de flecha, observaba una lancha que lleva varias horas estática del otro lado. «A veces se quedan ahí parados todo el día, parece que están pescando, pero en realidad están vigilando. En cuanto nos vamos, pasan la droga», comentaba resignado. Hasta que los traficantes crucen la frontera, él no puede hacer nada.

Por las noches, nada se mueve en los pasos tradicionales de droga. Son pequeñas franjas de tierra cerca del río, en lugares oscuros, llenos de arbustos. De vez en cuando pasa un helicóptero de la Patrulla Fronteriza, mientras los agentes del *sheriff* observan el otro lado del río con un aparato de visión nocturna. Siempre hay alguien vigilando, todo el tiempo se filtran personas o contrabando en esa frontera porosa. Los policías han encontrado gente saliendo de las alcantarillas; a más de 80 personas en un pequeño cuarto, asfixiándose, pero sin hacer ruido para no ser descubiertos; se han topado con costales de droga abandonados en la autopista; o con cientos de personas cruzando hacia Estados Unidos, mientras a unos metros una camioneta llena de droga empieza a descargar para cambiar los paquetes de manos. «Cruzan por el río, por el puente, por tráileres, por el tren, por todo», afirmó el *sheriff* del condado de Webb, Martín Cuellar, en su oficina en Laredo. El jefe de la policía, que portaba tres estrellas —una en su placa, otra en un anillo y otra en un pin sobre la solapa de su traje—, señaló un mapa del condado: «Hemos detectado presencia de todos los cárteles, pero pienso que Los Zetas son la principal fuerza aquí. Fui muchos años agente de narcóticos y tengo esa pasión de luchar contra las drogas. Pero es imposible tapar todos los agujeritos. Si tapas uno aquí, sale otro allá. Y los bandidos lo saben». Aunque su condado se libraba de escándalos de corrupción, Cuellar aceptaba que el soborno y el cohecho son las manos que meten la droga a su país.

Mientras que en las ciudades mexicanas de la frontera los cárteles tienen un dominio total y público, en las estadounidenses el control es invisible. Rara vez hay muertos. Si acaso se dan los llamados «levantones», alguien desaparece y aparece tiempo después asesinado en México. No hay tiroteos, aunque se escuchan disparos continuamente cerca del río. No hay grandes capos, ni rostros visibles, a pesar de que muchos jefes de la droga, por su propia seguridad, se han mudado a ciudades estadounidenses, especialmente, muchos miembros del Cártel del Golfo como Orlando Roberto Rodríguez alias «Comandante Boris» y Juan Francisco Martínez alias «Comandante Paquito», arrestados a finales de 2014, y cuyas mansiones se encontraban en Mission y Edimburg, en el condado de Hidalgo.

En este control invisible participan al menos siete cárteles mexicanos encargados del «suplemento, tráfico y distribución de la mayor parte de las drogas ilícitas en EU», según el Departamento de Justicia. Entre ellos están los de Sinaloa, Golfo, Juárez, Beltrán Leyva, Zetas, Familia Michoacana y Tijuana, siendo el primero el que mayor presencia tiene en ese país. «Los cárteles se están volviendo más inteligentes. Usan vigilancia, "scouting", tácticas de inteligencia. Están más orientados al negocio», indicaba Joel Rivera, comandante de la oficina del sheriff del condado de Hidalgo. El ingenio del narco ha llegado a utilizar catapultas, drones, animales, buzos, migrantes, túneles y puentes para pasar la droga. Incluso, se han fabricado cañones simples que mandan latas de cerveza con narcóticos en su interior. También se han decomisado cargamentos de donas glaseadas de cocaína o de pescados rellenos de droga.

La corrupción, aunque es uno de los mayores problemas de la zona, es también poco palpable. «Los estadounidenses tienen muy claro que si hay una manzana podrida en el árbol no se debe manchar a toda la institución», nos comentaba la especialista Guadalupe Correa. Con esto explicaba que si el *sheriff* Guadalupe Treviño fue un corrupto, así como toda la Unidad Panamá a cargo de su hijo, al condenarlos se daba la impresión de justicia y las autoridades federales hacían una limpieza de esa institución para evitar casos similares. Gran parte de esta corrupción es principalmente perceptible en los cruces fronterizos. Entre 2005 y 2012 unos ciento cuarenta y cuatro agentes de la Patrulla Fronteriza fueron arrestados por corrupción, mayormente relacionada con drogas, según un informe de la Auditoría Gubernamental. De ellos, 48 trabajaban en Texas.

Cada día circulan unos 7,000 tráileres entre el Puente Internacional del Comercio Mundial y el puente de la Solidaridad, que unen Nuevo Laredo y Laredo. Sólo el primer cruce, exclusivo para carga, representa más de un tercio de las operaciones de comercio exterior de México. También es uno de los principales puntos de paso de drogas hacia EU. Es imposible calcular cuánta droga pasa por allí ni cuántos oficiales están al tanto. Los controles son aleatorios y las formas de esconder la droga son cada vez más sofisticadas. Las incautaciones más comunes son las de marihuana, la droga más barata y la más fácil de reconocer por el olor. «La desaparición de controles aduaneros en el interior pueden provocar mayor corrupción y un aumento del tráfico de drogas hacia el norte y de armas hacia el sur», nos decía en su oficina, en un barrio pobre de Nuevo Laredo, Raymundo Ramos, presidente del Comité de Derechos Humanos. Mencionaba el caso de la polémica operación Rápido y Furioso, que comenzó a finales de 2009 bajo la dirección de la Oficina de Alcohol, Tabaco, Armas de Fuego y

161

Explosivos. El operativo permitió que se compraran unas dos mil quinientas armas de manera ilegal, con el objetivo de seguirle la pista a traficantes mexicanos, entre ellos miembros del Cártel de Sinaloa. En años siguientes, varios crímenes del lado mexicano fueron ejecutados con esas pistolas, como el asesinato de dos agentes de la propia Patrulla Fronteriza en Arizona en 2010.

El entramado del narcotráfico ha pasado de ser un juego entre policías y ladrones a una red perversa en la que ya no se distingue dónde acaba el Estado y dónde comienza el crimen. En la frontera, del lado mexicano, nos decían que la corrupción dependía de la institución: la Marina se corrompía sólo con los grandes capos, la policía local con narcomenudistas y la Policía Federal con cualquiera. Esto es variable en cada estado, no obstante, era claro que en ningún lugar de la frontera se confiaba en las autoridades. De acuerdo al último reporte de Transparencia Internacional, de cada 10 mexicanos, nueve consideran que la policía es corrupta, ocho descalifican a los jueces por el mismo motivo y cuatro ven corrupción en el ejército. En Estados Unidos, por su parte, aunque la confianza es mayor, también ha descendido en los últimos años respecto de las mismas instituciones: de 10 estadounidenses, cuatro desconfiarían de la policía, otro tanto de los jueces y tres del ejército. Ya sea en México, donde un policía gana en promedio mil dólares al mes o en su vecino del norte, donde el salario policial se triplica, en todos los lugares está presente esta descomposición: sólo es cuestión de cantidades.

***

En la película *Los Intocables* de Brian de Palma, Eliot Ness es un agente federal que lucha contra las organizaciones criminales de Chicago durante la Ley Seca. Cuando hace una redada a un almacén de Al Capone, el líder de la mafia que controlaba la distribución de alcohol en aquella época se encuentra con la bodega vacía sin rastro etílico y se da cuenta de que la policía es sobornada. Ness forma un grupo con otros cuatro policías para limpiar la ciudad;

se hacen llamar los «intocables» y no aceptan bajo ningún motivo la corrupción, lo cual finalmente pone en riesgo el negocio de Capone.

Como todas las películas del cine negro, De Palma muestra a una sociedad cínica y violenta en donde la corrupción es la única manera en la que autoridades y criminales pueden convivir en paz. En sus inicios, el género negro se inspiró en la cruda realidad, hoy la realidad supera cualquier tipo de ficción. Al igual que en el cine o en la literatura, en las historias relacionadas con el narcotráfico la frontera entre buenos y malos se difumina y de repente, entre un enjambre de malosos se encuentra algún protagonista en busca de la verdad, un Eliott Ness, un Phillip Marlowe, un Sam Spade.

El brasileño Odilon de Oliveira es uno de esos que quieren permanecer en el grupo de los buenos a toda costa. El juez más amenazado de Brasil no tiene un solo rasguño pero guarda en su armario una carpeta llena de planes para matarlo. Es una carpeta negra del grueso de una guía telefónica a la que cada semana le agrega un nuevo recorte: correos electrónicos anónimos, trozos de periódicos e informes de sus escoltas y de la policía que le advierten de posibles atentados. Ahí se encuentran todos los intentos para asesinarlo: cuando dispararon contra su casa y los hoteles donde se hospedó, las tentativas de envenenamiento, cuando estuvo en la mira de un francotirador, el día que un hombre entró al gimnasio donde corría para cortarle la garganta, o la vez que un helicóptero tuvo que rescatarlo.

Administrar justicia es un oficio de alto riesgo. Giovanni Falcone, el juez italiano célebre por su lucha contra la Cosa Nostra, fue asesinado con su mujer y tres guardaespaldas en una explosión de media tonelada de dinamita que sacudió la carretera a Palermo. Rodrigo Lara Bonilla, ministro de Justicia de Colombia, uno de los mayores enemigos del Cártel de Medellín, fue baleado en su coche por un sicario en motocicleta. A Tulio Manuel Castro, un juez colombiano que llamó a juicio a Pablo Escobar por un asesinato, lo acribillaron cuando tomaba un taxi para ir al entierro de un tío. La jueza hondureña Mireya Mendoza estrelló su coche contra un semáforo cuando dos criminales que investigaba le dispararon por la ventanilla. A Alexandre Martins, un juez brasileño que investigaba a un grupo de asesinos a sueldo, lo mataron al llegar al gimnasio el día que dio libre a su guardaespaldas. Todos pertenecen a la rara estirpe de magistrados que están dispuestos a arriesgar la vida para hacer valer la ley. Los más buscados entre los criminales. Los que sacrifican su libertad. Los que siempre están bajo la mira de un asesino.

Viajamos a Campo Grande, una apacible ciudad de Matto Grosso do Sul cerca de la frontera con Paraguay, para conocer al «super juez», como la prensa lo suele apodar por haber sentenciado a cientos de narcotraficantes brasileños, paraguayos y bolivianos. La primera vez nos vimos en su oficina, después de esperar durante una hora junto a su escolta para que nos atendiera. A primera vista, Odilon de Oliveira en su compacto metro sesenta de estatura, parecía un tipo duro y desconfiado, excepto cuando miraba su colección de amenazas y daba la impresión de ser un niño miope y sesentón que se ajustaba los lentes para leer un cómic de superhéroes. Sus admiradores le recordaban cada cierto tiempo que era «el más valiente» por dirigir el único juzgado nacional que persigue delitos financieros y lavado de dinero en un estado del tamaño de Alemania.

El juez, protegido siempre por un chaleco antibalas, llegaba a su despacho a las diez de la mañana con cinco guardaespaldas y se acomodaba debajo de un crucifijo a trabajar. Por esta zona entra gran parte de la droga proveniente de Paraguay —el segundo productor mundial de marihuana— y Bolivia —el tercero de cocaína—. En Ponta Porá, a tres horas de Campo Grande, viven los grandes capos de la droga de la frontera brasileña. Ser juez penal aquí es uno de los más peligrosos trabajos de escritorio. Pero ser odiado y amenazado, según él, significaba que estaba haciendo bien su trabajo, que nunca se había corrompido. Su cabeza valía en aquel entonces dos millones y medio de dólares.

Según la lista de sospechosos de la Policía Federal, unas sesenta y siete personas podrían estar tramando su muerte en estos momentos. Los principales enemigos de Odilon de Oliveira –como el «Rey de la Frontera», Fahd Yamil, o la familia Morel, que controlaba la droga que entraba desde Paraguay– vivían en Ponta Porá. Odilon de Oliveira no sólo desarticuló en la frontera una parte del Comando Vermelho, el grupo que comandaba Fernandinho Beira Mar, el capo de la droga más famoso del Brasil; también encontró grabaciones en las que ese narcotraficante reía mientras ordenaba a su gente que cortara las orejas, los pies y los genitales a un joven que se había involucrado con una ex novia suya. En otras, Beira Mar decía por teléfono a un mafioso: «El juez tiene el tiempo corto. No puedo esperar para matarlo». Como en todas partes, Odilon de Oliveira no puede estar solo allí, donde es más fácil morir que ser héroe. Cuando el juez viaja a esta zona, la Policía Federal interrumpe las comunicaciones, cierra las calles y no permite que nadie se acerque. Hace unos años, dispararon al puesto militar en el que el juez de Oliveira dormía junto con 50 hombres armados. Dice con jactancia que él no se despertó.

Cuando tiene pesadillas, el juez siempre está solo. Unos días antes del Día del Trabajo de 2013 soñó que estaba sin seguridad en una ciudad muy pequeña y que unos hombres armados lo perseguían. Él se escondía en un camión de basura para evadirlos. Su aislamiento le ha permitido reflexionar sobre sus sueños. Aunque esté rodeado de personas, se ha acostumbrado a su soledad. Los justos también viven en cautiverio. Desde hace casi quince años, nunca puede estar solo. Hoy vive vigilado día y noche por nueve agentes federales que se dedican sólo a cuidarlo. «El día que me jubile, duraré máximo seis meses», nos decía sin exhibir temor alguno.

Cada vez que cierra un caso gana un enemigo. Entre los montones de expedientes que saturan su oficina, De Oliveira sólo recuerda algunos de los nombres de las personas cuyo destino decidió, pero sus sentenciados se acuerdan bien de él. Según el secretario de Seguridad Pública de Matto Grosso do Sul, Wantuir Jacini, uno tenía la foto del juez en su celda y todos los días juraba ante la imagen que lo mataría. En el derecho anglosajón, los jueces son electos por los ciudadanos, y los veredictos están a cargo de un jurado que decide por unanimidad. Pero en América Latina, el futuro de una persona está en manos de un solo hombre. Odilon de Oliveira ha desarticulado batallones de grandes organizaciones criminales y les ha pegado donde más les duele. Ha confiscado a las mafias avionetas, coches, ganado y dinero suficiente para financiar el estadio Mané Garrincha de Brasilia, el más costoso del país. En uno de los correos electrónicos anónimos que le mandan, el remitente le advierte que faltan sólo seis años para que se jubile. Será en febrero de 2019, cuando cumpla 70 años y, por ley, tenga que retirarse de su puesto en el juzgado y pierda sus guardaespaldas. «Ese día —advierte el anónimo— los hijos de aquellos que cometieron un error semejante a robar una gallina y fueron sentenciados por ese loco desgraciado encontrarán una buena oportunidad de venganza.» El juez no da detalles a su familia de las amenazas que le siguen llegando o si recibe una llamada que le pregunta de qué color quiere su féretro. Insiste en que no tiene miedo de morir, pero en su escritorio hay unos papelitos de colores con citas bíblicas que le regaló su hija —una jueza civil en Sao Paulo que se dedica a casos de divorcio— y que él utiliza como separadores de las páginas de los expedientes: «¡Líbrame, oh, Jehová, del hombre malo!» «¡Líbrame de gente impía y del hombre engañoso e inicuo!». «Si el justo con dificultad se salva, ¿dónde aparecerán el impío y el pecador?». Odilon de Oliveira reza mientras sentencia.

Si bien hombres como De Oliveira son difíciles de encontrar, no hay un solo país en la cadena del narco que se salve de la *mordida*, *matraca*, *coima*, *tajada*, *pringón*, *culatazo* o *balacada*, como se le suele decir al soborno en distintos países de América Latina.

En los países andinos, de donde proviene un 99% de la cocaína mundial, los mayores riesgos de corrupción son en las zonas de donde se obtiene la droga, valles selváticos, montañas altas y lejanas a las grandes ciudades, de difícil acceso, donde hay muy poca vigilancia policial o grupos armados que pelean entre sí para controlar su distribución. Allí, los clanes familiares que dominan el mercado se alían a, o corrompen a las fuerzas locales, policiales y militares que se encuentran en el camino.

El valle de los ríos Apurimac, Ene y Mantaro —el Vraem, como se le conoce por sus siglas— en Perú, con conexiones por la selva hacia América Central (por el Pacífico) y hacia Europa (por Brasil), es el lugar con la mayor producción de cocaína en el mundo. Se trata de una zona aislada, donde los funcionarios se convierten en traficantes, algunos policías o militares ponen ojos ciegos a cambio de sobornos y, por las noches, las carreteras son paso libre para los narcos mientras en las ciudades hay toque de queda por la inseguridad.

Godofredo Yucra trabajaba en un pozo de maceración de coca cuando fue detenido y condenado por tráfico de drogas. Era 1997. Quince años después, este hombre de mirada dura y parco en palabras, despachaba como gobernador de Kimbiri en un destartalado escritorio de madera, al que apenas llega la luz, entre nuevas acusaciones de pertenecer al Clan de los Tiburones, una de las firmas más célebres de la región. «Eso que lo resuelva la justicia», nos dijo cuando le preguntamos por su pasado delictivo.

Kimbiri es un pueblo al que apenas llega internet, donde muchas fachadas están desconchadas, gran parte de sus calles siguen siendo de tierra y en el que la famosa gastronomía de Perú pierde brillo y cambia de exquisitos ceviches a chaufa —un plato típico chino-peruano de arroz frito con pollo— que en este lugar tiene sabor a plástico. Su población es meramente campesina y es una de las regiones más pobres del país, a unas 20 horas de Lima en coche.

Yucra, que tenía un sueldo menor a 400 dólares, gobernaba este lugar tras haber estado siete años en la cárcel por tráfico de drogas y desde 2007 se hablaba de que continuaban sus nexos con el narco. Después de atender a un ciudadano que quería realizar un cambio de domicilio, el gobernador insistía en que no dejaría su cargo a pesar de las denuncias en su contra, así que cada mañana seguía llegando a su humilde oficina, que parecía más un viejo cuarto de servicio que el despacho de un político.

La denuncia se la interpuso el anterior alcalde, que fue destituido de su cargo por nepotismo, quien además ha involucrado a otros familiares del entonces edil que también fueron condenados junto con él. Algunos vecinos del Vraem, que clamaron contra la designación de Yucra —el cargo lo eligen los políticos, no los ciudadanos—, hablaban de él con una sonrisa de resignación. Meses después de nuestra visita, fue destituido. La narcopolítica es un tema común en la región. «En Perú hay 11 o 12 narcoalcaldes y 12 narcocongresistas», nos dijo, en un café en el centro de Lima, Jaime Antezana, experto en narcotráfico que hace más de tres años denuncia los lazos entre la política y los traficantes.

A media hora de Kimbiri se encuentra Pichari, una ciudad de 15,000 habitantes, rodeada de montes que a ciertas horas de la tarde parece que tocan las nubes. Aunque apenas cuenta con 20 años de existencia, en el Vraem se le conoce especialmente porque cada año organiza el Festival Internacional de la Hoja Coca de Pichari, que honra a una tradición de cultivo de más de 5,000 años de antigüedad. A ritmo de huayno —una danza típica andina que significa bailar tomados de las manos— la población de Pichari honra a la coca con rituales para agradecer la cosecha, bailes prehispánicos, conciertos y concursos en los que los campesinos compiten para ver quien deshoja más rápido los arbustos de coca. En la fiesta se utiliza esta planta para la elaboración de caramelos, pasteles y licores. En la cuna del narcotráfico peruano, este lugar es una reivindicación del cultivo legal y tiene como símbolo a la Señorita Coca que se elige cada año durante este evento.

Su alcalde, Edilberto Gómez, «El loco Edy», es otro de esos ediles que han tomado posesión del cargo entre acusaciones de colaborar con los delincuentes. «Todo lo que está bajo el sol se puede ver. No hay nada que esconder», nos decía con hablar frenético una calurosa tarde en su despacho, después de habernos insistido para aceptar un par de figuras decorativas de la región: un hombre y una mujer de madera pintada de colores, simulando la vida antes de la Conquista. A la entrada de la municipalidad, varias esculturas gigantes de azulejo verde en forma de hoja de coca rezaban:

«La hoja de coca es planta milenaria y sagrada de nuestra Pacha Mama».

En la oficina de Gómez, mucho más lujosa que la de Yucra, llena de fotos de su familia y de artesanía local, había una estatua de un indígena ashánika, similar a las que nos regaló, pero de más de dos metros de altura. Detrás de un gran escritorio de madera, Gómez evadía cualquier pregunta sobre sus supuestos vínculos con el narco. Un informe de Inteligencia señala que El Loco Edy estaba en el anonimato hasta el 23 de octubre de 2009 cuando la Policía Antidrogas lo descubrió con 30 kilos de cocaína de alta pureza en una camioneta cuatro por cuatro, propiedad de Oscar Rodríguez, alias «Turbo», un narcoterrorista –término que se utiliza en la zona para los traficantes relacionados con el grupo terrorista Sendero Luminoso–. Actualmente cumple condena en un penal de máxima seguridad.

El Loco Edy nunca fue detenido, pero se le acusaba de haber pagado 100,000 dólares al partido político Perú Posible para inscribirse en las municipales y despistar a las autoridades, además de contar con la protección de Sendero Luminoso, cuya base se encuentra en el Vraem. Cuando le preguntamos sobre el tema, el alcalde esquivaba con frases como: «Me alegra mucho que estén aquí. Pichari es su casa. Aquí todos estamos muy orgullosos de nuestra tradición» e intentaba desviar el tema hacia la criminalización de los campesinos. «La culpa no es de quien siembra sino de quien consume», decía orgulloso. Corrupción y narcotráfico eran dos palabras que no pronunciaba, a pesar de las preguntas, así que volvía a hablar de los bailes tradicionales que hacían los campesinos para honrar sus cultivos cada año para que hubiera buena cosecha.

Desde que el cultivo ilegal de hoja de coca aumentó en Perú y poco a poco fue supliendo a Colombia como el mayor productor de cocaína del mundo, los casos de corrupción han sido cada vez más comunes. Uno de los más conocidos es el de «Vaticano», líder de un grupo local de narcotraficantes, quien entre 1990 y 1992 pagaba a los militares para que los dejaran realizar sus actividades sin problemas, es decir, pasar retenes, puestos y bases. Algunos miembros del ejército le permitían volar avionetas con droga e incluso le ayudaban con provisiones y repuestos a cambio de dinero.

Esta relación entre el crimen y la ley se repite a lo largo de todo el continente y las redes son cada vez más complejas. Quince de los países más corruptos del mundo están en América Latina, según el Índice de Percepción de la Corrupción de Transparencia Internacional, siendo Venezuela el más perjudicado. La mayor preocupación del presidente de esa organización, José Ugaz, era la capacidad de soborno e infiltración que tenían los cárteles en Perú, México, Guatemala, Honduras, El Salvador y Colombia. «Se puede ver que los cárteles y el negocio de la droga realmente están teniendo impacto en la corrupción pues su poder y su capacidad de movilizar recursos llega hasta los gobiernos de esos países», dijo públicamente en una ocasión. Esto es un fenómeno que no cambia a pesar del tiempo.

Durante la época de Pablo Escobar, en Colombia, miles de policías fueron acusados y destituidos por prevenir a los cárteles de las acciones y operativos en su contra. En Lima apareció un narcoavión boliviano, cuyas autoridades habían enviado y del que incluso miembros de la DEA estuvieron al tanto. En Bolivia, muchos jueces fueron acusados de ser sobornados para no permitir las extradiciones de los capos. México, Honduras, Colombia y Perú han tenido graves casos de fugas de narcotraficantes en prisión gracias a la complicidad de los agentes penitenciarios. México es quizás el país con más «escapadas» en los últimos años: en enero de 2001, el Chapo Guzmán huyó de un penal de máxima seguridad en Jalisco, supuestamente en un carrito de lavandería; en 2009, 53 integrantes de los Zetas se disfrazaron de policías y escaparon de una prisión en Zacatecas; en 2010, 41 internos lograron fugarse gracias a un comando del crimen organizado que les abrió las puertas de una cárcel en Matamoros; ese mismo año, 85 presos más escaparon de un centro penitenciario en Reynosa, a través de las escaleras de emergencia. La mayor fuga de la historia fue en Nuevo Laredo, también en 2010, con 151 fugitivos. Al año siguiente, otros 59 huyeron de otra cárcel en esa misma ciudad.

En Argentina se suele decir que la mafia nunca se instaló porque en su lugar ya estaba la policía. El periodista Ricardo Ragendorfer, autor del libro *La Bonaerense,* un retrato de las corruptelas de la policía de la provincia más poblada de esa nación, documenta: «En países como México, Colombia o Rusia hay policías corruptos porque los compró la mafia. Acá en cambio la policía compra delincuentes». A raíz de su publicación cayeron varias cabezas de esa corporación en Buenos Aires, incluyendo al entonces Ministro de Seguridad. Otro caso muy sonado fue el llamado «Informe Rafecas». A principios de la década pasada, el juez Daniel Rafecas descubrió, como fiscal adjunto, que unos trescientos cincuenta policías federales armaron casos falsos culpando a personas de bajos recursos, sexoservidoras, inmigrantes, mendigos y desempleados, de traficar droga, armas, robar autos y otros actos delictivos. Les sembraban la droga y después los detenían.

«Era muy perverso. Para mí fue como *Alicia en el país de las maravillas,* trasponer una verdad policial que estaba en el expediente y pasar a otra realidad en la que los policías eran los criminales y el autor, inocente —apunta el ahora juez—. Lo más grave es que si esta víctima no era el autor, ¿quién lo era? ¿De dónde surgió esa droga? ¿Quién la puso? La respuesta es inexorable y terrible: la propia policía».

En los últimos años, las acusaciones contra la policía bonaerense por abusos, soborno, extorsión, homicidio, tráfico de droga y hasta invención de casos se mantienen. Tan sólo en 2012, según los datos del Centro de Estudios Legales y Sociales (CELS), 107 ciudadanos de la ciudad y la provincia de Buenos Aires murieron a manos de las fuerzas de seguridad. En 49 estaba involucrada específicamente la bonaerense. Este mismo año, Sabrina Olmos, de 15 años, murió por una bala perdida tras un tiroteo de la policía cuando estaba en el patio de su escuela en Morón, provincia de Buenos Aires. En ese mismo lugar, un teniente de la policía provincial permanece detenido por asesinar en 2008 a un menor por la espalda. En Argentina se habla del «gatillo fácil», de que a la policía se le pasa la mano continuamente.

Cuando pasamos por Buenos Aires, conocimos a Roberto Durrels, un gaucho moreno y flaco que fumaba ávidamente cigarrillos Philip Morris. Estaba en una calle en el centro de Pilar, un pueblo en la provincia de Buenos Aires, mojándose bajo la lluvia. Llevaba una camiseta blanca con una foto de su hijo y una frase: «Justicia para Miguel Ángel». Junto con decenas de familiares y amigos, caminaba hasta la comisaría de la policía bonaerense, responsable del centro penitenciario donde su hijo apareció muerto en septiembre de 2013, y empezaron a gritar: «Asesinos, asesinos». Dejaron decenas de velas en la puerta de la comisaría, pegaron fotos de Miguel Ángel en las paredes y pintaron con spray: ¡JUSTICIA!.

Miguel Ángel Durrels, de 28 años, iba sentado en la parte trasera de un carro patrulla aquel domingo por la tarde. Los agentes le llevaban a la comisaría. Vestía medio de gaucho, con pantalones bombachos oscuros y alpargatas blancas. Llevaba el cabello corto, barba de un par de días, según vimos en las fotos que nos enseñó su padre. Cuando llegaron a la comisaría, los agentes de la patrulla contaron que le habían agarrado con una bolsita con 78 gramos de marihuana. Lo encerraron en el calabozo. Parecía un caso sencillo. La policía relató que unos chicos en moto le habían pasado una bolsa a Durrels. Les había parecido sospechoso y entonces registraron al muchacho y encontraron la droga. En situaciones parecidas, el acusado siempre alega que la marihuana es para consumo personal y se libra de una condena larga. Pero esta vez, horas más tarde, el caso se complicó. En la madrugada, el preso apareció muerto, colgando de un cable blanco atado a la barra de una celda, ahorcado. La policía argumentaba que había sido un suicidio pero hubo demasiadas irregularidades en su informe, la autopsia y las declaraciones de los testigos. Hasta hoy su familia y abogados del CELS que lo apoyan aseguran que fue un asesinato.

Las denuncias sobre la policía argentina vienen de décadas atrás. El diputado Marcelo Saín, quien colaboró en la reforma policial que se llevó a cabo entre 2004 y 2007, nos narró cómo varios policías estaban relacionados con torturas y asesinatos, que liberaban terrenos para que los delincuentes robaran y se corrompían ante los delincuentes, especialmente con los traficantes de droga.

Un alto cargo del ministerio de seguridad nos contaba un chiste aquellos días, que resume la visión que se tiene en Argentina de las fuerzas de seguridad: «Se reúnen representantes de tres cuerpos policiales para ver cuál es más efectivo. Están Scotland Yard, el FBI y La Bonaerense. Se trata de una prueba sencilla, el árbitro suelta un conejo, se le dan cinco minutos de ventaja y los policías salen a buscarle. El que menos tiempo emplee en volver con el conejo gana. Sueltan al primer conejo, se le da la ventaja correspondiente y sale Scotland Yard, que tarda 22 minutos en volver con el animal en custodia. Lo mismo con el FBI, que tarda 18 minutos. Sueltan el conejo de La Bonaerense, le dan cinco minutos de ventaja y los agentes salen a buscarlo. Cinco minutos más tarde llegan con un cerdo ensangrentado y malherido asegurando que es un conejo». Es un chiste viejo que, en relación a sus propias policías, se cuenta en otros países, como México.

El narcotráfico es un negocio que radica en la producción y comercialización de droga. Su prohibición, de acuerdo a un estudio del Transnational Institute, un *think tank* global de políticas progresistas, implica mayores ganancias —por el costo de la ilegalidad—, pero a su vez, más obstáculos para poder circular el producto por todo el mundo. La corrupción entonces es una estrategia funcional para eliminar los obstáculos y tener un rendimiento económico óptimo.

Se ha dicho hasta la monotonía que el narco es un cáncer continental. Si la comparación fuera justa, sólo lo combaten los individuos y las familias en desgracia, mientras que el Estado y los laboratorios —las instituciones en esta comparación— sólo lo harían en apariencia, a partir de una economía que invierte en el terror como modelo para obtener ganancias descomunales.

Para un grupo criminal, es mejor corromper a las autoridades que enfrentarse a ellas. En caso de no conseguirlo recurren a la intimidación, tal como hizo el Cártel de Medellín con decenas de matanzas, masacres y atentados en las ciudades, o como ha sucedido en México a partir de que el gobierno declaró la guerra contra el narco en 2006. Pero para los mafiosos lo más rentable es un pacto con las autoridades al estilo de Capone.

En Colombia, durante la época de los grandes cárteles, el de Cali logró infiltrarse casi completamente en el Estado. En México, durante la época del PRI antes del año 2000, el gobierno se caracterizó por realizar acuerdos con el crimen organizado para contener la violencia y permitir el flujo de las drogas. Actualmente, estados mexicanos como Michoacán, Guerrero o Tamaulipas han exhibido a narcopolíticos al servicio de los cárteles. En este último, el ex gobernador Tomás Yarrington sigue prófugo tras haber sido acusado de lavar dinero para los Zetas y el Cártel del Golfo y asesinar al ex candidato a gobernador Rodolfo Torre. La penetración del crimen organizado en los gobiernos latinoamericanos impide distinguir a los buenos de los malos, las autoridades son traficantes y los criminales escogen a las autoridades.

***

En Honduras, un país de ruta, la corrupción afecta en todos los frentes: empresarial, policial, estatal e incluso periodístico. Pablo viajó aquí justo después de escuchar en El Salvador y Guatemala —dos países con altos índices de violencia, corrupción e impunidad— que no había nada parecido en cuanto a corrupción y falta de autoridad como Honduras. Allí conoció a Hilda Caldera, la mujer de Alfredo Landaverde, quien en 2011 era candidato a ser el próximo zar antidrogas de ese país.

Aquel año, un día de diciembre, su esposo conducía el coche de ella porque el de él estaba en el taller. Ambos iban a Tegucigalpa esa mañana: él a cobrar su sueldo como asesor en el parlamento hondureño y ella, socióloga, a concretar los detalles para empezar una nueva consultoría. Aún no eran las diez de la mañana cuando el Kia celeste paró en un semáforo de la avenida Los Próceres. Se acercaban a la zona noble de la ciudad, a las calles de las embajadas extranjeras, la sede de Naciones Unidas y una lujosa plaza hotelera. Justo cuando salían del semáforo, empezaron a dispararles desde una motocicleta. Ella sintió el fuego en la espalda. Su marido, malherido en el asiento del conductor, perdió el control del coche. Landaverde no se recuperaría. Los sicarios le habían dado tres veces y había muerto casi al instante. Hilda perdía en ese momento a su compañero de medio siglo y Honduras a uno de sus más implacables luchadores contra el narcotráfico y el crimen organizado.

El crimen nunca se resolvió. Un año después se detuvo a uno de los autores criminales, pero nunca se supo quién encargó el asesinato. El director de la Dirección Nacional de Investigación Criminal de la Policía, Juan Carlos Bonilla, dijo a la prensa en ese entonces que tenía indicios de que había agentes de ese cuerpo policial detrás del ataque.

Hilda Caldera sabía del peligro que corría Landaverde con sus denuncias. Días antes de que lo silenciaran, había dicho en la televisión nacional que 14 empresarios hondureños lavaban dinero del narcotráfico con la complicidad del Gobierno. «¿Me va a decir el fiscal que no lo sabe? —criticó—. ¿Me va a decir el jefe de la Policía que no lo sabe? ¿Me va a decir el jefe de las Fuerzas Armadas que no lo sabe?». Aparecía rabioso en pantalla, harto. Aquel era el hombre que describe su esposa: «servicial, de ideales y sueños». Su rostro encendido escondía un cansancio profundo. «Vayamos al río de la verdad», reclamó. El experto apuntaba alto y ensayaba un desafío total: «¿Me van a decir que no saben que existe el "Grupo de los 14" y que trabajan con este Gobierno, y lo hicieron con el gobierno anterior?». Lanzaba esas preguntas en un país donde según la policía existen «cuatro o cinco» grandes grupos delictivos que operan en colaboración con cárteles mexicanos y colombianos.

Landaverde hacía estas denuncias públicas a pesar del asesinato del general Arístides González en diciembre de 2009. El zar antidrogas dijo entonces que disponía de información sobre pistas de aterrizaje para narcoavionetas en la región de la Mosquitia hondureña, y sobre los dueños de las tierras que las alojaban. El general había dicho también que los cárteles mexicanos de Sinaloa, La Familia y Los Zetas tenían cada vez mayor presencia en el país. Días después de su declaración, unos sicarios le tirotearon desde una motocicleta mientras manejaba su coche. Como en el caso de Landaverde, fueron vistos después de los disparos yendo en dirección a Casamata, el cuartel general de la policía en Tegucigalpa. Tras su muerte, Alfredo Landaverde se convirtió en uno de los principales candidatos a ocupar el puesto.

El fin de semana antes de que lo mataran, Landaverde se reunió en la capital con el director de la Policía y el director de centros penales. Cuando llegó a casa tras cuatro horas de reunión, fue a buscar a su esposa para contarle lo que había pasado. «Me dijo que habían hablado de los cárteles criminales dentro de la Policía, que eso es un campo de minas», contó Caldera.

Días después, subida en la ambulancia camino del hospital, se acordaría de aquella frase.

En Honduras, los departamentos fronterizos y los de la costa atlántica conforman un enorme corredor en que se mezclan drogas, armas y dinero. El centro de estudios Woodrow Wilson, con sede en Washington DC, estima en el informe *Organized Crime in Central America: The North Triangle,* divulgado a finales de 2011, que Honduras recibe cada año entre 350 y 550 de toneladas de cocaína en su trasiego al norte −aunque la cifra podría alcanzar las 850 toneladas−. La mayor parte se filtra a los departamentos fronterizos con Nicaragua, como Olancho, y recorre la costa atlántica del país para infiltrarse de nuevo, esta vez a Guatemala. En la frontera con Nicaragua aterrizan además muchas avionetas cargadas de coca provenientes de Venezuela.

Olancho es quizás el departamento clave para los traficantes hondureños. ¿Haciendas donde aterrizan las narcoavionetas? En Olancho ¿El lugar donde se organizan los cárteles? En Olancho ¿La zona donde se decomisan más armas? Olancho... Se trata de un departamento enorme, boscoso. Sólo una carretera lo cruza y apenas alcanza tres o cuatro pueblos medianos. «Imagínese –comparaba el comisionado Silvio Inestroza, un hombre recio, ajustado al uniforme, vocero de la Policía Nacional–. Sólo Olancho es más grande que todo El Salvador y nosotros somos mil efectivos para todo el país. Eso contando a los choferes y las secretarias y todo.»

El propio vocero de la policía hablaba de empresarios relacionados con el crimen organizado, de «ramas» de los cárteles dedicadas al lavado de dinero, mejor conocidas como «familias». Se dice que Honduras es controlada por 14 familias. «Uno no puede decirlo así nada más porque hay que probarlo. Ellos pueden lavar, tienen plata, todo el mundo los conoce. Cualquier gran empresario que tiene 50 empresas puede poner cinco más todos los meses y lo justifica sin problemas», decía el comisionado que se negó a dar nombres de dichas «familias» por seguridad.

El doctor Juan Almendares, ex rector de la Universidad Nacional y antiguo candidato presidencial, resumiría sarcástico días después todo lo que trataba de explicar Inestroza: «Si en Puerto Cortés (océano Atlántico) se declarase todo lo que entra, el Gobierno no tendría deudas.»

Días después de verse con Hilda Caldera, Pablo llegó a la cárcel de Támara, 20 kilómetros al norte de Tegucigalpa. Frente a la entrada, un grupo de reos cargaba sacos de víveres hacia el interior. Dos agentes de la Policía Nacional observaban la escena medio aburridos. Tres visitantes –dos chicas y un chico– aguardaban el permiso del guardia para salir del lugar. El muchacho traía la cabeza tapada con una capucha y apenas levantaba los ojos del suelo. Las chicas parecían preocupadas. Él era un tipo flaco, parecía un espantapájaros. Cuando el grupo dejó la prisión, uno de los guardias murmuró: «Le acaban de dar bien».

Le explicaron a Pablo que el muchacho acababa de salir del módulo de Barrio 18, una de las dos pandillas más grandes de Centroamérica. Los jefes le habían mandado llamar a la cárcel para darle una tunda. El guardia dijo en voz alta que «habría hecho algo mal» y que los que hacen algo mal tienen que ir a prisión a que sus jefes les den su merecido. Su explicación responde a una dinámica habitual en las pandillas. La ley antimaras que aprobó el Gobierno en 2003 encerró a buena parte de los líderes en prisión. Las calles ahora se controlan desde allí.

La cárcel de Támara no es una cárcel normal. De hecho, ninguna prisión hondureña lo es. Los reos viven hacinados en cada una de las 24 que hay en el país y el número de guardias resulta siempre insuficiente para controlar la situación. Pablo entendió eso recién ingresó al módulo de Casablanca. Le abrieron la puerta desde dentro, no desde fuera como sucedería en cualquier prisión con un poco de control. Luego vio que eran los internos quienes guardaban las llaves y que la policía sólo entraba porque él lo hacía: normalmente se hubieran quedado fuera. Los presos organizaban el comedor, conseguían marihuana y cuidaban de sus mascotas —tenían hasta una cría de venado, con motas blancas en el lomo y un lazo rojo decorándole el cuello—. Contaban con un palenque para peleas de gallos y le aseguraron que invitaban a los guardias cuando organizaban una. También había, por supuesto, una zona habilitada para guardar las jaulas de los gallos, no muy lejos de la mesa de billar.

De cuando en cuando, le dijeron los presos, la situación se descontrolaba. El chico de la capucha tuvo algo de suerte y sólo recibió unos golpes. Otros, como el pandillero Cabeza, no pudieron contarlo. A Cabeza lo asesinaron en octubre de 2011. Lo liberaron de noche, algo que no suele ocurrir, y aún no se había alejado 500 metros de la entrada cuando lo tirotearon. Luego la prensa dijo que Cabeza, uno de los líderes del Barrio 18 en Támara, era un prestanombres. En un reportaje, el diario *Miami Herald* explicaba que Cabeza salía de prisión todos los martes y jueves a las nueve de la mañana en punto a cumplir encargos del jefe: entregaba drogas o armas y volvía con dinero. El rotativo indicaba que el jefe era un alto cargo policial de instituciones penitenciarias e ilustró el texto con una foto de Cabeza vistiendo un uniforme de la Policía Nacional, el mismo que llevan los guardias de la prisión. Un ex alto cargo policial indica que fueron agentes de policía quienes le balearon, pero nunca se detuvo a ningún sospechoso.

Las cárceles son sólo otro eslabón en la cadena de corrupción hondureña, otra plataforma para delinquir. La policía juega en ese asunto un papel clave. Julieta Castellanos, rectora de la Universidad Nacional Autónoma de Honduras, nos compartió su punto de vista: «Hasta hace un año, ellos decían: "estos jóvenes están en bandas, andan en la droga", y la gente decía que los asesinatos eran ajustes de cuentas. Yo creo que lo que ahora es claro es que ellos (la policía) son en muchos casos los responsables». Castellanos había comenzado años antes una cruzada contra la impunidad al formar parte de la Comisión de la Verdad y Reconciliación Nacional. Robusta y de cabello azabache con los labios delineados de rojo, había sido también, recientemente, víctima del país más violento del mundo. El cuerpo de su hijo Rafael Alejandro Vargas, de 22 años, fue hallado junto con un amigo en una carretera al sur de Tegucigalpa. Fueron asesinados por policías.

Castellanos no oculta la rabia al recordarlo: «El jefe de policía vino a mi despacho y reconoció que habían sido sus agentes.» Los detuvieron y encerraron, pero escaparon. «El viernes, después de encerrarlos, los dejaron salir para que se volvieran a presentar el lunes, pero no lo hicieron». Tras el ataque al hijo de la rectora, el Gobierno lanzó otra operación para depurar la Policía, que hasta en 2012 dejó fuera de la corporación a unos quinientos agentes y decenas de cargos medios y altos —entre ellos el del propio director, Ricardo Ramírez—. Se desarticuló incluso una banda de policías que operaba en una de las comisarías de Tegucigalpa, el Cártel de la Granja, especializado en asaltos, extorsiones y *sicariato*. Un año después, cuatro policías involucrados con la muerte de Rafael Alejandro fueron condenados, aunque todavía siguen prófugos un oficial y otro agente.

El doctor Almendares, ex rector de la Universidad Nacional y antiguo candidato a presidente, creía que en Honduras «hay mucha impunidad y bajo eso se esconden muchas cosas. Yo no creo que el Estado no sepa lo que ocurre, que no tenga información, pero toda la culpa se la echan al narcotráfico». Almendares recordaba que a principios de siglo, la percepción del Estado era similar, sólo que los culpables entonces eran los pandilleros. El Gobierno de Ricardo Maduro adjudicaba cualquier crimen durante su mandato (2002-2006) a la violencia entre las pandillas. Maduro y su ministro de Seguridad, Óscar Álvarez, lanzaron en 2003 la ley antimaras según la cual un simple tatuaje te convertía en sospechoso de pertenecer a una pandilla. «El sistema culpabiliza a los jóvenes —indicaba Almendares—, la limpieza social existe desde hace años». Igual que entonces los pandilleros, el narcotráfico es ahora el principio y el fin oficiales de todos los problemas de Honduras. Si hay un baleado, es un ajuste de cuentas por drogas. Si la Policía decomisa armas, éstas al poco tiempo vuelven a las manos del crimen organizado. Almendares, que atiende a víctimas de tortura en las prisiones hondureñas desde hace años, cree que el narcotráfico tiene que ver, pero que no lo es todo. La cuestión para él está en quiénes son los narcotraficantes.

—¿Quiénes son? —le preguntó Pablo.

—No hay respuestas. Aquí aparecen avionetas y desaparecen los pilotos. Entonces uno dice, bueno, pero ¿quiénes son los narcos acá? ¡Son los mismos, están ligados a la estructura de poder! Lo que pasa es que nadie los identifica. Sufrimos una violencia represiva, eliminan a la gente y le echan la culpa al narco. Hablan de droga y no dicen quiénes son los narcotraficantes. Es imposible que no lo sepan.

***

La relación entre la corrupción y el narcotráfico tiene tal magnitud que se ha convertido en un cliché. Hoy en día hay narcoprisiones, narcoescuelas, narcoiglesias, narcopolicías, narcomilitares, narcodiputados, narcopresidentes, narcodemocracias, narcoelecciones… Para las organizaciones criminales, a veces ya no es suficiente involucrar

180

a los funcionarios con sus operaciones, también es necesario participar en la toma de decisiones, es decir, elegir directamente a los cargos públicos con el financiamiento de campañas electorales. Están casos como el del presidente Ernesto Samper en Colombia; las acusaciones a los ex presidentes mexicanos Ernesto Zedillo, Vicente Fox y Enrique Peña Nieto; la financiación a miembros del poder legislativo para ocupar sus escaños en Puerto Rico; las últimas elecciones en Perú, que estuvieron definidas por asesinatos y amenazas relacionadas con las mafias en varios departamentos del país; o el caso guatemalteco, donde el propio ex presidente Álvaro Colom afirmó que los narcotraficantes hacían lo posible por infiltrar a los partidos en las últimas elecciones.

Cuando llegamos a Venezuela, antes de la última elección que ganó el ex presidente Hugo Chávez en agosto de 2012, escuchamos por primera vez el término narcomilitarismo, como un fenómeno común en el que ahí, los miembros del ejército venezolano eran quienes controlaban el negocio de la droga. Nos habían hablado del Cártel de los Soles, grupos que trafican cocaína al interior de las fuerzas de seguridad venezolanas. Se les llama así para definir a un grupo de élite de la Fuerza Armada Boliviariana, oficiales de alta graduación, a los que se les dan medallas en forma de sol cuando ascienden de cargo. Existen varias células en las principales ramas de las fuerzas castrenses —el Ejército, la Armada, la Fuerza Aérea y la Guardia Nacional, desde el más bajo hasta el más alto nivel— que esencialmente funcionan como organizaciones de narcotraficantes. Algunos expertos dicen que no se les puede definir como un cártel, ya que actúan por separado y tienen riñas entre ellos, pero cuando alguien habla de Los Soles se refiere a militares narcotraficantes.

Estos grupos operan mayormente en estados como Apure, Zulia y Táchira, en la frontera con Colombia. Los periódicos publican continuamente enfrentamientos con la guerrilla y el ejército en estas zonas, y casos de militares acusados de vínculos con el narco.

Fue por eso que llegamos al Apure, después de 15 horas de viaje en coche desde Mérida, Venezuela. Nos encontramos con una zona de llanos, de altos árboles, rodeada de ríos y dominada por terratenientes. Por su belleza natural y su riqueza agrícola, sus habitantes aseguran que desde aquí Dios creó al mundo. Pero al ser una zona de frontera, también ha sido una de las más conflictivas del país, donde se han refugiado muchos líderes guerrilleros a lo largo de los años. El propio Chávez se refugió en esta zona en 1992, tras haber caído preso luego de un golpe de estado fallido al entonces presidente, Carlos Andrés Pérez.

Los caminos polvorosos habitados por cabezas de ganado, retrasaron nuestro trayecto a Guasdualito, la pequeña ciudad fronteriza, cuyo centro es el mayor atractivo y la zona con mayor movimiento. Comimos con un colega periodista, quien nos contaba la historia del comandante «Moisés», un guerrillero famoso en la región. Estábamos en un restaurante lleno de pericos y guacamayas llamado El Refugio del Conejo. Mientras hablábamos, el dueño del lugar, José Luis, uno de los militantes de izquierdas más antiguos de la ciudad, nos enseñaba fotografías de hace más de dos décadas en las que aparecía al lado de un joven Hugo Chávez, recién salido de prisión y extremadamente delgado.

Hacía varios años que Javier de Jesús Guerrero vivía en la clandestinidad como líder de la guerrilla venezolana conocida como Fuerzas Patrióticas de Liberación Nacional (FPLN), y aparecía sólo de vez en cuando para ver a su familia. Nadie sabía nada de él. De vez en cuando llamaba por teléfono para saber cómo estaban sus familiares y amigos y después pasaban meses sin noticias suyas. De hecho, ya nadie lo conocía como Javier de Jesús. Se había transformado en el comandante «Moisés Carpio».

En toda la región del Apure, una de las zonas más conflictivas de Venezuela por la presencia de guerrillas, ejército y narcotraficantes, el comandante era famoso por defender la revolución bolivariana, por enfrentarse a los terratenientes que controlaban el contrabando de gasolina, madera, ganado y drogas, y por luchar para expulsar a las guerrillas colombianas —el Ejército de Liberación

Nacional (ELN) y las Fuerzas Armadas Revolucionarias de Colombia (FARC)– con quienes compartía su ideología, pero no aceptaba que impusieran su control en territorio venezolano.

Las FPLN se definen a sí mismas por «luchar contra la alianza oligárquica rojiburguesa». Son un grupo rebelde, nacido del Partido Comunista en 1962, para derrocar por la fuerza al gobierno del ex presidente Rómulo Betancourt. La guerrilla fue evolucionando con los años y desde hace 20 se asentó en la zona fronteriza. Reconocieron en su momento al presidente Hugo Chávez como comandante de la Revolución y supuestamente se dedican a realizar actividades sociales y unirse con varias organizaciones campesinas, aunque también han sido acusados de robar ganado y causar conflictos en la zona.

Moisés se unió a la Revolución Bolivariana durante la campaña que llevaría a Hugo Chávez a la presidencia en 1999. Su objetivo era apoyar a los campesinos que luchaban por sus derechos y para ello entró a formar parte del Frente Campesino Ezequiel Zamora, que integra a un 15% de los agricultores y ganaderos en todo el país. Su familia le rogaba que tuviera cuidado porque tenía demasiados enemigos. Recibía amenazas continuamente y, según cuentan sus familiares, sabía que tarde o temprano lo iban a matar. Los militares del batallón de La Victoria –un pueblo cercano– que estaban a cargo del coronel Ángel Rafael Saldeño Armas –a quien los vecinos señalaban como el principal narcotraficante de la región– seguían sus pasos desde hacía cinco años.

Moisés era el héroe guerrillero del Apure. Su hermano, a quien conocimos gracias a nuestro colega periodista, lo describe como una persona seria y parca. Sus compañeros, como un líder extrovertido y bromista que defendía a los campesinos. Y en Caracas, la capital, los expertos que consultamos hablan de él y del resto de guerrilleros como civiles armados que, simplemente, ejercen un control déspota sobre los vecinos de las regiones donde se instalan. Propio de un hombre que decide vivir en el monte, agarrar las armas y priorizar una causa por encima de sí mismo y de su familia, su legado y su personalidad son contradictorios, oscilan de un paladín al estilo Robin Hood que roba a los malos para repartir a los pobres, al simple ladrón que utiliza el pretexto de la justicia social para hacer sus negocios.

Mientras en países como Panamá y el resto de Centroamérica los narcotraficantes se roban la droga unos a otros, en Venezuela, los guerrilleros venezolanos se la quitan a los militares. «Hay generales, coroneles, tenientes y sargentos involucrados. Los narcotraficantes consiguieron seguridad, transporte, almacenamiento, vigilancia y capacidad de la organización militar en una zona como Venezuela, que durante muchos años fue de bajo riesgo para el tráfico de drogas», nos explicaba José Machillanda, ex militar y director del Centro de Política Proyectiva, una fundación apolítica que promueve el debate social.

En Guasdualito se rumoraba que el coronel Saldeño Armas estaba obsesionado con agarrar a Moisés. Lo acusaba de «cuatrero», de robar ganado y después traficar con él. Por eso, Javier de Jesús vivía en el monte y cambiaba constantemente de ubicación. Sólo se acercaba a la ciudad esporádicamente para ver a su hijo de 10 años.

Su hermano Juan Guerrero planeaba la cena de Navidad cuando Moisés le llamó por teléfono. Era finales de noviembre de 2011 y la familia tenía pensado reunirse fuera de su humilde casa de ladrillo y techo de aluminio en Guasdualito para celebrar las fiestas. Javier de Jesús, quinto de 14 hermanos, era el visitante más esperado. Aquella tarde, Juan contestó la llamada mientras conducía hacia el trabajo. «Me van a desaparecer», le dijo sereno el comandante como si le contara que se le había descompuesto el coche o que necesitaba dinero. Su hermano lo escuchó por el auricular con resignación. No dijo nada. Sabía que no lo vería en Navidad. Fue la última vez que escuchó la voz de Moisés.

Durante muchos años, los campesinos venezolanos fueron asesinados y sus muertes nunca esclarecidas, como sucedió en la masacre de El Amparo, en 1988. Catorce pescadores fueron asesinados por policías y militares en un supuesto enfrentamiento contra grupos subversivos. En esta región, los campesinos no tenían derecho a vivienda y eran sometidos a abusos laborales. Moisés era un profesor de primaria, que había estudiado en Cuba y que cambió la palabra por las armas hace seis años, cuando sintió que con la política no lograría ningún cambio. Optó por la vía más extrema para defender los principios del gobierno de Hugo Chávez. Contaba con el respaldo de gran parte del pueblo, que si era necesario le ofrecía escondite y alimento. El Apure es uno de los bastiones más fieles a la revolución chavista. La guerrilla surgió en esta zona para enfrentar la delincuencia, que hace unas décadas se instaló en la frontera por la ausencia del Estado. El tráfico de combustible hacia Colombia, desde un país donde un tanque de gasolina cuesta lo mismo que una botella de agua, ha sido desde hace décadas un negocio muy rentable. La guerrilla logró controlar a la delincuencia común. «Aquí puedes caminar tranquilamente a las tres de la mañana. Nadie te va a robar. Ellos (la guerrilla) vigilan la zona por las noches», nos dijo un mecánico, que ha vivido siempre en Guasdualito.

Pero mientras las ciudades estaban tranquilas, en los llanos se empezaban a instalar organizaciones criminales más poderosas. Según sus conocidos, Moisés se dedicaba a enfrentar a estos grupos, a veces integrados por los propios militares o por las FARC y el ELN. Cada vez que los guerrilleros venezolanos se enteraban de que pasaba un coche lleno de droga, combustible o ganado, lo interceptaban y le robaban la mercancía para evitar el tráfico. Lo que hacían después con ella es un misterio: en Guasdualito aseguran que el botín ilegal acababa en manos de las autoridades honestas, pero muchos expertos consideran que lo utilizaban para hacer negocios ilícitos. «Nosotros hemos pasado por las malas y en lo último que hemos pensado es en caer en la financiación con las drogas. Sabemos que eso daña al ser humano. Nunca puedes escupir para arriba porque te puede caer en la cara, pero buscaremos todos los medios para no llegar a eso», afirmaba un vocero de la Corriente Revolucionaria Bolívar y Zamora, organización de izquierda afín a la guerrilla.

Moisés y sus seguidores empezaron a tocar los intereses de poderosos terratenientes —muchos de ellos militares retirados y en activo—, quienes comenzaron a perseguirlos. «Mi hermano y los campesinos les cortaban los traslados de mercancía ilegal, expropiaban terrenos con el permiso del gobierno y muchas otras cosas. Entonces empezaron a perseguir a mi hermano y decían que era un contrabandista. Ordenaron su muerte», nos explicó Juan Guerrero, un hombre de 50 años, moreno y fuerte, de cejas gruesas y bigote perfilado. Los guerrilleros le llamaron Moisés por la figura bíblica, por guiar al pueblo, pero para él todavía es Javier de Jesús. Juan extrajo de su cartera una identificación de su hermano, 11 años menor. «Todos dicen que nos parecíamos mucho», nos dijo en el lobby de un hotel, un año después de la muerte de su hermano. Siempre lleva esa foto consigo desde la última vez que habló con Moisés, cuando su profecía anunciada por teléfono se cumplió.

La siguiente vez que Juan tuvo contacto con su hermano fue en la morgue de Guasdualito, pocos días después de aquella última llamada. El médico forense le enseñó el cadáver para que lo identificara. Luego, Juan pidió que le mostrara las heridas. El comandante Moisés tenía el cráneo hundido por un golpe propinado con una culata de fusil; las muñecas peladas, con signos de haber sido atado y arrastrado; en todo el cuerpo moretones y rasguños; y en el pecho cuatro orificios de bala.

El informe oficial que se envió a Caracas hablaba de un enfrentamiento entre el ejército y unos cuatreros. «Pero eso no fue un enfrentamiento, los torturaron, fue una masacre», se lamentaba Juan ante la tumba de su hermano: una lápida sencilla de piedra, decorada con dos ramos de flores que se han ido secando bajo el calor húmedo de la ciudad. Otros tres guerrilleros comparten cementerio con su comandante, uno de ellos en una rudimentaria fosa sin nombre. La familia era tan pobre que no le pudieron ofrecer un sepelio más digno. En las cercanías del camposanto hay varias pintas que concuerdan con la versión de Juan: «Saldeño asesino»,

«Contrabandista», «No son cuatreros, son revolucionarios». En Guasdualito, aunque las autoridades opinen de forma diferente, están convencidos de que Saldeño, el militar al que acusaban de ser el mayor traficante de la zona, ajustó cuentas.

Veintidós días antes de ser acribillado, Moisés y su comando recibieron informaciones de que un grupo de militares bajo las órdenes del coronel Saldeño transportaba cuatro toneles: dos con cocaína, uno con pesos colombianos y otro repleto de dólares. Los guerrilleros los asaltaron y robaron la mercancía. Fue entonces cuando Javier de Jesús telefoneó a su hermano y le dijo que lo iban a matar. La madrugada del 24 de noviembre, desapareció.

El comandante guerrillero llegó la noche anterior con sus hombres a Bocas del Río Viejo, un paraje rural a una hora y media de Guasdualito, al que sólo se puede acceder remontando el río en pequeñas embarcaciones. Se alojaron en casa de un vecino de la zona, conocido como «El Diablo», quien vivía con su mujer y su hijo de 15 años. Cenaron y se fueron a dormir. A la mañana siguiente, Moisés debía presidir una reunión con varios campesinos. El relato de los sobrevivientes cuenta que a las cinco de la mañana un grupo de hombres vestidos de civil, equipados con visores nocturnos y fusiles, asaltaron la casa.

Al día siguiente, llegaron a Guasdualito cuatro cadáveres, entre ellos el de Moisés. Otros dos guerrilleros salieron heridos; también El Diablo, su esposa y su hijo, quien acabó con la mano machacada. «Ellos se salvaron porque el niño se aferró a su madre», dice Juan, quien asegura que los cuerpos de otros dos guerrilleros fueron tirados al río. El comunicado que el Ministerio de Defensa publicó tras la muerte de Moisés se enorgullecía del trabajo de las Fuerzas Armadas, «permanente garante de la soberanía nacional, cada vez más unida al pueblo venezolano, organizada, preparada, adiestrada y equipada». Meses después, Saldeño fue relevado de su cargo y enviado a Caracas. Hasta ahora no ha sido juzgado, ni por narcotráfico, ni por el asesinato de los guerrilleros. Otra de las pintas que se leen en la ciudad dice: «Maldito el soldado que dispara contra su pueblo».

Una señora cruza desde Colombia con un poco de marihuana en la maleta. La Guardia Nacional venezolana le ordena hacer un alto:

—¿Qué lleva usted ahí?

—Cannabis.

—Ah… pase, pase.

Es un chiste viejo.

Mildred Camero, juez durante 26 años y ex directora de la Comisión Nacional Contra el Uso Ilícito de Drogas (CONACUID), nos lo contaba en una cafetería de Caracas para retratar el desconocimiento del país sobre el narcotráfico cuando ella inició su carrera.

Camero, una mujer madura de cabello rubio platino y labios pintados de rojo intenso, volvía a Venezuela a finales de los setenta después de estudiar en Europa convencida de especializarse en la lucha contra el narcotráfico. Un amigo suyo de la universidad había muerto por sobredosis. Se encontró un país «de muy muy ricos, que experimentaban con LSD y marihuana, y de muy muy pobres, que consumían "piedra", aunque no era algo regular como ahora». Durante la siguiente década, Colombia vivió el auge de los grandes cárteles y su vecino Venezuela, bañado en petróleo y generoso en lujos, se convirtió en un lugar ideal para transportar y almacenar droga y dinero.

La ex juez investigó el primer caso de blanqueo de dinero en casas de cambio en la frontera. El dinero acababa en el Banco Cafetero, propiedad del legendario narco colombiano Pablo Escobar. También seguía las operaciones del Cártel de Medellín en Venezuela. «Allí en Colombia los perseguían, pero aquí era todo más fácil», aseguró la ex juez. Muchos de sus informantes le empezaron a comentar que miembros de la Guardia Nacional estaban involucrados en el tráfico de drogas: aunque no operaban, hacían la vista gorda a cambio de una retribución. Fueron procesados por tráfico de drogas dos generales de brigada de ese cuerpo, Ramón Guillén Dávila y Orlando Hernández Villegas. Finalmente los dejaron libres en 1993, pero para el imaginario popular ya había quedado inscrito el nombre del primer Cártel de Venezuela: el Cártel de los

Soles. El «pase, pase» del chiste pasó de ser sinónimo de ingenuidad a sinónimo de corrupción.

«Hoy el mayor problema del narcotráfico en Venezuela es la relación de los militares con los traficantes», nos dijo Camero. En 1999, cuando Hugo Chávez la eligió como directora de la CONACUID, ella levantó cinco informes inculpando a altos mandos del Ejército. «Pero él nunca los leyó», se quejaba. Para ella y otros especialistas consultados hay dos sucesos que marcaron «la debacle de Venezuela». El primero fue el Plan Colombia en 2001. La ingente cantidad de dinero que Estados Unidos invirtió para luchar contra el narcotráfico en ese país provocó un éxodo de narcotraficantes, quienes se resguardaban en Venezuela para huir de las autoridades.

El segundo parteaguas para que la situación en Venezuela esté en picada fue la decisión de Hugo Chávez, fallecido en 2013, de promocionar a los militares a puestos de responsabilidad en el gobierno. Lo hizo, sobre todo, después del golpe de Estado que sufrió en 2002, cuando decidió rodearse de compañeros de armas que lo habían acompañado en su ascenso al poder.

En los últimos siete años el Departamento del Tesoro de Estados Unidos congeló las cuentas y bienes de cuatro militares de alto rango de las Fuerzas Armadas, un miembro de la Policía y dos diputados, por su supuesta relación con las FARC y el tráfico de drogas. Hugo Chávez achacó la noticia a la «manipulación imperialista» del gobierno de ese país. Nunca inició una investigación e, incluso, muchos de ellos fueron ascendidos. Henry Rangel Silva, uno de los implicados, llegó a ser ministro de Defensa, mientras que Ramón Rodríguez Chacín, también investigado por ayudar a las FARC y a los cárteles de la droga, fue Ministro del Interior. La Lista de Narcotraficantes Activos emitida por Estados Unidos incluye actualmente a nueve altos funcionarios venezolanos entre militares, un diplomático y políticos ligados al oficialismo. El general retirado Hugo «El Pollo» Carvajal, ex jefe de Dirección de Inteligencia Militar, llevaba meses en Aruba cuando fue detenido por la DEA en julio de 2014. Se le acusaba desde un año atrás de recibir dinero del cabecilla de una facción del Cártel del Norte del Valle,

Wílber Varela, para ayudarle en sus operaciones. El Pollo Carvajal es considerado la primer cabeza que cae del Cártel de los Soles.

La carrera judicial de Mildred Camero acabó en 2005, cuando la destituyeron el mismo año que el Gobierno venezolano expulsó a la DEA y a otras Policías antidrogas del país. Gran parte de sus investigaciones involucraban a militares cada vez de mayor rango. En ellas aparecían como intermediarios de las FARC que negociaban droga y dinero a cambio de armas.

Cuando confirmó sus investigaciones, Camero se dirigió alarmada al despacho del vicepresidente, José Vicente Rangel, también ex Ministro de Defensa y ex Ministro de Relaciones Exteriores:

—Mire, vicepresidente, esto es lo que pasa —le dijo Camero.

—¡Pero qué bolas tienes tú!

Según el relato de Camero, Rangel agarró los papeles y los tiró a la basura. La ex jueza aún tiene un juicio pendiente por traición a la patria. En su caja fuerte guarda con celo informes que, asegura, inculpan a varias figuras importantes del chavismo. Decía que es su mejor seguro de vida.

Una avioneta de Air France, proveniente de Caracas, fue decomisada el 13 de septiembre de 2013 en París con más de treinta maletas llenas de cocaína. En 2012, una avioneta con una tonelada y media de droga salió de la base militar La Carlota. Ese mismo año el gobierno destruyó más de cien pistas de aterrizaje clandestino en el país. La gran mayoría de aeronaves que se decomisan en Honduras son de matrícula venezolana. Hasta hace cuatro años, Walid Makled, el narcotraficante venezolano más famoso, era dueño de la aerolínea Aeropostal, de gran parte de Puerto Cabello —el puerto marítimo más importante del país—, y llegó a enviar hasta cinco toneladas de droga desde el Aeropuerto Internacional de Maiquetía, el más importante de Venezuela, hacia Ciudad del Carmen, en Campeche, México. Dicen que eso fue gracias a sus conexiones con La Federación, un consorcio integrado por los cárteles de Joaquín «El Chapo» Guzmán e Ismael «El Mayo» Zambada.

En algún momento de la última década, las noticias sobre Venezuela y su papel en el narcotráfico internacional empezaron a inundar los periódicos. De tal manera que hasta el propio ex presidente de la Comisión Nacional Antidrogas, Bayardo Ramírez, declaró que Venezuela era «el traficante número uno de drogas en América Latina».

Al respecto, Hernán Matute, uno de los principales investigadores sobre seguridad y narcotráfico en el país, señalaba: «Ya es cotidiano ver en el extranjero capturas de embarques que salieron de Venezuela, que se destruyan laboratorios de producción de droga —algo impensable 10 años atrás— o que se encuentren sembradíos de marihuana y opio en las áreas fronterizas. También que precursores bajo el estricto control del Estado venezolano se utilicen en el procesamiento de la cocaína, o que el Departamento del Tesoro de Estados Unidos haga señalamientos y vinculaciones de políticos, militares y banqueros venezolanos con el narcotráfico».

Cuando Walid Makled, mejor conocido como «El Turco», fue detenido en Colombia, le preguntaron cómo había hecho para burlar la seguridad del aeropuerto y mandar la droga. Contestó: «¿Usted cree que se pueden cargar 500 maletas de cocaína sin tener apoyo?».

Venezuela peleó con Colombia por la extradición inmediata de Makled. En una entrevista en RCN, uno de los principales canales de la televisión colombiana, el traficante aseguró que tiene una lista de toda la gente a la que pagaba dentro del gobierno de Chávez para poder operar, e incluía al general Carvajal, a quien supuestamente le daba una cuota semanal de unos quince mil dólares para hacer sus negocios tranquilo. Desde que fue extraditado no volvió a hablar nunca más. «El ejemplo más claro de narcomilitarismo es el de Makled —aseguraba el ex militar José Machillanda—. El caso explica cómo tenía la exclusividad para los productos de la petroquímica, una línea de aviación con vuelos internacionales, un puerto, cómo apoyaba al gobierno de Chávez y cómo apoyaba a los gobiernos regionales y mandaba sobre los gobernadores».

Tiempo después de la captura de Makled, Eladio Aponte Aponte, un militar y magistrado del Tribunal de Justicia, fue retirado de su cargo, huyó a Costa Rica y pidió la protección de la DEA. El ex juez confesó que en varias ocasiones recibió órdenes directas del Palacio de Miraflores para liberar a militares involucrados en el tráfico de drogas.

La contaminación política llega hasta la frontera. El ex gobernador de El Apure, Jesús Aguilarte, fue obligado a renunciar en 2011 por el propio gobierno chavista tras su mala gestión. Un año después fue asesinado en un McDonalds en la ciudad de Maracay. En otro restaurante, un par de meses después, un hombre se acercó a la mesa de una pareja y preguntó:

—¿Es usted el general Moreno?

—Sí —respondió el hombre.

El tipo sacó un arma y lo mató. Su nombre completo era Wilmer Antonio Moreno, militar colaborador del chavismo desde 1992. Tiempo después, se comprobó que ambos estaban relacionados con el narcotráfico.

«Están quemando los archivos de todo eso —sostuvo alarmado Roberto Briceño, director del Observatorio Venezolano de Violencia, institución que publica estudios sobre la violencia y la corrupción en el país—. Aponte se fue por eso, porque sabe mucho».

A El Apure, indica Briceño, entra la droga proveniente del Amazonas colombiano y después es trasladada por Puerto Cabello o por Sucre camino a Honduras. «La unión entre droga, gobierno y militares es tan fuerte que por eso no existe una política severa frente a la droga».

El escritor estadounidense Dashiell Hammett fue de los primeros que para escribir sobre ficción criminal se inspiró en la realidad de su país. Narraba un estado de corrupción permanente con paraísos fiscales, homicidios, bares oscuros, impunidad, callejones misteriosos, autoridades prepotentes y sobornos. Su primer libro, *Cosecha roja,* se desarrolla en una ciudad minera dominada por un millonario y cuatro matones a su servicio inspirada en Butte, Montana, a la que rebautiza como Personville —el protagonista suele referirse a ella como Poisonville—. En nuestro viaje comprobamos que la nueva novela negra flota en nuestro continente. Los buenos y los malos no se distinguen. El fenómeno se repite continuamente país por país, en muchas ocasiones no se reconoce donde acaba el Estado y comienza el crimen. Los criminales llegan a ser los propios políticos que cometen delitos tan atroces como los delincuentes que supuestamente persiguen. Queman documentos, silencian personas, buscan faltas de pruebas en su contra y utilizan los vacíos y la ambigüedad de las leyes, así como su capacidad económica para presentarse al mundo como inocentes.

Capítulo 6
Ácido sulfúrico

Una tarde, en una curva de una carretera imposible, en el oriente peruano, una mamá y sus tres hijos estiraban un enorme plástico negro en el suelo. La pista parecía un sendero de borregos, solo que algo más amplia, enfangada a tramos, trufada de rocas y ramas gruesas como serpientes recién comidas. Bajábamos la montaña en el carro a la sombra de árboles frondosos, sorteando riachuelos y demás obstáculos, cuando vimos la escena.

Su casa expresaba la miseria en que vivían, igual que sus ropas, los mocos secos y las legañas en las caras de los niños o el polvo que copaba el ambiente. Sobre el plástico negro, tomando el sol que filtraban los árboles, miles de hojas de coca se secaban ante la atenta mirada de aquella familia que con presteza devolvía al manto las hojas que la brisa se llevaba. Parecían granjeros esperando a que la gallina pusiera sus huevos, sin más trabajo que observar y atender detalles superfluos. Los niños carecían de opciones, pues su patio de juegos, el espacio entre la casa y la curva, lo ocupaba el plástico. Aunque ni siquiera buscaban los rincones libres: parecían entender que secar la coca era más importante que jugar.

Cuando llegamos junto a la casa, la mujer hizo señas para que paráramos; se acercó. Quería que lleváramos a la niña pequeña al médico, a un pueblo a 15 kilómetros de allí. Con cara de curiosos, sus hijos se aproximaron al carro. Apenas unos metros por detrás de ellos, entre sus rostros, sus dedos apoyados en las ventanillas, se distinguía la manta de hojas de coca junto a la casa. Eran pequeñas, no más largas que el dedo índice ni más anchas que una oreja, de color verde mate, vulgares; nadie guardaría hojas de coca entre las páginas de un libro.

Aquella cosecha no parecía guardar significado alguno para la madre y sus hijos, podrían haber sido granos de café, bananas o cacao y sus caras, su actitud, hubieran sido probablemente las mismas. En una zona como aquella del inhóspito oriente peruano, en el Vraem peruano los campos de coca monopolizan las tierras de cultivo y un niño y una mujer joven trabajan en la cadena de recogida y secado sin más preocupación que el salario o las horas de comer.

La madre nos explicó que apenas pasaban coches por allí, que por favor la ayudáramos con su hija. Accedimos. Indicó a los otros niños que acompañaran a su hermana, así que todos subieron al carro y bajamos la montaña, riachuelos y rocas, esta vez con cuidado, pues al mínimo bache las piedras rascaban los bajos del auto por el peso. Días antes ya habíamos tenido problemas por eso: una roca había arruinado la varilla que comunica la palanca del cambio de marchas con la caja. Habíamos manejado en tercera 40 kilómetros sin poder cambiar.

Dejamos a los niños en el pueblo, ignorando si el médico podría atender ese día a la pequeña, si sería al siguiente, qué ocurriría con ellos. Uno de los hermanos mayores —no tendría más de cinco—, un muchacho de gesto serio, concentrado, preguntó a varios vecinos sin obtener una respuesta concluyente: nadie sabía si el médico estaba y nadie sabía dónde podía haber ido si no estaba en su casa. Era una situación un tanto extraña, desesperante para ellos, o al menos eso podría parecer. Pero no se lo tomaron a mal. Bajaron del carro, arroparon a su hermana —sus mocos, su cara de cansada— y echaron a andar con el paso del que tiene algo que resolver, sin tiempo para pensar en su desgracia, en la falta de oportunidades, reflexiones que uno se hace cuando tiene con qué comparar. Sin capacidad de contraste, ignorando si su posición era buena, mala o peor, hicieron lo que tenían que hacer y se perdieron entre los charcos de una calle embarrada, entre las montañas cubiertas de niebla del valle.

El viaje al Vraem había empezado tres días atrás en la ciudad sureña de Cusco, puerta de entrada a las ruinas incas de Machu Picchu, en medio de la cordillera andina. Nos dirigíamos a los pueblos de Kimbiri y Pichari, en plena ceja selvática, como los peruanos se refieren a los bosques húmedos que encuentran bajando los Andes hacia el oriente, hacia Bolivia y Brasil.

La ceja, a la altura del Vraem, es la mayor red de campos de hoja de coca del mundo. El valle es además el mayor clúster planetario de laboratorios de producción de pasta base y cocaína, la droga de los pobres y la de los ricos. La pasta base es una fase primaria de la cocaína, el *fango* que resulta de mezclar las hojas con queroseno, ácido sulfúrico y agua. Se fuma. La consume gente pobre porque es muy barata, de dos a tres dólares la dosis. En Argentina la llaman *paco*, en Colombia *basuco* y es altamente tóxica. La cocaína es la droga de los ricos. Se obtiene al mezclar pasta base con ácido clorhídrico, amoniaco y permanganato de potasio. Es fina, se esnifa. Un gramo en Europa no cuesta menos de 60 dólares.

Según la Oficina de Naciones Unidas contra la Droga y el Delito, UNODC, en el Vraem se producen anualmente 200 toneladas de cocaína y pasta base. La región funciona además como un enorme aeropuerto de montaña, sin torres de control ni vigilancia, pero abundante en pistas de tierra para pequeñas avionetas de carga. Según informes de inteligencia citados por el periodista peruano Gustavo Gorriti, el valle registraba en abril de 2014 de tres a seis narcovuelos diarios, avionetas que venían de Bolivia y volvían allá cargadas de cocaína —más de 300 kilos cada una— con destino final Brasil, el gran mercado de Sudamérica, y también los aeropuertos internacionales que operan vuelos a Europa: la droga se encarece según se aleja de la fábrica.

A finales de 2014, el diario que dirige Gorriti, *IDL-reporteros*, publicaba un video que recogía por primera vez la operación completa. Titularon la nota «Los seis minutos». En ese tiempo, la cámara captaba un llano junto al río Apurimac, cerca de Pichari, desierto verde, puro pasto rodeado de montañas. Allí se observaban tres pistas de aterrizaje hechas de ripio y barro. De repente aparecía una avioneta con placa boliviana, bajaba y aterrizaba. En la pista, dos hombres agitaban un plástico naranja: eran los controladores aéreos. Un grupo de unos treinta porteadores se acercaba entonces a la avioneta, todos cargados de fardos. Mientras alojaban la carga en la máquina, uno sacaba una caja blanca, se la llevaba y a los pocos minutos volvía, aparentemente con la caja vacía. Los reporteros de *IDL* deducían que la caja blanca transportaba dinero para pagar la droga. Apenas dos minutos más tarde, la avioneta despegaba y salía del Vraem sin mayor obstáculo. Era el primer video que mostraba el proceso de principio a fin, un ejemplo de cómo se encarece la droga, uno de los primeros eslabones de la cadena del narcotráfico.

En el Vraem, a pie de los campos de cultivo, cada kilo de droga de los 200,000 que se producen allí anualmente cuesta entre 600 y 1,000 dólares. Si es pasta base, oscila entre 600 y 800 y si es cocaína puede alcanzar los 1,000. Cada kilo que llega a Sao Paulo, en Brasil, alcanza un valor en el mercado de 7,000 dólares. En la costa, en ciudades como Río de Janeiro, sube a 10,000. Si los narcotraficantes consiguen colocar sus kilos en Europa, el precio de cada uno asciende a 42,000 dólares, cantidad que aumentará todavía más de cara a los consumidores.

Aquella tarde, mientras bajábamos la montaña con los niños, topamos con varias consignas electorales pintadas en las fachadas de las casas. En una de ellas, sobre el blanco desgastado de la madera que conformaba la pared, podía leerse: GUILLERMO ALCALDE y junto al rótulo aparecía dibujada una hoja de coca más grande que cualquier letra. En la pared delantera figuraba de nuevo el nombre del alcalde y una enorme hoja de coca enmarcada entre gruesas líneas negras, junto a la palabra que le da nombre. En el Vraem, por razones distintas a las que plantea Saviano, la hoja parecía igualmente una buena inversión, una forma efectiva de adherir votos y voluntades. Frente al gobierno central, que trata de reducir la producción de este cultivo como parte de su lucha contra las drogas, los políticos locales la defienden como medio de vida. En zonas pobres como el Vraem, donde pocos alcanzan a ganar el salario mínimo −282 dólares al mes en esa región−, un jornalero que trabaja la coca en vez del cacao puede doblar sus ganancias. Ocurre en Perú y también en regiones cocaleras de los otros dos países productores, Bolivia y Colombia.

En Bolivia, a dos horas de La Paz, la capital, en la región de los Yungas, 50 kilos de coca se venden siete veces más caros que la misma cantidad de café, lo que influye en los pagos. 50 kilos de café cuestan 400 bolivianos (60 dólares), mientras que la misma cantidad de hoja de coca se vende más o menos a 3,000 bolivianos (430 dólares). En el departamento colombiano del Cauca, al sur del país, junto al océano Pacífico, un jornalero puede ganar hasta 12 dólares al día recogiendo coca y en cambio ocho si se dedica al café.

No es sólo por las ventajas de los jornaleros, los dueños de la tierra también la prefieren. A diferencia de la papaya, el café, la piña o el cacao, la coca es un prodigio de productividad: un campo de plantas maduras genera entre cuatro y cinco cosechas al año. Igual que las plantas, las semillas se desarrollan fácilmente. En tres semanas germinan y crecen varios centímetros, en medio año ya le brotan cientos de hojas. Su cuidado apenas requiere inversión, es una mala hierba que prospera en zonas de gran humedad, a partir de 1,000 metros sobre el nivel del mar. Incluso, la planta ha demostrado una enorme tolerancia en ambientes que en teoría no le son favorables. En el pueblo chiapaneco de Tuxtla Chico, en México, a sólo 300 metros sobre el nivel del mar, la policía encontró un campo con 1,600 plantas de hoja de coca en septiembre de 2014. Con el abono indicado y un mantillo rico en nitrógeno, pueden hacerse maravillas.

En un campo de cultivo a 500 metros de la pista asfaltada, detrás de unos naranjales y algunos matorrales secos, un batallón del ejército boliviano preparaba sus armas una tarde para entrar en batalla. Eran tres docenas de soldados y todos llevaban amarrados al cinto un par de guantes blancos, una cantimplora y uno o dos cuchillos. Enfrente figuraba el enemigo, tan despreocupado. El calor era húmedo, caribeño, la sombra no protegía y los soldados vestían de camuflaje: manga larga, botas y pantalones con bolsillos anchos. A un costado, decenas de cámaras de video y fotografía registraban la escena. Al otro, los campesinos que cultivan esta tierra miraban con cierta desgana, como si fuera una novela que ya vieron otras veces. Minutos más tarde, el jefe del batallón dio la orden de ataque: «¡Atacar, atacar, a matar!». Los soldados obedecieron. Primero se pusieron los guantes, luego agarraron sus cuchillos y echaron a andar. Enfrente, miles de plantas de coca aguardaban el fin.

Aquel día, 15 de enero de 2013, el Gobierno boliviano inauguraba la temporada de erradicación de plantíos de coca en la provincia del Chapare, cerca de la ciudad de Cochabamba, a mitad de camino entre el altiplano y la selva. El Chapare y los Yungas son las dos regiones cocaleras de Bolivia, zonas boscosas de gran humedad. En las semanas siguientes el ejército destruiría centenares de plantíos como aquel en todo el país.

Igual que ocurre en Perú, el cultivo de coca en Bolivia es en parte legal y en parte ilegal. Los pueblos indígenas de ambos países mascan hoja de coca desde hace siglos. El ejército desbroza sin embargo cientos de hectáreas cada año para frenar la producción de drogas. Es la gran paradoja que enfrentan los mandatarios de ambos países: persiguen lo que protegen.

Los Gobiernos contemporáneos de Perú y Bolivia, sobre todo el de Evo Morales en Bolivia, han apoyado y fomentado el consumo tradicional de hoja de coca y han loado sus cualidades terapéuticas. Estudios de la Universidad de Harvard sostienen que en 100 gramos de coca se pueden tener casi dos gramos de potasio que son necesarios para el equilibrio del corazón y se le atribuyen además propiedades adelgazantes. Sabiendo que las tisanas hechas a base de coca son tan ricas en estos nutrientes, se convierten en alimento y en medicina. En los últimos años, empresas bolivianas y peruanas han desarrollado cantidad de productos en base a la hoja de coca, como jabones, caramelos, tés... Aunque la mayoría de la población acostumbra a *acullicar*, a *pijchear*, a *chacchar*, que es

200

como se refieren al mascado en la cordillera andina. Consiste en alojar en la boca decenas de hojas secas y acompañarlas con *lejía,* una mezcla de cenizas de cáscara de plátano o de papa, que extrae los alcaloides de las hojas eficazmente. Los alcaloides de la coca anulan la sensación de sed, hambre o cansancio, incluso mitigan el mal de altura. Aunque asociamos la palabra alcaloide a la coca o a la cocaína, muchas plantas, microorganismos e incluso animales presentan en su química distintos tipos de alcaloides, moléculas básicas ligadas invariablemente al nitrógeno. Las propiedades de cada alcaloide son diferentes. Hay peces y sapos cuyos alcaloides, dispuestos en la piel, generan un efecto alucinógeno. Los alcaloides de la morfina son en cambio analgésicos. En la cocaína, los alcaloides estimulan el sistema nervioso central, destierran la fatiga.

Parece difícil determinar cuántas hojas de coca equivalen a una raya de cocaína. Según un informe del Instituto Transnacional de Estudios Políticos (TNI), con sede en Ámsterdam, se necesitan 100 kilos de hoja de coca para extraer medio kilo de clorhidrato de cocaína. Al por menor, la droga se vende gramo a gramo. Un consumidor ocasional podría inhalar medio gramo en una noche, 1,000 veces menos que la cantidad de hojas necesaria para obtener medio kilo de cocaína. Sólo como juego, por puro interés especulativo, podríamos decir que 100 gramos de hoja de coca equivalen más o menos a una raya; que mascar 100 gramos de hoja de coca excita el sistema nervioso como un *pase,* un *tirito,* una *clencha,* una *loncha.*

En Bolivia, Pablo se aficionó a *acullicar.* Como gato entrenado desechaba el espinazo de las hojas y guardaba el resto en la boca, a un costado, una detrás de otra. Mascaba en el coche y en las áreas comunes de los hostales, después de desayunar y en las tertulias nocturnas. Cerca de Uyuni, al sur del país, junto al salar más grande del mundo, un madrileño que andaba de viaje nos explicó que el efecto aumentaba si en vez de lejía añadías bicarbonato a la mezcla, al bolo. Decía que «la bica» aceleraba la extracción de los alcaloides y la sensación de frescura y de energía aumentaban.

El sabor de la hoja era amargo, la saliva adoptaba un tono verduzco y una consistencia viscosa, parecida al pulque, desagradable al principio aunque asimilable: a los pocos días de empezar a mascar, el sabor de las hojas parecía lo más normal del mundo.

Dentro del gremio de los mascadores —camioneros, albañiles, cocineros, cualquiera realmente—, los expertos se distinguían por la extrema flexibilidad de sus mejillas, abultadas hasta la exageración, como si guardaran pelotas de ping-pong en la boca. Aunque los expertos de verdad eran quienes manejaban bultos de ese tamaño y aún eran capaces de hablar sin escupir un solo trocito de hoja.

Conocimos al maestro supremo del mascado en el pueblo de Tocaña, en los Yungas. Era antropólogo y se llamaba José Luis, aunque la gente del pueblo le apodaba «Pulga».

Tocaña eran cuatro casas, las mismas farolas, una tienda colgando en la ladera de una montaña en los Yungas, un valle a 80 kilómetros de La Paz, otro mundo en el fondo y la superficie. Si La Paz es la ventana del altiplano, de vegetación esteparia y apenas oxígeno en el ambiente por la altura a la que se ubica, Tocaña y el valle de los Yungas son la puerta de entrada a la Bolivia subtrópical, montañas de un verde brillante, carreteras de rectas largas y estrechas como cipreses. Hasta hacía poco tiempo, apenas siete años, el tráfico entre La Paz y los Yungas circulaba por la famosa carretera de la muerte, una pista impensable, de apenas cuatro metros de ancho —en ocasiones sólo tres— que discurría junto a precipicios hollywoodienses, abismos en la niebla, cientos y cientos de metros de caída libre. Los derrumbes, nos contaban, son además constantes, lo que hace que el paso sea aún más peligroso. En *Youtube* hay un video de 2012, el año en que nosotros pasamos por allí, en el que se ve cómo un autobús, tratando de evitar un derrumbe, cae barranco abajo ante la mirada y los gritos de los pasajeros, que se habían bajado mientras el chofer trataba de sortear la rocas. La ruta nueva evita normalmente este tipo de accidentes. Ahora son los turistas quienes pasean por allí, a lomos de una *mountain bike,* salvando los obstáculos de la carretera como diversión. Y aquí, como tantas veces ocurriría en Bolivia, dos realidades se solapaban: la de los que viven y la de los que sobreviven, los turistas que bajan en bicicleta el valle de la coca, y los campesinos que buscan pasajes baratos a pueblos como Tocaña.

Pulga vivía en una especie de hostal rural a medio hacer. Tenía cuatro o cinco cuartos para los visitantes y varias hamacas en la terraza de la choza principal. Contaría entre 35 y 45 años. Vestía camisetas anchas de manga corta y lucía varios brazaletes en la muñeca. Vendía artesanías. El Pulga parecía uno de esos hombres que siempre tiene algo que hacer, de un lado para otro de su parcela, cargando maderas o papeles o un termo lleno de té con singani, un aguardiente local. Por las tardes era común verlo sentado en la mesa que hay en la terraza de la cocina, despedazando hojas meticulosamente y metiéndoselas en la boca.

Por lo que supimos entonces y en las semanas siguientes, Pulga era un personaje conocido allende fronteras, célebre en un círculo sorprendentemente amplio que integraba a periodistas, turistas europeos de paso en La Paz, artistas, músicos… Un colega español que vive en la ciudad, Alex Ayala, nos contaría días más tarde que incluso la banda Atajo, emblema del rock boliviano de la década de los noventa, le había dedicado una canción, «Pulga presidente». Parecía ser que miembros de la banda habían caído en la casa de Pulga unos días, hacía unos años. La cerveza y el té con singani generaron una fiesta de varios días, en la que Pulga, envalentonado, con un bolo de coca enorme en la boca, presentó su candidatura a la presidencia del país. El video de la canción también está en *Youtube*. La primera frase dice «probátelo, sin compromiso», en referencia a los métodos de Pulga para vender sus artesanías. En los comentarios del video del youtube, alguien amplió el relato de cómo se gestó la canción. Decía que para convencer a los votantes, Pulga prometió entre otras cosas «una semana de fiesta/hierba».

Parecía posible, desde luego. La casa-hostal de Pulga era un pliegue caprichoso del espacio tiempo, desconsiderado respecto a las convenciones, sin horas de entrada ni salida, de comer o de beber. Llegamos poco después de la hora del almuerzo y en la mesa de la cocina, sentados, Pulga y un grupo de chicos y chicas jóvenes compartían té con singani y mascaban hoja de coca. Gran parte del tiempo aquellos días lo pasamos allí, en torno a aquella mesa de madera gruesa, jugando al risk, a las cartas, tocando canciones en la guitarra, hablando de la hoja de coca —más que hablar, se la veneraba, diciendo que era mejor que el café, que la cerveza.

Junto a la casa, en la parcela de al lado, una lona negra alojaba miles de hojas que al igual que en la casa de la curva en Perú, se secaban al sol. Quien quiera que fuera el dueño, no parecía preocupado por la posible aparición del ejército o la policía. La lona siguió donde estaba durante días y nunca vimos a nadie vigilándola.

Pasamos con el Pulga los últimos días de diciembre de 2012, un par de semanas antes de viajar al Chapare, a la inauguración de la temporada de erradicación. En ese tiempo, cuando no estábamos en la mesa de la cocina, aprovechamos para conocer los alrededores. En una de las comunidades cercanas a la casa de Pulga dimos con Desiderio, un campesino cocalero. Desiderio era negro y boliviano, una rareza, descendiente de un grupo de esclavos senegaleses que había llegado a Bolivia hacía casi dos siglos. La presencia de Desiderio y otros afrobolivianos en Tocaña y las comunidades de alrededor había motivado al Pulga a vivir allí y estudiar su caso durante años. El antropólogo contaba que en esa parte de los Yungas la esclavitud había funcionado hasta la reforma agraria de 1953. Cuando los negros de Estados Unidos comenzaban a exigir los mismos derechos que los blancos, los negros bolivianos aún respondían ante su amo. Lo más curioso, explicaba Pulga, es que los esclavos que llegaron allí pertenecían a una misma tribu en Senegal y que esa tribu tenía su rey, Uchicho, cuyo descendiente aún vivía, era vecino de Murarata, una comunidad cercana a Tocaña y regentaba una tienda de abarrotes. Su nombre oficial era Julio Pinedo y lo debía al patrón de la hacienda a la que su padre y su abuelo habían pertenecido.

Pinedo no vestía ropas reales sino una camisa de campesino arremangada hasta los codos, gris azulada, abotonada a medio pecho; en la cabeza una gorra oscura, desgastada; sobre las piernas un pantalón negro, pobretón, y un cinturón de lona y hebilla metálica. Aunque no era muy alto, tenía los hombros anchos del que trabaja la tierra y a sus 72 años, pese al gesto cansado, lucía un buen aspecto, sano, la seguridad del que sabe lo que hace y lo que quiere.

El rey repartía su tiempo entre la tienda y su campo de cultivo. Aunque era rey por derecho de sangre, no parecía demasiado interesado en el cargo y mucho menos familiarizado con sus derechos y deberes. Antes que cualquier otra cosa, Pinedo se preocupaba por la tienda y por las plantas de coca que crecían en su chacra, las cuatro cosechas anuales y la plaga de pulgón que las amenazaba constantemente.

El rey no dijo demasiado. En 1992, los afrobolivianos le habían quitado la gorra y la camisa, le habían puesto una corona, le habían dado el cetro y le habían tomado decenas de fotos en su investidura cuando decidieron revivir el linaje real. Cuando le preguntamos cómo había llegado a ser rey, contestó que su padre lo había sido en la época de las haciendas y también Bonifacio, su abuelo, descendiente directo de Uchicho, quien había sido coronado poco antes de llegar a Bolivia en 1820. El entonces rey acabó en Los Yungas. A su muerte, Bonifacio subió a un trono ficticio y siguió utilizando la capa y corona, que según la leyenda, el propio rey senegalés había mandado a su hijo. «Mi abuelo era rey en época de las haciendas y luego mi padre murió en un accidente cuando yo tenía 12 años —recordaba Pinedo—. Yo pensé que se quedaría así nomás, pero los más ancianos me convencieron, me dijeron que me tocaba y me coronaron». Aunque eso, la verdad —explicaba— significaba poco más que dar consejo al que lo pedía.

Al poco rato el rey se excusó, quería irse a descansar. Desde la plaza de Murarata se observaban las verdísimas laderas de las montañas del valle, con nubes bajas como puentes entre ellas. Pinedo, igual que Desiderio, volvería al campo al día siguiente y luego al siguiente y así, probablemente, hasta que ya no les diera el cuerpo. Esperarían a que sus plantas crecieran y las hojas maduraran. Cosecharían y luego venderían. Cuando le preguntamos a Desiderio quién compraba su cosecha, dio una respuesta un tanto ambigua: «Si alguien compra nosotros no hacemos preguntas», dijo, como si fuera lo que menos le importara de todo el proceso. Igual que un campesino cafetero, bananero o papayero, su preocupación era vender la cosecha al mejor precio y no tanto quién la compraba o con qué fin. Su respuesta coincidía en todo caso con las de otros campesinos que habíamos conocido en Perú y Colombia. Meses antes, en las montañas del Cauca, en Colombia, dos *raspachines*, recolectores de hojas, habían dicho casi lo mismo: «Ni sabemos quiénes son esa gente ni tampoco lo dicen. Vienen, recogen y se van». Parecía una obviedad: sólo querían subsistir con cierta dignidad.

Aquellos días con el Pulga empezamos a entender que el Gobierno —en Bolivia, aunque en Perú la situación era muy parecida— diferenciaba entre cultivos legales e ilegales, cosechas aptas para el mercado tradicional y producciones destinadas al tráfico de drogas. De hecho, el presidente Evo Morales, dirigente cocalero en su juventud, había creado un Viceministerio de Coca y Desarrollo Integral a su llegada al poder. Contradictoriamente tal vez, él mismo saludaría a los soldados aquella misma tarde en una base militar, una especie de bendición marcial antes de que se arrojaran a la misión de arrancar las plantas. Parecería lógico que el Gobierno, para demostrar su compromiso en la lucha contra las drogas, calculara las necesidades del mercado legal y destruyera los cultivos sobrantes, pero, ¿qué sentido tenía para los campesinos que se habían quedado mirando cómo los militares acababan con sus cultivos en el Chapare? ¿Por qué sus plantas eran ilegales y las de un kilómetro más allá no lo eran? Por supuesto existía un registro de campesinos cocaleros y una forma de *legalizar* su plantación, pero ¿qué hacían los que se quedaban fuera? ¿Se destruían siempre sus plantíos o se hacía la vista gorda?

Aunque ninguna fuente oficial lo reconoce, el Estado, por incapacidad o desidia, permite más cultivos de los que el mercado tradicional requiere. En Bolivia, un estudio sobre el consumo de la droga financiado por la Unión Europea concluía que el mercado tradicional necesita 14,705 hectáreas de coca para abastecerse anualmente. La extensión cultivada en Bolivia asciende a más de veintitrés mil hectáreas. En Perú, la Empresa Nacional de Coca, el único ente con capacidad legal de compra, absorbe sólo el 6% de las 20,000 hectáreas que la producen en el Vraem. El valle es sólo una de las zonas de producción del país. Con 49,800 hectáreas rindiendo en 2013, Perú es el mayor productor de hoja de coca del mundo. En Colombia, donde no existe el consumo tradicional y el cultivo de esta planta está totalmente prohibido, se cosechan anualmente 48,000 hectáreas.

***

—¿Y las pozas? ¿Dónde están las pozas?

—Por allí arriba, no sé —decía Jacinto, con una sonrisa que era un disfraz de lo que sabía y no quería decir.

Vestía de blanco inmaculado, calzaba unos tenis y portaba un morral. Jacinto nos había invitado esa tarde a visitar sus campos de coca, dos hectáreas, decía, que es lo que permite el Gobierno peruano a cada campesino con licencia. Ya en los plantíos, cerca de Kimbiri, en el Vraem, le habíamos preguntado por las pozas de maceración, laboratorios rudimentarios de producción de pasta base. No sé, decía, pero sí sabía.

Habíamos contactado con él gracias a un colega que trabajaba en la zona. «Él sabe», había comentado días atrás. Pero Jacinto lo negaba, aseguraba que sólo se dedicaba a cultivar plantas y vender hojas; que no le importaba a quién se las vendía con tal de venderlas.

Habíamos conocido a Jacinto aquel día por la mañana. Nos había citado en una cevichería de la plaza de Kimbiri, un amasijo de tierra, ladrillos, charcos y restos de anticucho, una plaza a medio hacer a dos pasos del río Apurimac. Serían las ocho de la mañana y todos pedimos cerveza. A un costado de la plaza, sobre el asfalto embarrado —y sobre el mismo barro—, funcionaban varios puestos de mercado como humildes altares al campo del Vraem: zapotes, bananos, platos de pollo y arroz.

Jacinto apuntaba detalles de la cosecha. Decía que empleaba a 60 jornaleros en época de recogida, que la coca, una mala hierba, arruina la tierra para otro tipo de cultivos, le chupa los nutrientes. Se reía mucho, como si sus propias explicaciones le divirtieran, aunque a veces se mostraba serio, como cuando relataba los años fuertes en que Sendero Luminoso, organización guerrillera maoísta —hoy reclasificada por terceros como organización narcoterrorista— imponía su ley en la zona.

En la década de los noventa, Sendero Luminoso trataba de instaurar un régimen comunista en Perú y para ello se valía de la lucha armada y reclutaba, secuestraba y mataba campesinos en zonas como el Vraem. Jacinto recordaba la cantidad de muertos que había dejado la «guerra», 70,000 según datos oficiales, y decía que lo de ahora era otra cosa.

Días más tarde visitaríamos a la familia de Michael Ciuviri Damián, indígena ashaninka, suboficial de la policía nacional de Perú, que había muerto pocos días antes, a manos de uno de los grupos que el Gobierno clasifica como narcoterrorista, remanentes de Sendero Luminoso. La familia de Ciuviri quería que se hiciera justicia, que el gobierno encontrara a los culpables y los metiera presos. Vivían en una aldea entre Kimbiri y Pichari, en absoluta austeridad, las casas de planta redonda, tejados de hoja de palma seca y piso de tierra. Una palapa de madera embarrada sirvió como centro de encuentro. Las mujeres, sus hermanas, asumieron la portavocía del grupo. Todas vestían túnicas marrones, raídas en la parte de abajo. Ciuviri, contaban, integraba un operativo antiterrorista. La policía había recibido información sobre un supuesto intercambio de armas y droga entre senderistas y narcotraficantes. Los terroristas emboscaron a la patrulla en la carretera, mataron a Ciuviri, a otro compañero y dos agentes más resultaron heridos. La camioneta Nissan en la que viajaban quedó calcinada.

Además de contarnos lo que sabían del asesinato de su hermano, recordaron los años duros de Sendero, igual que había hecho Jacinto, cuando la guerrilla reclutaba a los niños a la fuerza. Decían que si tenían que levantarse en armas lo harían, pues conservaban escopetas de los años fuertes de Sendero; que no se dejarían avasallar.

El caso de los ashaninkas, la etnia más populosa del Perú amazónico, era simbólico de la situación en la zona. El Vraem no estaba en guerra, ningún grupo terrorista le disputaba la autoridad al Gobierno, pero los remanentes de Sendero, a golpes, desestabilizaban la región. En los últimos meses de 2014, helicópteros del ejército atacaron en varias ocasiones. Los años previos eran un mosaico de ataques esporádicos, emboscadas, secuestros.

«Con los civiles ya no se meten —explicaba Jacinto—, ya los derrotamos una vez. Ahora piden comida y se van». Los vecinos, en general, ya no temían a los senderistas o a aquellos que hacían llamarse así: la guerra parecía una cosa del pasado. En el viaje al Vraem desde Cusco, bajando la cordillera, vimos varios carteles que ilustraban ese empoderamiento, la pérdida del miedo. En una carretera polvorienta, antes de alcanzar las cuestas húmedas del Vraem, los vecinos, campesinos, habían colocado un cartel que avisaba a los malhechores:

SECTOR ORGANIZADO, QUEBRADA HONDA. NO SE ADMITE PRESENCIA DE DELINCUENTES BAJO PENA DE LINCHAMIENTO. ¡CUIDADO!

La gente del campo había aprendido tras años de acoso y no era sólo Sendero. Ya desde los años 70, campesinos del norte del país, en la sierra, se habían organizado en rondas, grupos de autoprotección ante el abigeato, el robo de ganado.

Semanas más tarde, antes de salir de Perú, visitamos la cuna de las rondas campesinas, la provincia de Cajamarca, la más pobre de Perú y, paradójicamente, una de las más ricas potencialmente por la cantidad de minerales que atesora el subsuelo.

Fuimos a buscar a Jaime Chaupe, un héroe posmoderno. Meses atrás habíamos visto por internet un video de la familia Chaupe expulsando a un grupo de policías de su casa. Era dramático. Armada de rabia y piedras, la familia Chaupe había tratado de repeler a la policía. La minera canadiense Newmont quería abrir un camino justo donde yace su casa y varias decenas de agentes custodiaban una enorme excavadora amarilla para que hiciera el trabajo. Era agosto de 2011. La casa de los Chaupe ocupaba un espacio ridículo entre montañas andinas, a 4,000 metros de altura y sin embargo la empresa minera tenía que pasar justo por allí para empezar el trabajo. Sería una de las minas de oro y cobre más grandes de todo Perú, una explotación a cielo abierto, cuatro enormes agujeros en el suelo aprovechando el espacio que dejarían unas lagunas que la minera quería desaguar. Según estimaciones de la empresa, explotar el suelo de los Chaupe y alrededores supondría arrancarle a la tierra 20,000 kilos de oro al año, con un margen de beneficio de 34,500 dólares por kilo.

Todos los vecinos de los Chaupe habían vendido su tierra, pero ellos no. Por un engaño, nos explicaban cuando finalmente dimos con ellos —después de varias horas de auto desde Lima, de dos camiones, de carreteras de tierra y piedra, polvo, todo el polvo del mundo, y finalmente una vuelta hasta el mismo techo de La Tierra, a bordo de una motocicleta compartida por tres personas—, por un engaño, decían, les querían arrebatar la tierra. Porque ellos y sus vecinos compartían un territorio de propiedad comunal: nadie era el dueño y todos lo eran. La minera entendía que si compraba a los demás, compraba todo y ese día, frente a la casa de los Chaupe, quería dar el último paso y abrir la vía definitivamente.

«Mi hija se arrodilló delante de la excavadora y la golpearon y la arrastraron —contaba aquel día Jaime Chaupe—. Mi esposa se puso a tirar piedras a la policía. La agarraron y la golpearon también. Le daban patadas. Yo también me fui con piedras; le tiré una al ingeniero».

Antes de llegar, después de los camiones, las pistas de la tierra y la motocicleta, aún tuvimos que correr, montaña a través, para evitar a los guardas de seguridad de la minera que cuidaban el perímetro: una carrera de despistes ladera arriba y abajo, como caricaturas, una versión andina de las aventuras del humorista británico Benny Hill. Pero llegamos. Chaupe andaba sólo aquel día, su familia estaba pleiteando entre Lima y la ciudad de Cajamarca por las tierras. A pocos metros de su casa descansaba una cuadrilla de ronderos, integrantes de la ronda de aquella zona de Cajamarca. Estaban con ellos a muerte, decían, en lo que parecía una de esas luchas bíblicas entre David y Goliat, el pequeño contra el grande, aunque evitaron explayarse. Cubrían sus rostros con pasamontañas y mantenían esa actitud castrense de puro silencio, como si de esa manera apuntalaran su integridad.

El día anterior, en el pueblo de Celendín, escenario de protestas y disturbios entre ronderos y policías por el caso de los Chaupe, la dirigente Jenny Cojal lo tenía muy claro, «illegaremos adonde haga falta!», la misma actitud de los ashaninkas del Vraem, seguros de que sólo contaban con ellos mismos para resolver sus problemas. Y pese a todo, parecía que tenían las de ganar, ajenos a la ansiedad de los que se ven abocados a un conflicto de resultado imprevisible, confiados en que el tiempo y la lucha, el desgaste, acabaría por darles la razón. Al final, contaría Cojal, su razón de ser era la lucha, primero contra el robo de ganado, luego contra las grandes empresas mineras. La lucha, decía, como fondo. En algunos lugares había sido el robo de ganado y en otros se habían organizado contra Sendero, como en el Vraem, o contra los clanes del narcotráfico, si es que hacía falta.

En todo este batiburrillo parecía que era el ejército, teóricamente la institución más preparada, mejor dotada, con mayor presupuesto, quien de verdad sentía peligro, verdaderas tensiones bélicas.

Una tarde, cuando visitamos el cuartel de Pichari, el oficial al mando dijo: «Dentro de estos muros tienen que entender que estamos en guerra». Y de hecho su actitud correspondía a sus palabras, mirando con desconfianza, contestando a la defensiva. Antes de irnos, el oficial ordenó a un soldado que nos trajera algo para que nos llevásemos de regalo, una ironía. Nos entregó sendos botiquines de urgencia y una baraja de cartas. Al estilo de Estados Unidos en sus guerras en Oriente medio, el ejército peruano manejaba en el Vraem naipes con las fotos de los más buscados, su nombre y la recompensa que ofrecían por ellos. El As de diamantes es para el senderista «José», el dos de espadas era para «Alipio» y el tres de tréboles era para «Raúl». Por todos se ofrecía un millón de soles, es decir, alrededor de trescientos mil dólares.

En aquella cevichería de la plaza de Kimbiri, Jacinto cambiaba el tema. Ahora hablaba del narcotráfico. Concluía, después de un rato de risas y rodeos, que la mayoría de los campesinos desconoce el destino de la hoja de coca, o que la cocaína forma parte de un negocio multimillonario que implica miles de muertos a nivel continental. «Muchos no han visto otra cosa —decía—, otras posibilidades».

Jacinto hablaba de los campesinos con cierta distancia, como si su experiencia fuera ajena a la suya. Con sus ropas blancas, su moto de alta cilindrada y la laptop que nos mostró más tarde, junto a sus campos, parecía vivir realmente alejado de ellos. «Muchos no han visto otra cosa», repetía, y daba a entender que él sí había visto otras realidades.

En la cevichería hablamos de las pozas. Nos decía que eran agujeros en el suelo, en las laderas de las montañas, forrados de plástico, donde se mezclan cientos de kilos de hoja de coca con agua, ácido sulfúrico y queroseno; o lejía de limpiar el piso; o carbonato de sodio, que se utiliza además para fabricar pasta de dientes; o carbonato de calcio, que refuerza el caucho de los neumáticos o alivia la acidez estomacal... La fórmula varía, aunque las hojas, el agua, el ácido y el queroseno nunca faltan. Tradicionalmente, contaba Jacinto, los trabajadores metían los pies en la poza y pisaban los ingredientes para mezclarlos y obtener pasta base. El proceso duraba horas. Ahora, decía, utilizan lavadoras con centrifugado, o batidoras, o licuadoras, así abaratan y optimizan el proceso entre materia prima y elaborada: con las máquinas, el rendimiento de la cosecha es mayor. De cara al consumidor, las nuevas técnicas apenas implican cambios en el producto. Pocas bodegas vinícolas emplean hoy en día pisadores de uva para obtener el mosto que luego se convertirá en vino. Usan máquinas. Igual que en la enología, en el mundo de la coca los productores perfeccionan el sistema de producción para optimizar el beneficio.

Semanas después de aquella charla, de vuelta en Lima, visitamos la prisión de Lurigancho. Jacinto había negado su participación en la elaboración o el transporte de droga, aunque había reconocido que el Vraem exporta en grandes cantidades. Dijo que tenía muchos conocidos presos por eso.

Lurigancho parecía un penal al uso, tapizado de concreto y rizos de alambre espinado. Estaba ubicado en un suburbio a las afueras de la capital, lejos de la costa, rodeado de cerros de tierra seca. Bajo las nubes harinosas de Lima, las laderas de los cerros semejaban aquel día cascadas de escombros. Parecía imposible que las casuchas que las poblaban aguantaran una tormenta, siquiera un viento fuerte.

En un principio visitábamos Lurigancho para hablar con presos españoles. De todos los países del mundo, Perú es el que mayor número tiene en custodia después de España, más de doscientos. Casi todos están allí por narcotráfico. Días atrás, un funcionario de la embajada de España en Lima nos había contado que la cantidad de presos se había disparado con la crisis económica en el sur de Europa. Cada vez, decía con cara resignada, llegaban más. Queríamos conocer sus historias, saber cómo, en qué momento, traficar con droga se había convertido en una solución a sus problemas. Ya de paso, claro, queríamos buscar a vecinos de los pueblos del Vraem y otras zonas cocaleras del Perú para enriquecer la información que habíamos recogido allí.

Nada más llegar a Lurigancho, el director del centro, un hombre robusto, de voz grave y chillona, nos dijo que sí, que pensaba que había algún español preso allí. Un sacerdote limeño venía con nosotros. Lo habíamos conocido días atrás en un café en el elegante barrio de San Isidro, en Lima. Con él, pensábamos, la entrada estaba garantizada, conocía al jefe y éste le tenía en buena estima. Aunque la actitud del director nos inquietó. ¿El director pensaba que allí había algún español? ¿No lo sabía seguro? Quizá fuera sólo una broma, aunque más tarde, ya en el interior, comprendimos que el director podía ignorar con toda razón la existencia de un reo en concreto: Lurigancho era una ciudad carcelaria de más de diez mil habitantes.

Nos condujeron a los pabellones seis y siete, hogar de los condenados por narcotráfico y enseguida conocimos a Jordi, un chico catalán que había caído en el aeropuerto de Lima llevando 12 kilos de cocaína en dos maletas. Aquel día, en los pasillos del pabellón, contaba los días que le quedaban para salir después de cinco años preso. Paseamos con Jordi por los pabellones de Lurigancho.

Mientras tanto desgranaba su historia. Hasta hacía seis años, decía, trabajaba en Barcelona, instalaba planchas de pladur —cartón yeso— en algunas de las miles de casas que se construían cada mes en el país antes de la crisis. Un trabajo sencillo, bien pagado, un sueldo que les permitía, a él y su novia —que también trabajaba—, vivir con soltura. Pero un día se acabó. De la noche a la mañana, sin verlo venir, perdió su empleo. España dejó de construir casas y los profesionales vinculados al sector —albañiles, fontaneros, electricistas, carpinteros, marmolistas—, se quedaron en la calle.

En los meses siguientes, Jordi sobrevivió con el dinero que había ahorrado en los años de vacas gordas, pero el trabajo seguía sin aparecer. Su novia, además, había perdido también el suyo. Un día, sin nada para comer, acudieron a un centro social de Barcelona, cerca de la avenida Diagonal, la principal vía de la ciudad. Volvieron varias veces, se hicieron habituales, sobre todo Jordi. Al cabo del tiempo, un día, a la hora de la cena, un hombre se le acercó y empezó a hablarle. Agarraron confianza. Jordi pensaba que sólo quería charlar, pero una noche le ofreció un negocio que no podía rechazar, unas vacaciones pagadas. Tenía que ir a Perú y traer dos maletas en el viaje de vuelta. No gastaría nada y encima le pagarían 12,000 euros. Su novia estaba embarazada, iba a ser papá y estaba arruinado, así que accedió.

Según recordaba su historia y se acercaba al momento en que le detuvieron, los ojos de Jordi empezaron a apagarse, como si de alguna forma volviera al aeropuerto de Lima con dos maletas llenas de cocaína, como si tratara de avisarse que era mejor escapar. Cinco años, casi la edad de su hijo, y él allí, durmiendo sobre una colchoneta, la cara de derrota, los dientes estropeados, negros, sucios, de los vicios de la prisión. Aunque no lo dijera abiertamente, Jordi había buscado refugio en el *crack* para salir de sí mismo y sus reproches.

El joven catalán nos llevó a visitar su puesto de trabajo en la prisión, una pollería junto a una cancha de deportes, donde echaba horas los domingos y otros días de visita familiar. Su jefe, Walter, nos dio una de las octavillas que repartía en el penal para publicitar su negocio: Pollería Walter, donde comer es un placer [...] El penal está cambiando, cambia tu también. La pollería de Walter tenía servicio a la celda —DELIVERY DE 11 AM A 11 PM— e integraba el proyecto de pequeñas y medianas empresas de la prisión en un intento de la dirección por lavarle la cara. Durante años, Lurigancho había acumulado fama por ser una de las prisiones más pobladas de Sudamérica y sobre todo por sus niveles de violencia. Jordi nos señalaba algunos de los motivos: «Aquel es el jirón de La Unión. Han salido muertos de ahí». El jirón de La Unión era un pasaje angosto, entorpecido por varios juegos de rejas, que tomaba el nombre de una de las calles más exclusivas de Lima y comunicaba los dos extremos de la prisión. La versión carcelaria del jirón de La Unión cambiaba la fragancia por el cuchillo: si la calle capitalina se había convertido en una de las más caras de América Latina, la de la cárcel, pese a los intentos de la dirección, era una de las más peligrosas: en junio de 2014 moría un recluso más, Cristian Carrión, de 33 años, por un cuchillazo en el corazón.

Al rato, cerca de la pollería, conocimos a Flores, un cuarentón extrovertido y risueño que cumplía una pena de 15 años por tráfico de drogas. De joven, contaba, había trabajado pisando coca en el Alto Huallaga, otro valle de la ceja selvática. A finales de los ochenta y los noventa, el Alto Huallaga era como el Vraem en la actualidad, sólo que entonces, allí, reinaban los narcotraficantes colombianos. Ellos organizaban cuadrillas de jornaleros que acampaban en el valle y convertían kilos y kilos de hoja de coca en pasta base. Podían ser grupos de hasta 40 trabajadores. Flores contaba una historia parecida a la de Jacinto: en un pozo en el suelo forrado de plástico pisaban coca con agua y ácido sulfúrico, luego mezclaban con amoniaco y permanganato de sodio. Flores decía que el olor de la mezcla era pestilente, que si los que consumen cocaína vieran cómo se fabrica la pasta base lo pensarían dos veces. Otro preso se acercó a la mesa donde nos sentábamos, escuchó de qué estábamos hablando y aportó detalles de su propia experiencia. Para que entendiéramos la cercanía de la coca con la población local en los valles de la ceja, nos explicó que su madre,

215

cuando era pequeño, le daba un biberón con te de coca en vez de leche. Ahí todo es coca, decían todos, adelantando las ideas que Renzo Caballero, director de la Dirección Antidrogas de la policía peruana, enunciaría días más tarde en una entrevista. En la versión de Caballero, la batalla contra la producción de drogas se complicaba. Diría que el gobierno peruano trataba de ponerle trabas, pero que ellos, los narcotraficantes, siempre ideaban una vía alterna. Pondría de ejemplo el asunto de los precursores químicos que se usan en el procesado, el cemento, el queroseno, el ácido sulfúrico. El gobierno, contaría, restringía su transporte en el Vraem y demás zonas productoras, pero los narcos abrían caminos nuevos. «Lo que han hecho —lamentaría— es reemplazar los químicos que fiscalizamos. Ahora procesan con gasolina de 84 octanos, que es la que utilizan por ejemplo todas las lanchas que navegan en los ríos del Vraem. ¡La gasolina es legal en todo el mundo!»

El director de la policía dibujaba un verdadero problema en el tráfico y la producción de drogas en el Perú. Jacinto y los presos de Lurigancho parecían ajenos en cambio a esa asociación. Por las historias que contaban, por su tono, ambos procesos, producción y tráfico, parecían una extensión natural de la cosecha, como si no fuera más que moler y empaquetar café, una forma de aumentar sus ganancias, de comprarse una moto, de montar un negocio. Ahí todo es coca, habían dicho, y no se escapaba nadie. Y nadie esperaba que nadie se escapase.

Jordi, la mayor parte del tiempo, parecía estar en otro lado. A veces retomábamos la conversación, daba más detalles. Daba la sensación de que su historia era como una película que se repetía en bucle en la desolada pantalla de cine de su memoria, que Jordi, si quería, podía echar un vistazo. En un momento dado, recordó el tiempo exacto cuando le detuvieron en el aeropuerto: «Te llevan pa' un cuarto y te preguntan: "¿Sabes lo que estás haciendo?". Tú lo niegas, ¿no? Hasta que llega un fiscal con un cuchillo de esos y te pincha la maleta... "¿Qué es esto?". Ahí te asustan, te dicen que te van a caer 25 años, que no sé qué...». Visto en perspectiva, Jordi se dio cuenta de que iba marcado, «me cogen a mí y pasa otro con

216

más. Un cebo. Te das cuenta de cuando estás acá, pero bueno». Era otra versión de lo que escucharíamos en la cárcel de Arica, al norte de Chile y que contamos en el capítulo siete, una *mula*, un traficante de droga a pequeña escala, que solo sirve para que otros le delaten, para engordar las estadísticas, para probar la fiabilidad de la policía y dar la sensación de que el sistema en verdad funciona.

***

Pedro pensaba y calculaba. «Llegué a mover hasta 160 kilos al mes», dijo después de unos segundos. Vestía de chanclas, bermudas y una camiseta desgastada. No era ni alto ni bajo, en torno al metro setenta, más bien delgado, tímido al principio, como si contara algo que está mal sin saber exactamente por qué. Pedro, que entonces tenía alrededor de 40 años, recordaba sus tiempos mozos, cuando trabajaba de supervisor en su pueblo para una de las mayores organizaciones de narcotraficantes de Brasil, el Comando Vermelho. «En aquella época —no dijo cuándo, sólo que hacía ya mucho tiempo, como si quisiera alejarse de sus propios recuerdos— podía ganar hasta 15 mil dólares al mes».

Era media tarde. El calor sofocaba a las moscas en el pueblo boliviano de Guayaramerín, en el departamento del Beni. Las aguas marrones del río Mamoré, afluente del Amazonas, bajaban a pocas cuadras de la casa en la que hablábamos con Pedro. El río, contaba, era la frontera natural de Bolivia con Brasil en aquella zona del Beni. Al otro lado de la enorme lengua de agua, mansa y cambiante, morada de pirañas y anacondas, estaba Guajara-Mirim, la hermana brasileña de Guayaramerín.

A diferencia de la boliviana, Guajara-Mirim parecía una ciudad tranquila. Por las tardes, después del almuerzo, las calles se vaciaban. Apenas el embarcadero registraba algo de actividad por el goteo incesante de barcos y barcazas que trasladaban viajeros de una orilla a otra. Junto a las lanchas, en un parque asilvestrado, un señor y una señora vendían jugos y platos de comida en una palapa. Poco más. Guayaramerín parecía en cambio un carrusel inagotable. La calle principal era un bazar infinito. Cada día, cientos de brasileños cruzaban el río para comprar maletas, desodorantes, jabones, equipos electrónicos… Cuando se hacía de noche, inquietos quizá por la calma que se instalaba en las calles, los vecinos acostumbraban pasear en carro alrededor de la plaza del pueblo, a dos cuadras del río. Daban una vuelta, otra y otra. Los que iban en moto aprovechaban para charlar mientras rodaban. Dorian Arias, un colega local, director de Radio Bambú, nos llevó a pasear un día en carro y acabamos en la plaza. Según dábamos vueltas, nos contaba que aquellos que preferían ir a pie, o que simplemente carecían de vehículo, se juntaban en otra plaza dos cuadras más hacia abajo y daban vueltas allí. La primera plaza, la de los carros, parecía la principal, al menos la más importante, porque estaba cerca del río.

El Mamoré parecía esencial para aquel pueblo. Dorian narró algunas historias acerca suyo. Decía, por ejemplo, que había llamado la atención del presentador del *Discovery Channel* Jeremy Wade, el pescador de monstruos, que viaja alrededor del mundo en busca de los peces de río más extraños. De Guayaramerín, contaba, le había atraído un ataque de pirañas sufrido por un pescador un par de años antes. Los vecinos recordaban que el joven vadeaba el río con su barca cuando sufrió un accidente: se levantó y se golpeó la cabeza con la rama de un árbol que colgaba sobre el agua. De ahí cayó al río, sangrando, inconsciente. Lo rescataron horas más tarde. Los vecinos decían que las palometas —así llaman allí a las pirañas— se habían comido la piel y la carne de su cara y habían dejado no más que el «huesito». Wade, recordaba divertido, había escuchado también la historia del sicurí, la anaconda boliviana. Una tarde, en época de gran caudal, un vecino pasaba la tarde en su terraza, a la sombra. En temporada de crecidas, el agua inunda los bajos de las casas más próximas al río en Guayaramerín. El hombre al parecer había colgado un sedal de la barandilla y esperaba paciente que algo picara. Dormitaba, o quizá miraba distraído el río, cuando una enorme serpiente de panza blanca, punteada de negro, se descolgó de una rama. Era un sicurí. Abría la boca, contaba el colega, estaba por tragárselo, cuando un vecino se percató y aún le dio tiempo de buscar su escopeta y dispararle. Por poco.

Guayaramerín es un punto insignificante en la frontera de Bolivia con Brasil, 3,420 kilómetros poblados en su mayoría por bosques y ríos, 235 más de los que separan a México de Estados Unidos. El pueblo está rodeado de puntos ciegos que aprovechan los narcos para pasar droga al país vecino. A cinco minutos en auto de la calle principal de Guayaramerín, trochas de tierra, senderos, caminos invisibles entre la maleza, conducen al río. Pedro vigiló desde la orilla decenas de cargamentos. Él y su grupo trabajaban siempre igual. Acumulaban varias decenas de kilos de droga, contactaban con su enlace al otro lado del río, organizaban el envío en barca y mandaban la mercancía. «Aquí la policía se hace la ciega, la sorda —contaba con media sonrisa en la boca—. La policía protege al mafioso, al traficante, le da protección, cobertura».

Brasil es el segundo mayor consumidor del mundo de cocaína y sus derivados, sólo por detrás de Estados Unidos. Según la oficina de la UNODC en Bolivia, Brasil es «el McDonald's de la droga». La pasta base y el *crack* se venden en las favelas de ciudades como Sao Paulo, Río de Janeiro, Bahía o Porto Alegre en grandes cantidades a un precio muy barato. «Es el groso del mercado de la droga boliviana», apuntaba el responsable de la oficina Cesar Guedes. «Brasil —añadía— se ha convertido en el mercado más importante de la cocaína boliviana. Si llega a Europa, para los narcos es mejor, si llega a Brasil se dan por satisfechos. El mercado europeo es más lucrativo pero más riesgoso. Para abastecer al mercado brasileño sólo hay que cruzar la frontera y *voilá*, ahí está».

No es sólo Bolivia, Brasil comparte límites con Perú y Colombia, los otros dos países productores de hoja de coca, en total más de ocho mil kilómetros de frontera, la mayor parte deshabitados, inhóspitos, selváticos. Tan grave se ha vuelto el asunto para el gigante sudamericano, que el Gobierno emplea drones desde hace años para patrullar la frontera.

El *sicariato*, nos contaban, se había vuelto común en la región. Dorian Arias recordaba que un día estaba al aire en su programa de *Radio Bambú*, en el estudio que tiene en su casa, cuando un hombre ensangrentado entró corriendo para esconderse de un par de sicarios que lo perseguían. «Había robado una droga, la traía en el bolsillo y entró corriendo y se metió a un cuarto», contaba el periodista. Dorian, que además graba y emite un programa en la televisión local, entrevistaba en esos momentos al alcalde de Guayaramerín y al jefe de la policía. El hombre ensangrentado se escondió en la habitación contigua al estudio, su cuarto. Cuando sus asistentes le avisaron, Arias se asomó y le dijo que se fuera. Minutos más tarde, llegaron los sicarios. «O nos lo entregas o entramos y lo matamos ahí mismo», le dijeron. Al saber que el jefe de la policía estaba al lado, los hombres no tuvieron más remedio que marcharse y el herido, al final, se fue. «Probablemente lo agarraron después porque lo estaban esperando», remataba resignado Arias, uno de los periodistas más conocidos en la región.

Pedro no parecía muy consciente de las grandes cifras o los kilómetros de frontera, sólo sabía que nunca tuvo problemas con la policía. En tantos años en el negocio, recordaba apenas una disputa, si bien grave, que aludía más a los celos de sus colegas que a las autoridades. Había sido su primo, un sicario, contaba, quien le había empezado a extorsionar, pidiéndole dinero para no delatarle. «O me das, decía, o te denuncio. Me hacía maldades así», contaba Pedro, con la cara resignada del bandido que asume la penitencia.

Pedro decía que el ambiente pudo con él. «Al final me salí —resumía—, allá en Santa Cruz (al oriente boliviano), la policía agarró un cargamento al grupo con el que yo trabajaba y me salí. Eso pasó como al mismo tiempo que lo de mi primo».

Las explicaciones de Pedro parecían ajenas a cualquier sistema moral, siquiera rudimentario, más bien semejaban la aparatosa vestimenta de una forma de sobrevivir. Pero quizá, no lo dijo, tenía presente que aquella vida no podía durar, sabía de muchos colegas que habían acabado con sus huesos en prisión, asaltados o muertos, incluso arruinados; que todo lo que ganara sería su sistema de pensiones, el fondo de educación para sus hijos, su seguro de vida. Había empezado en aquello casi de broma, como un mozo de almacén y la vida, sugería, le había ofrecido oportunidades que él, simplemente, había tomado.

Pedro enriquecía nuestra gama de historias sobre la coca, un camino que acaparaba inocencia y perversión: teníamos una familia que secaba hojas de coca en una curva del camino, un preso que de pequeño tomaba biberón de té de coca en vez de leche, masticadores, campesinos cocaleros; teníamos un modus operandi que se aproximaba a una especie de capitalismo de susurros: mientras todo funcione, yo no pregunto, y si no funciona, caso de los campesinos que observaban cómo el ejército arrancaba las plantas de su campo, no queda más que resignarse. Teníamos a Jacinto, que se escondía en esos susurros, un personaje de entreclaros, que sabe pero no sabe, que hablaba con distancia de los agricultores, como si entendiera algo que ellos no entienden: el conocimiento, una forma de perversión. Y luego estaba Pedro, que ni siquiera trataba de disimular, que ignoraba el juego de Jacinto y contaba sus batallas pasadas como los veteranos de guerra.

Daba la sensación de que el espacio entre civilización y barbarie se disipaba en Guayaramerín. Lo urbano y lo rural se fusionaban, levantaban sus fronteras: un señor que sufría el ataque de un sicurí, se lo podía contar a su hija por *WhatsApp*. En el mismo día Pedro, o el que ahora hiciera de Pedro, podía mandar decenas de kilos de cocaína en una panga al otro lado del río, tratando de no caer, de no llamar la atención de las pirañas. El que ahora hiciera de Pedro podría supervisar el envío desde las ramas altas de un mango. Mientras miraba, atento al teléfono satelital, un enjambre de hormigas carnívoras podía devorarle las nalgas.

Sentado a la sombra de un toldo, junto a un perro con los ojos llenos de garrapatas —parecía la mascota de Axel Delarge en *La Naranja Mecánica*—, Pedro recordaba sus inicios en el mundo del tráfico de drogas. Cuando era joven, contaba, estudiaba la preparatoria en Cochabamba, la puerta de entrada a los bosques del Chapare, una de las dos zonas productoras de hoja de coca de Bolivia, junto a Los Yungas. El dinero que sus padres le mandaban no le alcanzaba para llegar a fin de mes. Un amigo le propuso entonces ir a pisar hoja de coca a los valles de la región, apenas a 150 kilómetros de la ciudad. Sus problemas de dinero acabaron. Viajaba varias veces al año y pisaba en las pozas convirtiendo hoja de coca en pasta base. Tenía 16 años.

Pedro aún recordaba cómo echaban el ácido sulfúrico a la poza, los litros de agua, las sesiones de 10 horas pisando casi sin parar, hasta que las hojas soltaban todos los alcaloides…

—Luego tenías que probar el agua y sabías si ya estaba. Si se adormece la lengua, es que ya estaba,

—¿Probabas el agua con las hojas y el ácido sulfúrico?

—Sí —decía—, era, por decirle, un litro de ácido sulfúrico, 550 kilos de hoja seca y 400 litros de agua para dos kilos de pasta. Vas probando el agua y cuando ya sientes que la lengua se adormece, ya está. Entonces agarras el agua y le echas queroseno, más o menos, por decirle, 40 litros. El queroseno es para limpiar el agua. También se le echa cal, 10 kilos o así. Entonces se bate en una vasija. Los alcaloides se pegan a la cal y el queroseno quita las impurezas… Y de ahí se le va echando acetona…

Pedro se emocionaba al recordar la receta, como un profesor retirado, un cocinitas. A cada frase paraba y recordaba algún detalle que se le había olvidado.

—¿Te gustaba hacer eso?

—Me gustaba.

Reía, con cierto deje de pícaro, como un adolescente al que sus padres encontraron una cajetilla de tabaco.

—Hay mucho peligro, mucha responsabilidad —decía orgulloso.

Pedía que entendiéramos, que imagináramos la cara de su jefe si una joven versión de sí mismo hubiera «fregado» 20 kilos de pasta por error, por mezclar mal los materiales.

Con la experiencia de las pozas de pisado en el Chapare, Pedro dio el salto en la organización: en pocos años ya participaba en la cadena de acopio, envasado y camuflaje de cocaína en Santa Cruz, la capital del oriente boliviano, un punto rojo del narcotráfico. El

13 de mayo de 2014, la policía incautaba en la ciudad 120 kilos de cocaína, una avioneta y desmantelaba además dos laboratorios de procesado. Cuatro días antes ya había decomisado 783 kilos en dos camiones. Hace apenas tres años, las autoridades habían apresado cerca del centro al rey del narcotráfico fronterizo, Maximiliano Dorado. «Max» traficaba desde Guayaramerín y hoy cumple condena en Brasil por tráfico de drogas, asesinato, crímenes contra el sistema financiero y lavado de dinero.

Pedro se acuerda de Max porque trabajó para él. «Su lema era "ni mentiras, ni ladrones" –recordaba– gente que le robaba era gente muerta ya. Muchas veces la gente que robaba no es que estuviera metida en el tráfico, es que veía la oportunidad y pues robaba.»

En Santa Cruz, Pedro y los suyos mandaban hasta 300 kilos al mes al otro lado de la frontera. Recordaba que usaban camionetas Land Cruiser de camuflaje. Esos carros, decía divertido, como si controlara los trucos de un videojuego, traen escondrijos de fábrica. Metían 60 kilos y lo mandaban. «Nadie pensaba que un auto así fino fuera a llevar mercancía», reía.

Una vez, la policía les cayó y desbarató el centro de acopio. Pedro escapó milagrosamente. Lo normal entonces hubiera sido que el hombre se esfumara, que desapareciera del mapa. Seguro, pensó él, que alguien me echa la culpa: cuando te cae la policía y tú escapas, alguien te va a señalar, van a decir que eres un soplón. La suerte que tuvo Pedro es que los ocho meses anteriores de trabajo le servían ahora de salvoconducto. Sus jefes estaban contentos con él.

Pedro volvió a Guayaramerín con su familia. Tenía unos 25 años. Un día, recuerda, un taxista llamó a la puerta de su casa y le dijo que alguien le andaba buscando. Cuando salió y vio que el que preguntaba por él era brasileño, se asustó. El otro le tranquilizó enseguida. Sólo quería hablar, le dijo. Poco a poco, Pedro se calmó. El brasileño había venido desde Belem do Pará, al norte de Brasil, en la desembocadura del río Amazonas, para hablar con él. Quería que fuera su hombre en Guayaramerín, que recibiera la coca que ellos mandaban desde Perú y la «pasara a la banda», que es como se refieren en el pueblo a cruzar el río. Y ahí empezó otra vez: el acopio, la preparación del envío y el contrabando. «El dinero me lo entregaban antes –decía–, puro dólar. Toda la droga está dolarizada».

Días después que a Pedro conocimos a un extraterrestre en Guayaramerín. Se hacía llamar Pilingo y había liderado una de las primeras pandillas juveniles que había aparecido en el pueblo, la pandilla de Los Extraterrestres.

Parecía extraño que una pequeña localidad como Guayaramerín presentase un problema de pandillas juveniles, grupos delincuenciales de jóvenes enfrentados. Pero así era. Con 23 años, Pilingo era pandillero retirado. Era un muchacho alto, desgarbado, lleno de tatuajes: un infierno, un cementerio y un portón con el diablo, también un borracho y un conejo de la muerte, el número 666 y a la muerte sola en el brazo izquierdo.

Aquella tarde había ido a visitar a Jimmy, un trabajador social de Guayaramerín, para ver si sabía de algún trabajo, pero no hubo suerte. Entre intentos de explicar que ahora su vida era otra, Pilingo recordaba cómo había empezado en la pandilla. Tenía 11 años. «Ninguno de nosotros era normal –contaba–, siete bailábamos hip hop, pop latino, robotizado. Teníamos un don». De ahí les llegó el nombre. «Queríamos hacer una academia, pero necesitábamos dinero. No nos sentíamos capaces y teníamos miedo. Ganamos varios concursos, pero otros nos tenían envidia y llegaron los problemas».

Los Extraterrestres llegaron a agrupar a 200 jóvenes de Guayaramerín. Entre baile y baile compraban pasta base a traficantes colombianos y ellos mismos la convertían en cocaína. Recordaba que fueron los colombianos quienes les enseñaron a hacerlo y que de los brasileños no te podías fiar. En esa época, calculaba Pilingo, murieron al menos 10 de sus «maifrens».

Por como lo contaba, parecía que Pilingo hubiera carecido de opciones. Aunque le preguntamos, evitó reflexionar sobre momentos clave: cuándo se había drogado por primera vez, cuándo había procesado su primer kilo de pasta base, cuál había sido su primer muerto. Sólo recordaba que a los 11 años él y sus amigos habían empezado a bailar y después, casi de repente, ya cargaba una pistola del 38 o del 22 en su cintura. La historia de su vida sugería una huida hacia adelante, una manada de gacelas corriendo para salvarse de los leones, aunque no estaba claro quienes eran los leones en Guayaramerín, ¿por qué un pueblito de apenas 40,000 habitantes generaba un problema así? ¿Cómo era posible que el *sicariato*, los secuestros, la impunidad hubieran dejado de impresionar a los vecinos? Cada día escuchábamos varios ejemplos de todo aquello. Jimmy nos habló de una pareja de franceses que había llegado de viaje por el río en 2010. Una noche, en un bar del pueblo, unos vecinos les habían invitado a que se unieran a su mesa. Minutos después se trasladaron a la finca de uno de ellos, una lechería cercana al centro. Fue la última vez que se supo algo, desaparecieron, nunca jamás encontraron sus cuerpos, siquiera algún rastro. En el juicio, testigos contarían que varios jóvenes del grupo local violaron a la chica y luego mataron a ambos en la lechería. Cuatro años después, a finales de 2014, los padres de los franceses, que contaban 23 y 25 años, aún exigían justicia, después de que el juez absolviera a la mayoría de los acusados. También en 2014, en marzo, dos brasileños con armas de alto calibre habían asaltado el calabozo de la policía en Guayaramerín. Cargaban tres metralletas con cartuchos de 500 balas cada una. Querían rescatar a un amigo, pero acabaron muertos. Aquel día un joven que parecía un viejo hablaba de balas y traiciones, de persecuciones de la policía, de tiroteos entre grupos de motoristas. Una vez, contaba, una pandilla rival había intentado tumbarles un cargamento de droga, iban armados. Pilingo decía que su grupo iba en dos motos y el otro, unos brasileños, llevaban cinco. Aunque de pronto cambió de tema y dijo que ya se había reformado.

Pilingo no miraba a la cara cuando hablaba, como si apenas pudiese escuchar lo que decía, no por remordimientos, sino por hartazgo. Al rato contó que su hermana había delatado a un primo suyo. A su primo lo había reclutado un grupo de brasileños. Llevaba droga desde Santa Cruz a Italia, España y Portugal. Cada viaje costaba 15 mil dólares y la droga se vendía en 60 mil. La hermana de Pilingo estaba con él. Un día la policía cayó en el centro de acopio que manejaban y la joven delató al primo. Ahora está preso en Sao Paulo y Pilingo decía entonces que cuando saliera se vengaría. Seguro.

Pedro ignoraba que Guayaramerín tuviese un problema de pandillas. Decía que sí, que ahí estaban: no parecía importarle demasiado que fueran o no fueran pandillas, la violencia, los asesinatos, ocurrían sin importar que los causantes, o parte de ellos, fueran unos niños que bailaban como extraterrestres. Igual que Pilingo, ambos eran hijos de la droga, no del vicio, del negocio. Contaban su historia y a veces se emocionaban. En ocasiones recordaban más detalles de lo habitual de un episodio y parecían alegrarse, pero al final se quedaban callados, en un silencio total, como si todas las anécdotas que aún tuvieran que contar fueran las mismas que ya habían relatado.

Del lado contrario, en La Paz, la ciudad más importante del país, surgía como referente turístico el bar Ruta 36, hijo del vicio y por tanto del negocio. Entre el Chapare, los Yungas y Guayaramerín pasamos varias semanas en la ciudad. Allí oímos hablar del Ruta 36, el primer bar del mundo donde el producto estrella era la cocaína: el mismo bar, los propietarios, los administradores, la vendían como si fuera cerveza. En el par de macrohostales dedicados al público mochilero del centro de La Paz, el Loki y el Wildhorse, todo el mundo sabía de la existencia del Ruta 36. El único problema era saber dónde estaba, porque cambiaba de localización cada poco tiempo para evitar el acoso de las autoridades. De todas formas, por lo que contaban los mochileros veteranos, su apariencia era siempre la misma, una vulgar persiana de latón en una callejuela que no tenía nada de particular. Los veteranos contaban también que el bar era sólo para extranjeros, y que los guardas de seguridad pedían el pasaporte antes de entrar, para asegurarse de que ningún local se colaba. Trataban, parecía ser, de evitar que sus vecinos corrieran la voz. En cualquier caso el bar cambiaba de localización cada poco tiempo, ya fuera porque la policía lo encontraba, o porque su ubicación empezaba a sonar fuera del territorio *hostel*.

Nunca lo hallamos. La cuadrilla de taxistas que funcionaba al servicio de los mochileros ignoraba entonces su situación. Quizá, pensamos, el Ruta 36 experimentaba un cambio de administración. En todo caso, los turistas de la coca estaban a salvo, porque los taxistas que habitaban las esquinas junto a los hostales, apenas a 100 metros de una comisaría de policía, eran los *dealers* mejor provistos de todo el país, con precios para hispanohablantes y angloparlantes, dependiendo de su capacidad para entender, responder, regatear. Si podían, los taxistas vendían la droga a precios europeos.

Hubiera sido divertido contarle a Pedro, a Jacinto, a Pulga, cuáles eran las visitas fijas de los gringos que llegaban a La Paz. El bar de la coca era sólo uno de los elementos básicos de un *tour* difícilmente encontrable en otra parte, una yincana a base de bares —realmente— clandestinos, viajes en bici por una pista de camiones que baja de 4,000 a 500 metros sobre el nivel del mar en 50 kilómetros, peleas de cholitas, señoras indígenas vestidas con falda, blusa y sombrero.

Tanto tiempo después, nos gustaría contarles.

Y resultaba extraño que tan cerca de los Yungas, de todas aquellas historias, la vida se tradujese en lugares como el Loki o el Wildhorse, epicentros de la más rápida combustión turística. Los gringos llevaban una pulsera en la muñeca como de *resort* playero. Cuando llegaban al bar a media tarde, a masticar la cruda del día anterior, a tomar la primera cerveza de una larga tanda, sabían que podían cargar sus gastos en su código de barras. Tenían billar, ping pong, tenían sala de fumar. Apenas salían a la calle, todo estaba allí adentro y las visitas, el *tour*, eran como las pantallas de un videojuego, solo tenían que bajar y meterse en el primer taxi que vieran: los choferes ya sabían dónde tenían que ir. El *game over*, por lo visto, aparecía reflejado en sus caras el día que se marchaban y el recepcionista pasaba el código de barras por el contador. Algunos, antes del viaje, pedían un té de coca, que es bueno, dicen, para todo, para la resaca, para el mal de altura.

Capítulo 7
Ser un 22

Era un cuarto sin pintar, cortinas negras en las ventanas. Sólo había una mesa de madera en el centro y algunas sillas. Sara Calisaya, 18 años, regordeta, de ojos negros y rasgos indígenas, se sentó en medio de otras tres jóvenes que al verla permanecieron en silencio. La señora Myriam, dueña de la casa, le había dicho que sería un trabajo fácil:

—En Chile no hay control —la animaba—, no te vayas a preocupar.

Sara nunca hubiera ido a esa casa de haber podido elegir, parecía segura de eso, pero su mamá estaba enferma y necesitaba un marcapasos. Pensó que igual era verdad, que era un trabajo fácil y no pasaba nada. De todas formas no tenía elección, en su trabajo como cocinera ganaba al mes 500 bolivianos —73 dólares— y no le alcanzaba. En aquel cuarto decidió que se tragaría casi un kilo de droga y cruzaría la frontera de Bolivia a Chile. Se convertiría en *mula*, *burrera*, porteadora de droga. Vomitaría, regresaría, y cobraría 900 dólares.

Sara vivía en Santa Cruz, en el oriente boliviano. Cuando iba a la escuela quería estudiar química y abrir una farmacia. Su mamá trabajaba en la casa y su papá cargaba sacos de arroz. A veces sus padres se peleaban y él se marchaba unos días. Hacía apenas unos meses, en una de las discusiones, su papá se marchó y ya no había vuelto. Luego su mamá enfermó y el dinero empezó a escasear. Una amiga de la escuela le propuso entonces que *trapicheara* con marihuana. Le daría 200 bolivianos de droga y ella podría sacar 250.

La ganancia era mínima, pero Sara aceptó y no tuvo problemas. Tiempo después, su amiga le habló de la señora Myriam, del dinero que podía sacar y ella, desesperada, volvió a aceptar. Una mañana acudió a su casa, en un pueblo cercano, y la señora Myriam la condujo al cuarto sin pintar.

Sara tragó 78 huevos de cocaína, primero con jugo y luego, para que entraran mejor, con pasta de dientes mezclada con agua.

800 gramos de droga.

Traficar con cocaína en el estómago es jugar a la ruleta rusa. El plástico que recubre los huevos puede arruinarse y entonces el porteador —la mula, el burrero—, muere de sobredosis en poco tiempo. El estómago, la tráquea y los bronquios se contraen, respirar se hace imposible. Aunque no es muy habitual, el porteador que muere de sobredosis agoniza de dolor.

El tráfico estomacal de droga es la economía informal del narcotráfico. En un negocio ilegal y perseguido, las mulas como Sara representan el escalón más bajo. No sólo su libertad corre peligro, también su vida. Personas de escasos recursos se ven ante oportunidades irrechazables, tres meses de sueldo, seis meses, más de un año en el caso de Sara. Ni siquiera intervienen en la logística del envío, en el detalle del plástico que envuelve los huevos, en el mejunje de agua y pasta de dientes que les piden que engullan, sólo se tragan lo que les dicen y viajan, como una carta postal, a su destino. Sara importaba en la medida en que su estómago se comportara: si aguantaba cientos de kilómetros con la panza llena de droga, si no se quejaba, si no llamaba la atención de la policía.

La cárcel de Arica —edificios de colores desgastados, una mota de cemento en el enorme desierto que domina el norte de Chile— es un rumor de promesas rotas. Apenas hay asesinos, estafadores o secuestradores. Abundan en cambio las mulas pobres, jóvenes que convirtieron sus estómagos en contenedores minúsculos para ganar minúsculas cantidades de dinero.

Sara pensaba que no tendría problemas, que su mamá conseguiría el marcapasos y ella acabaría sus estudios y empezaría la universidad. Pero la policía chilena la detuvo y acabó en la cárcel. A la entrada del centro penitenciario se escuchaban aquel día gritos, juramentos, algarabía de mercado callejero. La entrevista con Sara transcurrió en un pequeño cuarto del módulo de mujeres, dominado por una mesa larga de un tono rojizo y varias sillas, una estantería vacía excepto por una manta plegada y una cortina llena de polvo. Parecía la sala de espera de un abogado arruinado. Sara contaba su caso y al rato rompió a llorar. Quizá recordaba el momento en que el viaje se había truncado: la vida que pudo ser ya no sería. Aquel día hablamos con varios presos en la misma situación, contenedores portátiles al servicio del narcotráfico, vidas que no son. Sara narraba su historia vestida de rayas azules y blancas y unas mallas desgastadas. Lamentaba su mala suerte y los años que aún le quedaban allá dentro. Cuando le preguntamos si volvería a hacerlo, sollozó. Negó con la cabeza.

Decenas de ciudadanos bolivianos pueblan las prisiones del norte de Chile por traficar con pequeñas cantidades de droga. A principios de 2014 el consulado de Bolivia en Arica contaba 179 bolivianos presos, de ellos 45 eran mujeres, la gran mayoría por tráfico. El número de peruanos encarcelados por tráfico en esa prisión es alto también. En diciembre de 2013, según el consulado del Perú, eran 176.

A la salida del penal un viento cálido soplaba con fuerza. Enclavada entre montañas de arena sucia y arbustos resecos, la cárcel parecía el agujero ideal para tanta esperanza marchita. Frente a la entrada, cubierta de polvo, la carretera que venía de la ciudad buscaba las laderas deshidratadas del valle. Del otro lado, al fondo, se observaba el océano, de un tono gris metálico, y la ciudad. Junto al mar destacaba el Morro de Arica, un monte de importancia simbólica para la población local, recuperado a los peruanos en la Guerra del Pacífico 150 años atrás. Alegoría del triunfo y la victoria para los chilenos, el Morro era desde hacía un tiempo motivo de preocupación para las autoridades locales: mucha gente subía sólo para arrojarse al vacío. En mayo de 2014, una mujer de 25 años había subido con su bebé para lanzarse. Un hombre que estaba en el mirador la convenció de que al menos le diera el niño antes de hacerlo. Era la segunda suicida en la misma semana.

Sara nunca había visto el morro de Arica, ni la enorme bandera chilena que ondea orgullosa en la cima; tampoco el océano, ni la playa. La única arena que presenciaban sus ojos yacía en las montañas que rodean la prisión. De Arica conocía el nombre, poco más. Ignoraba que en un cerro cercano a la cárcel, sobre una ladera, un grupo de trabajadores de una famosa marca de gaseosas había compuesto el letrero más grande del mundo con botellas vacías; que en la playa, a veces, cerca de la orilla, los bañistas avistan leones marinos desorientados, incluso alguna tortuga; que en esa misma playa, al norte de la ciudad, dos años atrás, habían aparecido varias minas antipersona junto al cauce del barranco que viene del valle. El episodio había tenido gran repercusión en el país.

En los años setenta, el dictador Augusto Pinochet había sembrado de minas la frontera de Chile con sus vecinos: temía una invasión. En la región de Arica, enterradas en el desierto, todavía quedan miles activadas, esperando a que el Gobierno las retire. En esa ocasión, en 2012, la temporada de lluvias había sido tan fuerte que el agua había arrastrado minas del valle hasta el cauce del barranco y en la crecida habían llegado a la playa. El gobernador de la región avisó que habían encontrado explosivos incluso en una carretera cercana a Perú y suspendió por precaución el servicio de ferrocarril con el país vecino. Fueron más de doscientos artefactos.

Las minas traían de cabeza al gobierno con incidentes cada dos por tres. Meses atrás, poco después de que Sara entrara en prisión, Andersson Rodríguez, un muchacho colombiano de 20 años, había pisado una en la frontera de Perú con Chile, apenas a un kilómetro de la garita de control.

Los funcionarios de la policía recordaban que se levantó una polvareda enorme y que al rato, como si fuera un «canguro», vieron a un muchacho que venía del desierto saltando. Salieron a buscarle y cuando llegaron adonde estaba vieron su pierna destrozada.

El chico nos contaría meses después que la mina le había dejado el pie como si fuera «una sombrilla, un paraguas». Cuando lo vieron, funcionarios de la garita fronteriza llamaron al hospital de Arica. Al rato llegó una ambulancia y le trasladaron de urgencia al centro médico. Allí le operaron, le cerraron el «paraguas» por debajo del tobillo. Le quedó un «dedito». Su mala suerte es que la intervención salió mal, la herida se necrosó y tuvo que pasar de nuevo por el quirófano. «En la segunda cirugía —contaba Andersson— me sacaron un hueso que se llama astrágalo, el hueso de la articulación, subieron el calcáneo —otro hueso de la planta del pie—, lo pegaron y acá —señaló su tobillo— me pusieron dos tornillos».

Conocimos a Andersson en Santiago en enero de 2013. Era un güero alto, fibroso, de melena alborotada, mejillas tersas y brillantes ojos verdes. Sus rasgos eran contundentes, cinematográficos, llamaban la atención. En aquel entonces andaba muy enfadado con su gobierno y con el de Chile, aunque primero, antes de la rabia, nos contó cómo había llegado a Santiago, la explosión, su historia. Dijo que antes vivía en Buenos Aires, estudiaba y trabajaba allí. En agosto del año anterior se había ido de viaje por varios países de la zona con un amigo. Visitaron Bolivia, Brasil y Perú. La idea era pasar a Chile desde Perú, recoger a su novia, que estaba en Santiago, y volver a Buenos Aires. Pero en la frontera llegó el problema. Contaba que los funcionarios de migraciones chilenos no le querían dejar pasar cuando vieron que era colombiano. Uno incluso le dijo que «ustedes los colombianos son una carga social para mi país, las mujeres vienen a prostituirse y ustedes a traer droga». Él entonces pensó en esperar al cambio de turno en la garita. Creía que igual otro funcionario no le pondría problemas y le dejaría pasar. Aficionado a la fotografía, Andersson salió de la zona fronteriza, dejó la carretera y se adentró en el desierto a echar fotos de las montañas de arena, incluso subir a alguna y ver desde allí el océano, el morro de Arica, la bandera enorme de Chile ondeando al viento. Ignoraba que en aquella zona hubiera minas, no vio cartel alguno. Apenas se había alejado un par de kilómetros del puesto fronterizo chileno, en el terreno que está entre las garitas de ambos países. Ahí, decía, no había ningún letrero. Y de repente, la explosión.

«Ni llevaba droga ni nada —contaba aquel día en Santiago— se que por ahí pasan, pero yo no hago eso». Decía además que ni Colombia ni Chile se hacían cargo de su caso. Su país, según él, porque quería evitar un conflicto diplomático y Chile porque era extranjero y la ley no prevé ayudas para víctimas de minas y otros artefactos si son extranjeros.

A mediados de 2014, el ministerio de Defensa chileno contaba 160 víctimas de artefactos militares, sobre todo minas antipersona. El ministerio de Relaciones Exteriores del Perú añadía tres fallecidos y nueve heridos desde 1999. En mayo de 2012, un taxista peruano había perdido la vida cuando su auto accionó una mina antitanque en la frontera. El taxista trataba de cruzar por un campo minado. Charlamos con Andersson al respecto, especulamos, ¿sería una cuestión de drogas, contrabando de otro tipo, qué? Cualquier cosa, Andersson no sabía, no quería imaginar. Para imaginar tenía que recordar la frontera, aquel ruido, el dolor. Para entonces, el joven colombiano apenas dormía porque sufría de vértigo. Quizá sin quererlo, sin que Pinochet lo hubiera podido imaginar, Chile disponía en su frontera norte de uno de los dispositivos anti tráfico más efectivos en la historia de la guerra contra las drogas.

Sara no sabía nada de eso, ignoraba que hubiera minas en la frontera por culpa de Pinochet e incluso parecía no entender quién había sido el dictador chileno. Pobre, humilde, el único objetivo que Sara tuvo en mente fue el dinero que hubiera cobrado si todo salía bien. Chile, hasta entonces, quedaba muy lejos.

En Bolivia, nueve de cada 10 jóvenes trabajan de manera informal, la tasa más alta de América Latina. Dos tercios de las pequeñas y medianas empresas del país, que aportan un tercio del producto interno bruto, operan fuera de la formalidad. Las calles del centro de las ciudades altiplánicas y orientales —Oruro, La Paz, Santa Cruz— son una red de mercados y puestos callejeros, venden libretas, cinturones, software pirata, chips telefónicos. Una de las mayores atracciones del año en La Paz es el mercado de las Alasitas, una madeja de puestos callejeros que venden miniaturas de cualquier cosa imaginable.

De los jóvenes bolivianos que conocimos en el penal además de Sara, uno era comerciante por cuenta propia: compraba cámaras fotográficas en una zona de libre comercio en Chile y las vendía más caras en La Paz; otra tenía un tenderete de ropa en un mercado de Santa Cruz y una tercera vendía aretes y relojes en un puesto callejero de la misma ciudad. Sara cocinaba en una pensión, sin contrato ni prestaciones, como los demás. Para todos, varios cientos de dólares compraban tranquilidad por varios meses, solucionaban un problema, abrían muchas puertas. Con un ingreso de 73 dólares al mes, Sara no podía pagar un marcapasos de 3,500.

El día que tomó el autobús para Chile, la señora Myriam le dio a Sara varias tabletas para el dolor de estómago. Primero viajaron juntas desde Santa Cruz a Cochabamba, camino hacia la frontera chilena. En la terminal de esta segunda ciudad –punto a partir del cual la joven iría sola al país vecino–, Sara se quejó varias veces del dolor. Sentía pinchazos en el vientre, pensaba que se le salía la cocaína por la boca.

Mientras la señora Myriam compraba el billete, ocurrió finalmente: un huevo de cocaína dejó su estómago, alcanzó la garganta y salió por la boca, apenas un bultito del tamaño de un pulgar. Dentro aún le quedaban 77 huevos. Sara se acobardó. Le dijo a la señora Myriam que no podía. En ese momento olvidó la necesidad, la falta de dinero, decidió que no viajaría, pero la mujer mayor finalmente se le impuso.

La madurez de Myriam, una mujer en sus cuarenta, había impresionado a Sara desde el principio, también su casa celeste y el barrio hermoso en que vivía cerca de Santa Cruz. Le gustaron los patos de cerámica que tenía en el jardín y la sala del televisor. Lo único que no le agradó fue el cuarto sin pintar, «deshecho», y la compañía silenciosa de las tres chicas que como ella necesitaban dinero. La señora fue amable con ella al principio. Cuando le llamaban por teléfono ponía el altavoz y le decía a Sara que podía escuchar, que le tenía confianza. Incluso cuando llamó su marido la dejó escuchar. Para el momento en que la señora sacó los huevos de una bolsa y los colocó en fila frente a Sara, la joven supo que tenía que obedecer. Además, la necesidad: «tenía que ayudar a mi familia, eso pensaba».

La necesidad es enemiga de la razón y Sara, si pensó en algún momento que aquello podría salir mal, simplemente lo obvió. La joven empezó a tragar huevos animada por su anfitriona pese a que enseguida sintió dolor en el estómago. Antes, contaba, había preparado su esófago tragando trozos de zanahoria sin masticar. La señora había sacado una fuente repleta del refrigerador, la había colocado en el centro de la mesa y le había dicho a Sara, como si fuera lo más normal del mundo, que tenía que comerse cinco trozos para «ensanchar la garganta». Como muchas prácticas dentro de la cultura del contrabando, nada científico respalda que deglutir pedazos de zanahoria efectivamente favorezca la ingestión; o que mezclar pasta de dientes con agua lubrique mejor la garganta que el jugo: son protocolos que nadie discute.

Después de engullir los cinco trozos empezó con los huevos. La joven engordó en cinco minutos lo que una mujer embarazada en tres meses. Ese mismo día marcharon a Cochabamba.

Cuando Sara vomitó uno de los huevos en la estación, la señora se enojó.

—¿Cuál es tu problema? —le reprendió.

Quería agarrar el huevo, envolverlo de nuevo y que Sara lo tragara, pero la joven se negó. Al final, Sara tomó el bus que tenía que llevarla a Iquique, al sur de Arica.

A más de cinco mil metros de altura, el paso fronterizo de Chungará, en el límite de Bolivia con Chile, es un compendio de buenas intenciones. Cientos de bolivianos cruzan cada día al país vecino camino a Arica, Iquique o Antofagasta, en busca de un empleo en la construcción, en las minas o en los escasos cultivos que motean de verde los valles arenosos del norte de Chile. La frontera de Perú con su vecino del sur es aún más transitada, con más de cinco millones de desplazamientos al año. Es el camuflaje ideal para las mulas, una acumulación constante. El cónsul adjunto de Perú en Arica decía que últimamente caía presa mucha mula que venía de la selva, del Vraem, pero que también llegaban de zonas más cercanas a la frontera como Tacna o Puno. En todo caso, la pobreza era la característica transversal de todos ellos.

En el penal de Acha, en Arica, Mariana Moreno y su esposo, Alejandro Choque, relataban que habían caído presos en marzo de 2012. El matrimonio vivía en Santa Cruz. Alejandro vestía aquel día una camiseta blanca, sin mangas. Llevaba el cabello corto, revuelto, aunque se intuía la raya del lado izquierdo. Cuando posaba para las fotos, echaba los brazos hacia atrás y se agarraba las manos en la espalda, en esa posición candorosa del que no tiene nada que esconder. Tenía 42 años y trabajaba en una fábrica de esmalte de cerámicas. Mariana, algo más joven, vestía un top negro con esas manchas blancas que deja la lejía. Su cara era redonda y dos hoyuelos aparecían al medio de sus mejillas las pocas veces que sonreía. Mariana era comerciante, compraba ropa de Tacna, la ciudad más al sur de Perú, y la llevaba a Santa Cruz. Alejandro y Mariana tenían dos hijos, aunque él tiene otros seis de un matrimonio anterior. Alejandro nunca había salido de Santa Cruz hasta 2012: 24 años trabajando en la misma empresa, 10 días al año de vacaciones. En marzo de 2012 le dieron un mes de descanso por primera vez y viajaron a Tacna, a comprar ropa para el negocio de Mariana, a comer marisco a buen precio, a pasear con la niña pequeña de ambos. Allí, una conocida de Mariana les contó:

—Tengo un trabajito para ustedes, fácil.

Se trataba de mover 700 gramos de cocaína a Arica. Alejandro debía engullir medio kilo en huevos y Mariana llevaría el resto escondido en su ropa. La señora les ofreció 800 dólares y Alejandro, pendiente de la escuela de sus hijos, aceptó: tenía que comprar libros, libretas, lápices. Le preocupaban además los gastos extra de su hija mayor, de 14 años. Sólo tenían que cruzar la frontera, salir de Tacna y llegar a Arica, media hora de trabajo, la media hora mejor pagada de su vida, 27 dólares el minuto.

En el paso fronterizo de Chacalluta, que separa Perú de Chile, la pareja hizo sospechar a los agentes de la Policía de Investigaciones chilena. Cuando el bus que venía de Tacna paró en el puesto de control, les llevaron aparte.

Los funcionarios de la policía chilena reconocen las características de los porteadores de droga. Sus ojos brillan, enrojecen, parece que acaban de llorar; su boca está seca y la lengua blanca, les huele el aliento: la ingestión de huevos de cocaína irrita los aparatos respiratorio y digestivo. Son matices fáciles de apreciar para el ojo entrenado, aunque el primero y más importante de todos es la actitud en la ventanilla de control. Si un boliviano o un peruano que trata de cruzar demuestra nerviosismo, queda marcado. Los funcionarios de la ventanilla alertan a los agentes antidroga y ellos les llevan al cuarto de las entrevistas, un módulo de dos metros cuadrados dominado por una máquina de rayos X. Alejandro y Mariana ni siquiera pasaron por la máquina: se derrumbaron antes.

El caso de Ramiro Chambi era especialmente cruel. Joven, de 28 años, flequillo infantil, espalda ancha y fundas doradas en los dientes, Ramiro supo demasiado tarde que quienes le contrataron para pasar la droga le habían mandado a la jaula de los leones. Ni siquiera tenía que cruzar la frontera, sólo mover varios kilos en una mochila, de una parte de Arica a otra, de noche, en una zona medio deshabitada. Parecía tan fácil… Y justo por eso, pensaba casi dos años después, tenía que haberse dado cuenta, no podía ser tan fácil, nadie te da 700 dólares así como así.

Aunque vivía en La Paz, Ramiro frecuentaba Arica desde hacía más de un año. En La Paz trabajaba en un taller textil cosiendo mochilas, y al mismo tiempo estudiaba administración de empresas en la universidad. Un hermano de su madre vivía en Arica y en unas vacaciones, en 2011, fue a visitarlo. El centro de la ciudad chilena, entre el puerto y el morro, es un bazar infinito de ropas, celulares, artículos electrónicos… En sus paseos por allí, Ramiro no tardó en darse cuenta de que los celulares y las cámaras fotográficas eran más baratos que en La Paz. Su mente empresarial echó a volar, un pequeño negocio: comprar en Arica y vender en La Paz, con un beneficio de 50%, un caso de libro. En aquel primer viaje, Ramiro compró 10 celulares y en su vuelta a La Paz los vendió sin problemas. Los viajes a Arica se hicieron habituales. Llegaba, compraba, se quedaba unos días con su tío, paseaba y se volvía. Le iba tan bien que amplió el negocio. Además de celulares empezó a comprar cámaras de foto. Amigas suyas de la universidad le preguntaban por ropa y él, lanzado, compraba ropa también.

En su último viaje, en marzo de 2012, pensaba llevarse de todo. Dos días antes de partir, como le sobraba tiempo, fue con su tío a una cancha de futbol que ambos frecuentaban. Jugaron, ganaron, la pasaron bien. Al día siguiente, el tío tenía trabajo, así que Ramiro, ocioso, volvió a la cancha. Cuando llegó, dos equipos se enfrentaban. No los conocía, había peruanos y bolivianos. Uno de ellos le invitó a entrar y éste accedió. Cuando acabaron, Ramiro y él, un chico peruano algo mayor, se quedaron hablando. El peruano le contó que gestionaba un restaurante a pocas cuadras de allí. Le invitó a almorzar y Ramiro aceptó. Hablaron de las cosas de cada uno, sus trabajos, estudios, una charla superficial, nada importante. Al rato el peruano le propuso un trabajo.

—¿No quieres ganarte unos pesos? —le dijo.

—¿De qué se trata? —preguntó Ramiro.

—Es algo muy simple… —respondió el otro.

El joven boliviano le dijo que en realidad esa noche viajaba de vuelta a La Paz y el otro contestó que estaba bien, que nada más le iba a tomar un rato por la tarde.

—¿Cuánto es la paga? —preguntó Ramiro.

Y entonces, igual que Sara, como Mariana o Alejandro, algo se rompía, el equilibrio precario que mantenía a raya la culpa y la ansiedad se desvanecía: ¿por qué dije que sí? Ramiro bajaba la cabeza, trataba de no sollozar, un camino, parecía, ya recorrido anteriormente. Aquello duraba un par de minutos y luego, quién sabe qué pensaría, lograba reconstruir sus defensas, volver al equilibrio, al presente, a comprender que aquella situación, de momento, no presentaba más soluciones que la espera paciente.

Cuando Ramiro preguntó, ya intuía de qué se trataba, pero sólo cuando escuchó la respuesta supo que tenía que aceptar. Eran 700 dólares. Tenía que ir a la cancha, recoger siete paquetes y llevarlos a 10 cuadras de allí, a una rotonda que hay junto a la terminal de autobuses de la ciudad. 700 dólares —se dijo a sí mismo—, son tres meses de sueldo en Bolivia.

Y aceptó.

Aquella noche volvió a la cancha, el peruano le estaba esperando en un carro. Le dio un celular y siete paquetes, como ladrillos emplasticados. Ramiro los colocó en su mochila verde. El peruano le dijo que nada más los llevase donde le decía, cerca de la terminal de autobuses de Arica, en una rotonda. Allí, explicaba, alguien iría a buscar la mercancía.

El peruano se fue en el carro y Ramiro echó a andar. Era cerca, pero andando iba a tardar, así que al poco rato tomó un taxi colectivo. Poco antes de llegar a la rotonda, Ramiro sintió una corazonada, «¿será una trampa?», pensó. Le entró el pánico, le dijo al «colectivero» que parara, que se quería bajar. Ya estaba muy cerca de la rotonda, a 20 metros. Apenas a unos a pasos de donde se bajó, en una calle desierta, un hombre hablaba por celular. Vio a Ramiro y se dirigió hacia él.

—Un momento, le dijo, ¿de dónde es usted?

—Yo soy boliviano

—Y, ¿dónde está yendo?

—A la terminal

—¿Na'más usted? ¿Y sus documentos?

El hombre le dijo a Ramiro que era carabinero, policía. Como iba vestido de civil, el joven boliviano no le creía. El carabinero llamó entonces a sus compañeros. Les dijo que había encontrado a alguien sospechoso. Ahí Ramiro empezó a asustarse. Sacó sus documentos y se los entregó al policía. A los minutos llegaron otros carabineros, todos vestidos de civil, en un vehículo particular. Más que la policía, Ramiro temía que le quitaran la mercancía, que le golpeasen. Pensaba que la historia de que eran policías era un cuento. Uno de ellos agarró su mochila, la abrió y la registró. «Positivo, puro positivo», dijo, refiriendo los siete paquetes de droga. Metieron a Ramiro al auto y salieron de allí. Entonces aún pensaba que le robarían y lo dejarían botado. Sólo cuando llegaron al cuartel de carabineros, Ramiro entendió que aquello no se saldaría con golpes.

El día siguiente era sábado y Ramiro compareció ante el juez. Sentado en la sala, acusado, humillado, el joven escuchó al magistrado relatar los hechos: «El ciudadano boliviano Ramiro Jacinto Chambi, de 26 años, fue detenido el pasado viernes a las ocho de la noche en Arica, cuando transportaba tres paquetes de cocaína...» Ramiro se quedó boquiabierto. El juez le preguntó si había entendido lo que había leído y éste contestó que sí, pero que había un error en la parte de los paquetes. «No eran tres, eran siete», dijo. La sala de audiencias estalló en carcajadas, pensaban que era un chiste. Nadie comprendía por qué el acusado decía que llevaba más droga de la que reportaba el informe. Ramiro se quedó helado, tampoco entendía. Le habían agarrado con siete paquetes, los había contado antes de meterlos en la mochila aquella noche. Y sin embargo el juez decía que eran tres; el grupo antidrogas del cuerpo de Carabineros de Arica había informado de que eran tres. Su abogada le pegó un codazo.

—Vele bajando porque a lo mejor te quieren dejar en libertad —le susurró.

El joven dudó. El juez le preguntó:

—¿Eran siete o tres?

—Tres —rectificó Ramiro, derrotado.

No importó: el juez le condenó a cinco años y un día de prisión.

Ramiro pensaba que lo habían engañado. El encargo que le habían hecho, reflexionaba, no era más que un señuelo. ¿Para qué querría alguien —argumentaba— que les lleve su droga a diez cuadras de dónde está? No tiene sentido, decía contundentemente, como quien lo ha pensado demasiado. Luego estaba la diferencia de paquetes entre lo que él decía y el informe que habían pasado los carabineros. Si era verdad lo que decía el joven boliviano, ¿qué había pasado con los otros cuatro? Confuso al principio, Ramiro se desesperaba. A ratos se rompía, luego volvía, un camino que parecía haber recorrido muchas veces.

Los testimonios de Ramiro y los demás internos son una pugna entre el arrepentimiento y las opciones inmejorables. Alejandro, un hombre de verbo tranquilo e ideas claras, sollozaba; Mariana, su mujer, también. Sara, una joven de sonrisa fácil, perdía el hilo de la conversación cuando recordaba el dolor de vientre que la hizo abandonar. Todos abrían los ojos cuando nos contaban su historia, como si fuéramos nosotros quienes les ofreciéramos el «trabajito fácil», como si aún pudieran decir que no.

Ninguno asumía su castigo, una condena de cinco años por tráfico de drogas. «No soy asesino, ni maleante», decía Alejandro. Esperaban el indulto del gobierno chileno y volver a su casa. No eran esperanzas en vano. Un año atrás Chile había expulsado del país a más de ochocientos presos bolivianos y peruanos que cumplían una condena de cinco años por traficar con 600, 700, 800 gramos de cocaína: todas, cantidades deleznables para el tráfico global. Mariana cumplía cinco años por apenas 200 gramos.

La cónsul de Bolivia en Arica, Magaly Zegarra, denunciaba la injusticia de la ley chilena. Desde hacía seis años, Zegarra visitaba todas las semanas a los presos bolivianos de Arica. «Son todos de estrato muy pobre —decía, igual que el cónsul peruano—. Su entrada en prisión supone la mayoría de las veces el derrumbe familiar». Era el caso de Alejandro y Mariana, que entre ambos dejaban ocho niños en orfandad transitoria.

Zegarra hablaba de un artículo de la ley de drogas chilena que todos los presos mencionaban. «Muchos dicen que los aprehendieron por el 22», contaba, refiriéndose a las mafias que organizan

242

pequeños envíos de droga a Chile, sólo para vender a los porteadores. Criticaba que delincuentes convictos con «capacidad económica» organizaban esos envíos para poder denunciar a las mulas ante la policía. Su «cooperación eficaz» con las autoridades les restaba años de condena o les libraba totalmente. Héctor Barros, uno de los fiscales antidrogas más respetados de Chile, contaba que su oficina había detectado incluso casos en que los propios abogados ofrecían a sus clientes ese servicio: mandar a alguien con droga a Chile para que pudiesen delatarlo y bajar su pena. Era la industria de los delatables. «Trataban de vender cooperaciones eficaces», contaba el fiscal.

El caso de Ramiro era el más claro. Durante nuestra conversación, se refirió a sí mismo en ese sentido varias veces: «Yo soy un 22». En su caso, la cónsul Zegarra, una señora de costumbres veganas y ese respeto por la «paz» que despliegan los Hare Krishna, empleaba un tono rabioso. No era sólo que fuera «un 22», la cónsul pensaba que los carabineros le habían usado para fines un tanto turbios. Por aquellos días, a finales de enero de 2014, las últimas informaciones referentes al grupo antidrogas de carabineros de Arica parece que reforzaban sus sospechas.

En octubre de 2013, la fiscalía de Arica había empezado a investigar a funcionarios de la sección OS-7 de los carabineros de Arica, encargados de perseguir el tráfico de drogas en la región. De acuerdo a la información recopilada, el jefe de la sección y otros tres efectivos lideraban una red de tráfico de drogas que llegaba hasta Bolivia. En la investigación, la fiscalía documentó cómo los funcionarios habían preparado dos incautaciones de droga controladas en Arica. Parecía una tapadera para introducir droga de manera clandestina a Chile. A principios de este año, la fiscalía pidió entre 25 y 40 años de cárcel a los oficiales implicados por asociación ilícita y tráfico de drogas.

Desde la mesa de su oficina, Zegarra se preguntaba cuántos de sus presos habían caído por actuaciones del OS-7. Por lo que sabía, Ramiro Chambi era uno de ellos. Igual que los carabineros habían preparado dos entregas de droga controlada, pensaba, lo mismo había ocurrido con Ramiro. El joven boliviano había escuchado del caso del OS-7 en prisión. Se reía como quien se siente vencido. «Ahí descubrieron que estaban todos metidos, algún día todo saldrá a la luz —dijo— pero así es la vida». Ramiro pensaba en su caso y concluía que había muchos presos en Arica que no deberían estar allí. Su tío lo había visitado alguna vez, a través de la cónsul se había comunicado con sus familiares. Pero en general estaba solo.

En su despacho, Zegarra manejaba con soltura dos enormes archivadores repletos de casos como el de Ramiro, Sara, Alejandro o Mariana. Recordó a otro preso de hacía tiempo, un señor cojo de una pierna, a quien le habían pagado una prótesis de cadera para que transportara un kilo de droga en su interior. Lo agarraron en Chacalluta. Lo metieron preso y se quedó sin prótesis. La cónsul le consiguió unas muletas porque las que le habían dado en prisión, de madera, se deshacían por culpa de las termitas.

Zegarra, que siempre tenía un puñadito de hojas de coca sobre el escritorio de su despacho, decía que «gran parte del problema del tráfico es el abandono, la soledad de los presos» y nos contó que durante un tiempo tuvo un programa en una radio local para «crear comunidad», para que los bolivianos encontrasen una voz amiga en las ondas, para hablar de la ley de drogas chilena y así evitar que cayesen en la tentación. A veces, decía, ponía canciones sobre el mar. Zegarra contaba con un tono de ligera indignación que Arica era más boliviana que chilena, que el puerto de la ciudad vivía de su país. No exageraba: 80% del tráfico de contenedores en Arica lo genera Bolivia. Parecía exigir, con sus palabras, un perdón a cambio de otro.

La salida histórica de Bolivia al mar era el sur de Arica: las ciudades de Tocopilla y Mejillones. Con su pérdida en la Guerra del Pacífico, a mediados del siglo XIX, Bolivia quedaba estancada en medio del continente, sin litorales al océano. Las críticas de Zegarra al Gobierno chileno y la ley de drogas parecían demandar flexibilidad a las autoridades locales a cambio del mar que se perdió.

Sara llegó sola a la frontera de Chile hacia las cinco de la tarde. La señora Myriam le había dicho que, si le preguntaban, dijera que era estudiante. Su dolor de vientre le había acompañado todo el camino. Antes de bajarse del bus y checar sus papeles, había vomitado varias veces un líquido verdoso. Una señora que viajaba con ella le había preguntado y ella contestó que estaba embarazada, que serían las náuseas. En la frontera los funcionarios sospecharon, pero la dejaron seguir. Más adelante, en mitad del desierto, entre Arica e Iquique, Sara empezó a vomitar sangre. En el puesto de control de Cuya, los policías lo vieron claro:

—¿Usted que está llevando? —le preguntó un oficial.

Sara no pudo más:

—Necesito que me ayuden —les dijo.

Los funcionarios se la llevaron. La joven no podía mantenerse en pie, sentía las piernas adormecidas. La condujeron al sanitario.

—Tienes que botarlo todo, niña —le dijo uno de los encargados—. Tienes que echarlo porque si no te van a reventar. Hazlo o te vas a morir, niña.

Sara empezó a ver borroso, se desvaneció. Los policías le echaron agua en la cara, le dieron pollo y yogur para que comiera y expulsara los huevos de cocaína. Volvió a vomitar. Se desvaneció. Los funcionarios se inquietaron y le apretaron el estómago, fuerte. Sara recordaba cómo entonces devolvió 15 huevos. Una funcionaria gritó que había que llevarla al hospital y Sara no decía nada, no sentía fuerzas, apenas sintió conciencia cuando llegó al centro médico, la tumbaron en una cama y le dieron a firmar un papel para que le hicieran un enema. De esa forma, los huevos dejarían su cuerpo por la presión de agua. No parecía agradable, pero Sara pensó que era la mejor opción. Después de firmar el papel, Sara se durmió. Al despertar, horas más tarde, descubrió una cicatriz en su estómago. Se rascó. El doctor le explicó entonces que le habían abierto la panza para sacarle los huevos que le quedaban adentro. Decía que le estaban obstruyendo el intestino y que tuvieron que operar. Una «señorita, una funcionario de la PDI» (Policía de Investigaciones chilena), le dijo además:

—Más bien agradece que te salvamos la vida, se te reventó eso.

Un huevo, le contó, se le había reventado en el estómago y abrirla en canal había sido la única opción. Conmocionada, Sara calló y luego lloró. No era tanto la operación sino la violación a sus derechos que eso suponía, aunque, entendía, si no lo hubieran hecho, habría muerto de sobredosis. Al día siguiente, Sara quiso saber más de lo ocurrido y le preguntó al médico. Como si no supiera de qué le estaba hablando, el médico le contestó que no se le había reventado nada, que su intestino se le estaba obstruyendo y era igualmente peligroso. Pero a Sara no le pareció bien. Se enfadó mucho y gritó, tiró el gotero con la botella de suero y le dio en el pie al doctor, armó escándalo. El doctor ordenó que la sedaran y la ataran a la cama. Cuando se despertó, hablaron de nuevo. El funcionario, explicó el doctor, le había dicho que Sara había dado su consentimiento para que la operaran. Sara respondió que era falso y entonces el doctor mandó llamar al agente. Cuando llegó, en vez de defender su versión, éste dijo:

—Agradece que te salvamos la vida, porque de eso que se te había obstruido no ibas a salir, era como si se hubiera reventado.

Sara, incrédula, contestó:

—Pero usted me dijo que se reventó, ¿por qué me mintió?

—¿Sabes qué?, párenle, no tienes derecho a hablar nada, yo todo lo voy a utilizar en tu contra.

Entonces, decía, se calló.

Apenas unos días después de todo aquello, trasladaron a Sara a la enfermería del penal de Arica, pero los problemas continuaron. El intestino cicatrizó mal y Sara pasó días y días sin ir al baño, vomitando bilis. «Comía harto —relataba—, comía mucha dieta, pero nada». Se sentía mal. Le decía a «a la sargento» que se encontraba mal, pero aquella no cedía, pensaba que quería tomarle el pelo:

—No, recién estás llegando y ya estás queriendo decir que estás mal, si tú recién acabas de venir de la enfermería.

Pero a los días se puso peor y el líquido que vomitaba ya no era verde, sino amarillo «con sangre». Finalmente, la llevaron de nuevo al hospital en ambulancia. En el camino, los paramédicos se dieron cuenta del desastre. Algo que había comido, decían, le había hecho daño. La cicatriz de su intestino había sangrado mucho y había generado coágulos. En la ambulancia, recordaba Sara, le habían sacado cantidad de sangre con jeringas, «por lo menos un balde», dijo. Sara estuvo en el hospital siete días.

Allá le indicaron que tenía que ir al excusado, pero ella temía que su cicatriz se descosiera. Cuando volvió a la cárcel, el sargento a cargo de su módulo en la prisión le increpaba:

—¡Tienes que ir al baño!

Ella entraba, miraba la taza y un miedo horrible se le apoderaba. «Sentía como un olor a caca aquí adentro, sentía que iba a salir por acá, por mi boca».

A principios de 2014, un año después de engullir casi un kilo de cocaína, Sara entendía que el trabajito fácil, la oportunidad de prosperar, había salido demasiado cara. Ya estaba mejor, la cicatriz casi había sanado y ella, triste y enérgica, trataba de encontrar una forma de estar tranquila. Todo lo tranquila que se puede estar en una prisión.

***

El pescador Reinaldo no tenía más que una panga —una barca de madera, larga y angosta— y unos remos, unas botas de militar, una resortera para cazar lagartijas y algunas camisas ajadas, poco más. Habitante de Sandy Bay, pequeña aldea del Caribe norte nicaragüense, era un indio de etnia misquita, tostado, de piel curtida y mirada cansada, alto y flaco, bigote fino de cepillo, de unos cincuenta años. Salía a pescar cuando el tiempo lo permitía. Si tenía suerte, agarraba una o dos tortugas y pescados grandes. Si no, volvía con lo que fuera, un par de corvinas, jureles, pargos, a veces ni eso.

Un día, contaba, salió con un amigo a pescar tiburones cerca de la costa. Era temprano, apenas amanecía. Reinaldo había tomado café con mucha azúcar, se había calzado sus botas militares, encendió el primer cigarro del día y tomó el camino a la playa. Para llegar, Reinaldo agarró su panga del lago que formaba el estero. De ahí remaba, dejaba la laguna, entraba al río y salía al mar. En esa rutina vivían muchos de los pescadores de las comunidades del Caribe norte de Nicaragua.

Pasaron ocho horas en la panga, a dos o tres millas del litoral. Cansados del sol y de la falta de pesca, los dos amigos volvieron. Reinaldo caminaba ya para su casa cuando vio algo en la arena que llamó su atención, un bulto plastificado. Se acercó y lo tanteó: era un fardo de cocaína. Ya no recordaba cuánta droga había, pero un costal de esos puede llegar a pesar un poco más de 20 kilos.

El pescador nos contaba su historia de camino a Daoukura, una comunidad cercana a Sandy Bay. Fuimos en su lancha. Le pedimos que nos llevara porque hacía pocas semanas los pobladores de aquella aldea habían encontrado 60 kilos de cocaína en la costa. En Managua, el investigador Roberto Orozco nos había explicado días atrás que el Caribe nicaragüense es como una gran gasolinera para los narcos: «Los locales recopilan la droga que los narcotraficantes tiran al mar cuando son perseguidos en lancha por los guardacostas estadounidenses; después, el narco regresa a recoger los fardos que tiró y los recompra. También es un servicio de abastecimiento de combustible, alimento y refugio temporal». Reinaldo tuvo suerte y encontró ese fardo antes que nadie. Se limitó a esperar y días más tarde fueron a buscarlo. Le recompraron el paquete. Con el dinero que sacó construyó su casa, compró otra panga y dos motores nuevos. Por pura casualidad, Reinaldo se convirtió en traficante por unos días.

Aquella mañana, en ruta hacia Daoukura, observamos la enorme red de esteros de aquella parte de la costa. El Caribe en Nicaragua apenas se asemeja al que aparece en los catálogos de las agencias de viaje. Aquí no llegan cruceros ni turistas, no hay resorts hoteleros de súper lujo, ni playas limpias, ni tumbonas atendidas por meseros: es el Caribe pobre, olvidado, la tierra de los misquitos, una etnia que puebla esta costa desde hace siglos y se dedica básicamente a la pesca; los esteros son sus vías rápidas.

El nombre formal del Caribe norte de Nicaragua es la RAAN, Región Autónoma del Atlántico Norte de Nicaragua. La RAAN, por los esteros, parecía un laberinto aguado; de Bilwi, la capital de la región, a Sandy Bay, aparecían decenas de kilómetros de costa sin vigilar, un dulce para las potentes lanchas de los narcotraficantes que buscan el norte cargadas de droga. El contralmirante Roger González, jefe de la Fuerza Naval de Nicaragua, recordaba en Managua días antes la incapacidad del cuerpo militar para controlar la situación: cuando ellos conseguían lanchas de tres motores, los narcos ya andaban en lanchas de cuatro. A veces, señalaba, se movían incluso en sumergibles, imposibles de localizar para ellos.

Reinaldo parecía conocer la costa a la perfección. Cuando llegamos a Daoukura, paró y pidió que siguiéramos a pie. Desde el litoral no se distinguían las casas. Reinaldo inventó un sendero entre la maleza colina arriba. A los diez minutos aparecieron las construcciones, austeras, de una planta. Reinaldo buscó a los líderes. En los pueblos misquitos de la RAAN, las comunidades son gobernadas por cuatro líderes: el wista (juez), el representante de los ancianos, el maestro y el síndico (el consejero). Reinaldo pidió que llamaran a los cuatro y les habló en misquito. Les contó que queríamos saber cómo era la vida en ese poblado, sus costumbres, etcétera. La idea era entrar en confianza y preguntarles finalmente por la llegada de los 60 kilos de cocaína. Daoukura era el último escenario del teatro del narco en la zona. Semanas atrás, la Fuerza Naval había desmantelado una «gasolinera» al sur de Bilwi y se habían incautado 200 barriles de combustible, tres lanchas rápidas y 16 fusiles de guerra. En Sandy Bay, un par de meses antes, 1,700 kilos de cocaína habían generado una disputa entre vecinos y narcotraficantes que acabó en una balacera. Un hombre murió.

Con los cuatro líderes de Daoukura hablamos de la comunidad, de las tradiciones misquitas, de la pesca de langosta y las condiciones miserables en que trabajan los pescadores. Ellos contestaban en español, con su acento cerrado. Al preguntar por la droga, sin embargo, volvieron al misquito, soltaron un par de carcajadas profundas y se fueron. No revelaron nada. Tan inesperada fuente de riqueza volvía a la gente desconfiada.

De vuelta a Sandy Bay dimos un paseo por la comunidad. La austeridad de algunas casas contrastaba con la opulencia de otras. En la pradera gigantesca en que yace este caserío, parecía que un Dios caprichoso había construido las mejores y las peores viviendas, unas al lado de las otras; unas con paredes de madera vieja y otras adornadas con balcones venecianos, unas con piso de tierra y otras, de varias plantas, coronadas por enormes antenas parabólicas. Parecía una caricatura, la realidad deformada: mansiones coloridas, casuchas despintadas, praderas interminables, vacas, vacas, vacas. Kerlin Clark, una muchacha de 25 años que regentaba una tienda de abarrotes, señalaba a los vecinos que más se habían enriquecido con el paso de cocaína por la zona. «Allí está la esposa del wista, ellos son dueños de la casa rosa gigante –decía sonriente–. Todos tienen mucho dinero, pero no invitan más que a una cerveza». Los días en Sandy Bay se medían con respecto a la última vez que había llegado cocaína. «Cuando cae droga, la gente se vuelve loca. Todos se van a buscar fardos. Quien tiene panga, sale al mar a buscar; los que no, van en moto a la playa. Todo el mundo sale de su casa», apuntaba Kerlin, otra «desafortunada» que nunca había encontrado uno.

Una estrecha pista de concreto comunicaba las aldeas de Sandy Bay con la costa y los esteros. Cada tanto, un muchacho pasaba a toda velocidad en una *motocross* y los paseantes saltaban al pasto para evitar topetazos. Las novísimas máquinas de los muchachos, las mansiones y parabólicas en mitad de aquellas praderas, las vacas pastando ajenas a todo, los esteros solitarios, los árboles de mango arrancados del suelo por los vientos del último huracán, componían una escena extraña: el Miami de los desposeídos.

Una tarde, junto a uno de los canales que comunican los esteros, vimos cómo un grupo de vecinos de Sandy Bay miraba expectante una panga que acababa de atracar a dos metros de la orilla. Una docena de tortugas agonizaba panza arriba en la cubierta. Cada una medía como un metro y debía pesar más de cien kilos. Dos pescadores las sacaban de una en una. Ataban cuerdas a sus aletas y las remolcaban, caparazón abajo, hasta el patio de una casa cercana. Los niños miraban divertidos. Los mayores, sonrientes, comentaban sobre el torneo de beisbol que se jugaba ese fin de semana en Sandy Bay y el dinero que ganarían vendiendo sopa de aleta frente al estadio.

Reluciente, cubierto de azulejos, el estadio de beisbol de Sandy Bay era digno de una ciudad mediana. Parecía recién construido y su presencia, igual que ocurría con las mansiones y las parabólicas, se hacía extraña al lado de las vacas y los árboles arrancados por el viento.

La pesca de tortugas funciona como metáfora de las dinámicas de la región. Cada vez más perseguida por las autoridades, la captura de estos animales supone un ingreso formidable para los pescadores. Su carne se paga mejor que cualquier pescado y a los pobladores de la zona les entusiasma su sabor. Sin fuentes de ingreso alternativas, los pescadores capturan tortugas sin meditar si acaso son especies amenazadas de extinción. Como ocurre con los fardos de cocaína, el dinero que obtienen sirve de justificación inapelable.

En Sandy Bay la pobreza extrema alcanza al 94.5% de la población según el Instituto Nacional de Estadística y Demografía. La gran mayoría vive con menos de un dólar con 25 centavos al día. Aquí, ser extremadamente pobre parece la manera más común de existir. Una docena de tortugas permite a un pescador y su familia experimentar una sensación extraña: por unos días no tendrán que pensar en qué comer. Podrán dedicar su tiempo a otras cosas.

El mar es prácticamente la única fuente de trabajo en la zona. Tortugas aparte, el mayor tesoro que ofrecía el Caribe hasta que los narcos empezaron a frecuentar el litoral eran los bancos de langostas. Reinaldo las pescaba cuando era joven. A mediados de los ochenta, el pescador encontraba gran cantidad de crustáceos a pocos metros de la superficie. Saltaba al mar desde la barca y cazaba langostas ayudado de un punzón. Con el tiempo lo dejó, prefería pescar desde la panga.

251

Cerca de la casa de Reinaldo, en la aldea de Kahka, el pescador retirado Gilberto Mendiola, un mulato robusto de 42 años, contaba una historia parecida a la de su vecino. Sus presentes eran sin embargo opuestos. Gilberto pescó langosta durante años. Como Reinaldo, se zambullía y las pescaba a pocos metros de la superficie. Cuando los bancos de una zona se agotaban, buscaba otros. Cuando los de la superficie se agotaban, bajaba a mayor profundidad. Gilberto buceaba a pulmón, sin tanques de oxígeno, ni traje especial, ni nociones de buceo. El día que lo visitamos alardeó tímidamente de sus capacidades juveniles. Con 22 años, decía, buceaba hasta 40 metros de profundidad. Podía hacer hasta 20 inmersiones en un día. Entonces ignoraba el riesgo que sus prácticas entrañaban. No sabía de los peligros de bajar a 40 metros y subir de golpe, sin hacer paradas, para que el cuerpo se acostumbre a la presión. Nadie le había enseñado que realizar más de dos o tres inmersiones al día dañaría su salud. Además, la langosta se pagaba muy bien, a cinco o seis dólares la libra, casi el doble que ahora. Como él, todos sus amigos navegaban semanas enteras bajando y subiendo decenas de metros en busca del preciado animal. Pensaban que nunca les pasaría nada. Hasta que pasaba.

Un día, buceando, Gilberto se sintió mareado y volvió rápidamente a la superficie. Cuando alcanzó la barca la cabeza le daba vueltas y se desmayó. Al día siguiente se despertó en el hospital de Bilwi, sin fuerza en las piernas. Había sufrido una embolia gaseosa, la enfermedad de los buzos. Su cuerpo había acusado los cambios bruscos de presión y rebasado un límite. Sus piernas dejaron de servirle. Aquel día, Gilberto hablaba desde una silla de ruedas, paralizado de la cintura a los pies. Pese a todo, el buzo había tenido suerte. Muchos colegas de Sandy Bay no pudieron contarlo, sufrieron desmayos en alta mar y no volvieron a tiempo. A él lo llevaron al hospital y salvó su vida. Los buzos *afortunados* como Gilberto, que llegan vivos a puerto, viven ahora en la miseria. Era el caso también de Norman Gómez, un buzo retirado de 38 años, cuyas piernas dejaron de funcionar. «Fue como si me clavaran una corona de espinas», recordaba este hombre misquito, fornido y sereno, en un español rudimentario. Conocimos a Norman días antes que a Gilberto. Por aquel entonces vivía en condiciones parecidas. Cuando tuvo el accidente, la empresa para la que trabajaba costeó dos meses de hospital, pero luego se olvidaron. Norman les demandó y ganó, pero los 2,800 dólares de la indemnización apenas cubrieron sus gastos unos meses. Nunca pudo someterse a la operación que hubiera devuelto la movilidad a sus piernas. Al menos la posibilidad de volver a caminar, la esperanza, pero Norman ni siquiera había podido comprar esperanza.

Clade Brooks, otro buzo lisiado, sordo de una oído, se quejaba. Nunca, decía, había recibido formación, igual que sus compañeros. Desde que son adolescentes las empresas langosteras les llenan los oídos de promesas, grandes pagas por pocos días de trabajo, laburo en alta mar, mucho tiempo libre... Y en parte es verdad. En temporada, los barcos langosteros salen a faenar en sesiones de hasta doce días. Cada jornada, como en el caso de Gilberto, los buzos se sumergen 10, 12, 15 veces a una profundidad de hasta 40 metros. Al mes, recordaban todos, podían cobrar hasta 1,000 dólares, una cantidad muy superior al sueldo de cualquiera en la RAAN. La temporada de pesca de langosta, del 1 de julio al 28 de febrero, les aportaba dinero de sobra para vivir el resto del año.

Luego, un día, llegaba la revelación. A veces porque sufrían un accidente en sus carnes y otras porque lo veían, mientras buceaban, entre las aguas turquesas del Caribe. Antes de su accidente, Norman atestiguó la muerte de un compañero en alta mar. Buscaba langostas con su punzón cuando vio un bulto que se elevaba, que ascendía como un globo hinchado. Extrañado, el misquito volvió a la superficie y observó el cuerpo de su compañero implosionado, sin vida, junto a la barca. Norman recordaba aquella historia casi mejor que la suya; o quizá prefería obviar detalles de su propia desgracia. En todo caso, a cada instante, acuchillaba el relato con una queja a la falta de formación, al hacinamiento de las barcas langosteras, al equipo viejo y rudimentario.

Por su parte, Gilberto dedicaba sus días a mirar el pasto infinito de Sandy Bay, los animales sueltos —cerdos, gallinas, muchas vacas–, los niños harapientos. A veces pintaba y calafateaba las barcas de sus vecinos, desde la silla de ruedas, desde el suelo. No parecía frustrado, ni siquiera molesto. Ignoraba los beneficios que prevé el Estado para casos como el suyo. Durante un tiempo recibió dinero de su patrón y luego ya nada.

No existe un cálculo exacto de buzos lesionados, pero el hospital de Bilwi, la capital regional, recibe una media de 10 cada mes con síntomas de embolia gaseosa. De 5,000 buzos, cerca de 2,000 han sufrido alguna discapacidad, según las cifras que maneja el director del hospital. La mayoría pasan unos días ingresados y vuelven a su comunidad, a la pobreza de aldeas como Kahka, donde no hay calles, ni carreteras, ni coches, ni industria, ni agricultura, sólo casas de madera desperdigadas en un prado eterno, pangas carcomidas por el salitre, algunos caserones construidos por las bondades del tráfico de drogas y, de vez en cuando, como si llegase la navidad repentinamente, una avalancha de motos y pangas buscando el último paquete que dejaron los narcos.

***

El senador paraguayo Robert Acevedo ocupaba aquel día el asiento del copiloto. Normalmente era él quien conducía por las calles de la ciudad de Pedro Juan Caballero, capital de la región del Amambay, en la frontera con Brasil, en el noreste de Paraguay. Aquel lunes por la tarde, sin embargo, Acevedo delegó el volante a uno de sus dos escoltas. Acevedo tenía una camioneta Toyota Runner de color granate, típica en las zonas agrarias de ese país, en donde se cultiva soja en cantidades industriales. El senador no cultivaba soja, pero sus dos guardaespaldas requerían cierto espacio para maniobrar con las metralletas.

Circulaban por una calle del centro de la ciudad, el sitio donde había nacido, cuando otra camioneta se les cruzó. Era una Ford Ranger color blanco. Dentro había al menos tres personas armadas, vestidas de camuflaje. Antes de que Acevedo se diera cuenta, empezaron a dispararles. Los atacantes acribillaron la Toyota Runner con una M-16, una AK-47 y una pistola de calibre 9. Los dos guardaespaldas murieron en el acto. Él recibió un disparo en el brazo derecho y se encogió entre el asiento y el suelo del coche. La Ford blanca huyó enseguida. Pasaron unos minutos y Acevedo salió del auto para pedir ayuda. Un motociclista que pasaba lo vio y pudo auxiliarlo. Lo llevó al hospital de Pedro Juan.

Con 125,000 habitantes y 106 asesinatos en 2013, la región del Amambay es una de las más violentas de América Latina, casi a los niveles de Honduras. Paraguay es el principal productor de marihuana de Sudamérica y Amambay el mayor campo de cultivo. Paraguay y el Amambay son, además, un canal de tránsito de la cocaína y la pasta base que se produce en Sudamérica hacia Brasil. Pedro Juan Caballero es el escenario de la mayoría de los crímenes que se cometen en la frontera.

Además de la visibilidad que implica su cargo político, Acevedo es conocido en la ciudad por denunciar continuamente a supuestos narcotraficantes, principalmente soldados de la organización delictiva brasileña PCC (siglas por Primero Comando da Capital). «Aquí en Pedro Juan siempre estuvo la mafia —explicaba el senador una tarde calurosa en su despacho— siempre existió su padrino, su (Vito) Corleone, pero todo esto del narcotráfico no había. Yo entré a hacerme el "Quijote", a enfrentar como yo creía, pero...»

En febrero de 2013, el juez de garantías regional José Valiente González nos explicaba que los dos primeros meses del año habían sido «terribles, muy sangrientos», y argumentaba que en parte se debía a la lucha entre los clanes del narcotráfico de la frontera, ajustes de cuentas. El juez decía que el negocio del narcotráfico se había «democratizado en los últimos tiempos», que los clanes de antaño habían cedido ante el empuje de los dos grandes grupos brasileños, el PCC y el Comando Vermelho. La línea que divide aquí Paraguay de Brasil, añadía el juez, es «frontera seca», no hay un río que separe ambos países, lo que facilita el trabajo a los narcos. Cuando atacaron al senador, los diarios paraguayos especularon con que los sicarios habrían huido a Brasil: para ello sólo tenían que cruzar la avenida que separa un país de otro.

Acevedo, un hombre alto, de rizos cortos y hablar resignado, distante en el trato al principio y generoso en los detalles según transcurren los minutos, gestionaba una estación de radio en Pedro Juan cuando le conocimos, Radio Amambay 570 am. Denunciaba a los narcotraficantes ante el micrófono y a cualquier persona que estuviera involucrada. Sus trabajadores hacían lo mismo. A mediados de 2014 el joven redactor Fabián Alcaraz era asesinado por unos sicarios cuando salía del estudio, a plena luz del día. Solamente tenía 28 años.

Pedro Juan es una pequeña ciudad de frontera, ajetreada, humeante, llena de bares. Para los vecinos, el centro es la avenida que la separa de Ponta Porá, su par en Brasil. Los comercios —ventas de celulares, de chancletas, de pollo frito— florecen en el entorno. Pero el ajetreo es solo una ilusión de normalidad. Meses tranquilos —cuatro o cinco homicidios—, preceden al descontrol, como el del primer cuatrimestre de 2014: de enero a abril murieron asesinadas 50 personas. La policía atribuía todos los ataques a sicarios de las bandas criminales.

Aunque lo peor, coincidían Acevedo y el juez Valiente González, era la deriva irreversible hacia la «narcosociedad», llegar a un punto en que ser narcotraficante implique lo mismo, socialmente, que vender aspirinas o criar vacas.

No hablaban en vano. Ambos recordaron el caso de Carlos Rubén Sánchez, alias «Chícharo», prófugo de la justicia brasileña por narcotráfico, que saldría elegido diputado en las elecciones generales de Paraguay en 2013; mencionaron el caso de Cándido Figueredo, corresponsal del principal diario del país en la ciudad, que vivía en una «casa búnker», dotada de un ejército de cámaras de vigilancia, protegida por guardias privados de seguridad, además de la pistola que él llevaba amarrada al cinto. Dijeron que las farmacias —porque hay muchas farmacias en Pedro Juan— son tapaderas para lavar dinero, igual que las casas de cambio; que los narcos compran ganado para limpiar dólares sucios y que a ese ganado le llaman «vacas de papel». El narcotráfico acechaba a la sociedad en Pedro Juan Caballero, se inmiscuía en sectores económicos normalmente ajenos, infectaba las charlas de los vecinos, creaba y maduraba su propia realidad ante los ojos de todos. Tan sólo en los dos últimos años, sicarios habían acabado con la vida de dos periodistas en Pedro Juan. El mensaje parecía claro: pensar tiene un límite.

El repertorio de chismes de Acevedo, el juez y otros profesionales de la ciudad con los que hablamos, trascendía a la cháchara habitual de una ciudad mediana, a los concursos de belleza, los partidos del equipo local o a quién se acuesta con quién. «Esto está todo podrido —insistía el senador Acevedo—. La policía, los grupos de élite antidroga también. Es muy difícil y yo prácticamente quedé aislado, no puedo salir. Mi esposa me reclama, quiere ir a una fiesta y yo le digo "no puedo ir a una fiesta porque me encuentro con todos ellos", y no porque yo les tenga miedo, sino porque es desagradable encontrármelos», enfatizaba, sentado, junto al estudio principal de Radio Amambay, con la pose de un quijote consciente de los riesgos que corría con su postura.

A los pocos días, escuchamos incluso rumores que implicaban al senador en la pelea infinita de los cárteles por el poder en la frontera. En este caso, el senador, que había sido gobernador de Amambay, pretendía ahora la alcaldía de Pedro Juan, ocupada por su hermano. De acuerdo con las habladurías, el enemigo lo tenía en casa, dentro de su propio partido, el actual gobernador de la región, Pedro González, que trataba de mantenerlo al margen de los puestos de poder regionales. Periodistas locales vinculaban varios asesinatos ocurridos en la ciudad en los últimos años a uno y otro, Acevedo y González. ¿Era Acevedo un quijote honesto, enloquecido pero honesto, capaz de arriesgar su vida por integridad, para denunciar la deriva hacia la narcosociedad de Pedro Juan? ¿Era acaso otro actor en la lucha por el poder en la mayor zona marihuanera de Sudamérica y de ahí que sufriera el atentado? Cuestionado al respecto, el senador rió. Parecía amarga su carcajada, genuina, como quien ya superó esa sensación de agravio ante preguntas así. «Eso es lo que ellos hacen —decía—. Son intentos de ellos para desprestigiarme. Yo he sido condecorado en Brasil, ¡trabajo con la Policía Federal de ellos!». Y era verdad, tiempo después comprobamos que el prestigioso juez federal brasileño Odilón de Oliveira, azote de los narcos del otro lado de la frontera, amenazado de muerte en infinidad de ocasiones, tenía en buena consideración al senador. Oliveira, que vivía acompañado invariablemente de varios policías federales por su seguridad, dijo que el senador siempre le había ayudado en sus investigaciones que tenían que ver con Paraguay.

Antes de despedirnos del senador, con el primer frescor de la tarde, apareció en su despacho en la radio su amigo Ramón Cantaluppi, antiguo jefe de la policía de tránsito de la localidad. Cantaluppi compareció apoyado en unas muletas, cojeando aparatosamente, con cara de esfuerzo y orgullo, como si a cada paso desafiara a la cojera y sus causantes. Meses antes del atentado contra el senador, Cantaluppi sufrió el suyo. Ambos, explicaban, trabajaban juntos, aunque sería más preciso decir que Cantaluppi era su persona de confianza en la policía municipal.

Todo había ocurrido en la entrada de su casa, por la tarde. Unos sicarios en motocicleta pararon, apuntaron y dispararon sus pistolas 9 milímetros. Le acertaron seis veces. Meses antes de aquello, pistoleros habían baleado la casa del funcionario. Como explicaba el corresponsal del *Abc Color* en Pedro Juan, Cándido Figueroa, Cantaluppi era igualmente un personaje polémico en la ciudad por sus continuas denuncias del crimen organizado. El plomo, explicaban, era el precio que pagaban.

Pedro Juan Caballero puede considerarse un caso avanzado de narcosociedad. Grupos delictivos secuestraron las dinámicas típicas de una ciudad rural mediana, eminentemente agraria. Secuestraron la vida, que ahora gira en torno al tráfico. A diferencia de Sandy Bay, donde el trasiego de drogas aparecía muchas veces como una oportunidad de prosperar, una casualidad querida, en Pedro Juan se convirtió en un fenómeno difícilmente evitable, agresivo, inestable, peligroso. Una tarde, un joven residente de la ciudad paraguaya abundaba en la situación: contó que trabajaba en el pequeño aeropuerto local cargando querosén en los aviones. Cuando los narcos necesitaban viajar a Bolivia a recoger cargamentos de cocaína o pasta base, le llamaban al teléfono celular sin importar la hora. El joven tenía cuatro teléfonos. Decía que sólo hacía lo que le mandaban, nada más. No viajaba con ellos ni sabía más de lo necesario. Cuando el viaje les salía bien, le daban una pequeña propina. Una vez, contaba, le dieron una camioneta como adelanto de varios pagos. No podía negarse a colaborar, pero tampoco le importaba.

A lo largo del viaje, por todo el continente, observamos ciudades, pueblos, comunidades, aldeas inmersas en la deriva hacia la narcosociedad.

La costa en los alrededores del puerto de Tumaco, en el departamento de Nariño, al sur de Colombia, rota en esteros como el caribe nicaragüense, era utilizada por la guerrilla de las FARC y otros grupos delictivos para mover cocaína. Una funcionaria de una organización internacional que estudia las dinámicas de la zona, contaba que había llegado un momento en que la pasta de coca se había convertido en divisa: con drogas comprabas ropa, motos... La conocimos una noche cerca del centro de Tumaco, en una cantina, presos de un calor infinito que cobraba con sudor cualquier movimiento. Miraba hacia todos lados, trataba de no elevar demasiado la voz y cuando concretaba algún nombre, la situación particular de un pueblo, apoyaba ambos brazos en el borde de la mesa, exigiendo mayor intimidad: hay orejas en todas partes. La funcionaria explicaba incluso que habían cambiado los hábitos de alimentación de la población en las comunidades de los esteros: ya nadie pescaba, compraban latas. Decía que incluso, como si fuera evidencia de la presencia de cárteles extranjeros, había comida mexicana.

En Tumaco, la capital, miles de desplazados por la violencia entre viejos grupos paramilitares, la guerrilla y bandas criminales ocupaban los barrios de las afueras. En la plaza central de la ciudad, frente a la puerta de la iglesia, la diócesis había instalado una docena de paneles forrados con las fotografías de desaparecidos los últimos veinte años del conflicto, vecinos que vieron lo que no tenían que ver, ciudadanos que levantaron la voz, víctimas de las circunstancias que estaban en el sitio equivocado en el momento equivocado, soldados que asumieron un bando. Ana Ludi, colaboradora de la diócesis, era una de las voluntarias que había ayudado a instalar las imágenes en la plaza. Más allá de los 40, presa de una cojera permanente fruto de la polio que sufrió de pequeña, Ana Ludi recordaba el caso de la Hermana Yolanda, azote de la delincuencia en la zona, que había sido asesinada en 2001. Ana Ludi decía que «Yolita» había denunciado durante mucho tiempo el vínculo entre los paramilitares y el ejército. «A Yolita la mataron por *sapa* —decía—, pa' que callara la boca.»

Una tarde, en la plaza de Tumaco, entre las fotos en blanco y negro de los ausentes, unos niños representaban una obra de teatro. En la trama, un grupo armado irrumpe en una fiesta, se lleva a las chicas, consume droga, amenaza a la gente. Son muchachos de apenas 12 o 13 años. Uno de ellos porta un fusil AK-47 fabricado con caños de hierro, sus compinches tienen pistolas de cartón. Hay peleas, disparos de utilería. Un niño se escapa de su familia para unirse a las mafias y acaba muerto. Los actores lloran frente a unas 80 personas.

Los chicos escribieron la obra para imitar la cotidianidad de este puerto del pacífico colombiano. Al final, en un gesto por la paz, por la vida, todos, actores y público, nos juntamos en un corro en la plaza. Era media tarde, fin de semana, el ajetreo de la obra había dado paso a una especie de murmullo atenuado. La idea de Ana Ludi y la diócesis era que, de manera simbólica, nos pasáramos de mano en mano una maceta con una planta. Fue un gesto tan delicado, tan sano, que cualquier idea parecía grosera en comparación, el mismo hecho de la desaparición, por ejemplo, plantearse que alguien, un día, desaparece sin más, sin volver; que con suerte alguien reclamará por su ausencia; que seguramente, pasado un tiempo, un mes, dos meses, dejará de ser alguien, solo la fotocopia de una fotografía engrapada a un panel de corcho, parte de un colectivo del horror, quizá peor que otros, como el colectivo de los asesinados.

A diferencia de estos últimos —haciendo un ejercicio, comparar unos con otros, de por sí detestable—, los desaparecidos son en sí la incertidumbre constante, no saber qué pasó; no saber, a veces, si pasó.

A lo largo de nuestra travesía constatamos el avance inexorable de la gangrena: el continente entero deriva hacia una narcosociedad, en donde lo atroz se vuelve cotidiano.

En el pueblo costero de Jaramijó, en Ecuador, cerca del puerto de Manta, los pescadores se acostumbraron a escuchar historias de piratas modernos que armados con AK-47 secuestraban barcos para obligarles a transportar droga, o les robaban la gasolina y víveres dejándolos solos en medio de la nada hasta que otro pesquero los rescataba. Según esos relatos, algunos seducían a los pescadores con grandes cantidades de dinero. Quien se negaba no volvía, y quien accedía ganaba una buena suma. En la playa de Jaramijó conocimos a Marco Sánchez, quien se había dedicado durante años a cargar cubetas llenas de pescado desde los botes de sus colegas hasta la orilla de la playa. Marco los limpiaba y llevaba al centro para venderlos, hasta que un día le ofrecieron ser cocinero de un barco pesquero. Tenía 24 años y un hijo. Hacía tiempo que estaba cansado de limpiar pescado y enseguida aceptó el trabajo, aunque su padre, un marinero retirado, le había advertido sobre los peligros del mar: las tormentas, los 18 días o más sin tocar tierra, las enfermedades, los problemas mecánicos. Y sí, también los narcotraficantes.

Marco no titubeó. Decidió integrarse a la tripulación en la que trabajaba su primo Jorge en busca de tollos, peces que abundan en el mar peruano. Su madre había muerto recientemente en Guayaquil, así que el dinero le vendría bien para apoyar a su familia.

Una noche oscura, un par de meses después, una pequeña embarcación que supuestamente necesitaba auxilio los abordó. Subieron siete hombres armados. Escondido y sin decir una palabra, Marco observó cómo cargaban el barco con paquetes plastificados y maletas llenas de dinero.

—¡O nos ayudan o aquí se quedan! —sentenció uno de los hombres con acento colombiano.

Los pescadores se sometieron frente los asaltantes, que los acercaron hasta otro barco donde dejaron la mercancía. Llevaban radios y sabían perfectamente las coordenadas donde se encontraban. La pequeña embarcación, supuestamente averiada, quedó abandonada.

Antes de bajar, los narcotraficantes le ofrecieron un trato al cocinero novato:

—Ven a cocinar para nosotros. Vas a tener más dinero del que jamás te imaginaste...

Marco se quedó callado. Los piratas bromearon diciendo que probablemente no cocinaba tan bien y se fueron. Él no recordaba haber tenido nunca tanto miedo.

—Si uno se mete a eso ganas mucho dinero, pero sólo hay dos salidas: o pierdes la vida o la pasas en la cárcel —decía el ex cocinero, un hombre delgado, con bigote de tres días y ojos achinados, que se había retirado dos años atrás y entonces trabajaba en una lancha-taxi llevando a gente de un barco a otro a las orillas de Jaramijó. Su primo Jorge se fue con los narcotraficantes.

Y había más.

En Guayaramerín y Riberalta, en la frontera de Bolivia con Brasil, como contamos en el capítulo seis, en los últimos años habían surgido pandillas vinculadas al tráfico. En pueblos de 40,000 habitantes, pandillas de decenas de chicos se disputaban el poder en los barrios, como versiones amazónicas —aunque livianas, es verdad— de las pandillas de Tegucigalpa o San Salvador. El número de homicidios allí no alcanzaba las cifras del triángulo norte de Centroamérica, pero la lógica, las dinámicas, sorprendían a veces por la similitud, sobre todo en lo referente a la sensación de pertenencia, de arraigo al grupo, de morir por él.

En Bolivia y Perú, como narramos también en el capítulo seis, la cultura narco se imponía sobre pueblos y ciudades vinculadas al cultivo de hoja de coca y la producción de pasta base de cocaína. Era el caso de Kimbiri, Pichari y los pueblos del Vraem. Ocurría lo mismo con cientos de conciencias convencidas de que valía la pena tragar kilos y kilos de coca para cruzar la frontera con Chile y ganar varios cientos de dólares. Para los ciudadanos de esos países que han vivido recluidos en la cárcel, la vida estaría compuesta de una enorme equivocación y sospechas acerca de la naturaleza de su viaje: ¿seré yo un 22? ¿Me mandaron con cocaína sólo para que me agarrara la policía?

Capítulo 8
La cruz

Antes de rasgar los últimos acordes, el trovador argentino Facundo Cabral se levantó por un instante y encorvándose para reverenciar al público, se despidió:

—Gracias por la amistad de tantos años. Sepan que fueron una parte importante de mi felicidad. Sepan que los voy a llevar en mi corazón hasta el momento final.

Aquella fría noche del 7 de julio de 2011, Cabral había salido con parsimonia al escenario del Teatro Roma de Xela, Guatemala. En una mano portaba un bastón de madera y en la otra la guitarra, la inseparable. A pesar de sus 74 años conservaba una figura elegante. Vestía vaqueros, suéter azul y chaqueta café y ocultaba sus ojos, que ya no veían bien, tras unas gafas de vidrio de botella del mismo color. Se sentó en una silla y comenzó a desplegar un repertorio que había acompañado media vida a gente como Raúl Barreno, que lo contemplaba hipnotizado desde una butaca en la décima fila. Hacía 10 años que había asistido en el mismo lugar a un concierto del argentino, pero le parecía como si lo escuchara por primera vez.

Durante poco más de una hora Cabral compartió su fidelidad al amor, a Dios y a su madre, a la que recordó como siempre: «Mi madre era una mujer grandiosa, divina, durísima, porque cuando tenía 9 años, cuando me fui, me dijo que ése era el último regalo que me daba. El primero había sido la vida y el segundo, y último, la libertad para vivirla». Recitó «Mi pobrecito patrón» y «Éste

265

es un nuevo día», canciones que hablan del amor y la convivencia a pesar de haber sido un niño alcohólico, sufrir la cárcel y después el exilio. «Porque uno no vive solo y lo que a uno le pasa le está sucediendo al mundo, única razón y causa», susurraba en la introducción de «No soy de aquí, ni soy de allá». Ese fue el tema que cerró el concierto. Fue su última actuación. Su voz se esfumó dos días después cuando fue acribillado en un coche camino al aeropuerto de Ciudad de Guatemala.

Sobre la pared de la sala de Henry Fariñas colgaba un cuadro en el que aparecía Facundo Cabral juntó a él, su esposa y sus dos hijos. En el librero guardaba los discos del argentino y coleccionaba los libros y entrevistas en las que era protagonista. Lo llamaba «maestro». Hacía años que eran amigos y Fariñas, un empresario nicaragüense del mundo del espectáculo, había llevado a Cabral a Nicaragua en varias ocasiones y gestionado otros conciertos en Centroamérica, entre ellos el último celebrado en Xela. La íntima relación que los unía llevó a este hombre de 42 años, cabello chino y ojos negros, a estar presente en los últimos momentos de la vida del cantautor. Aquel 9 de julio de 2011, Fariñas insistió en llevarlo al aeropuerto en su Range Rover blanco. Minutos después, ese vehículo sería baleado por 25 disparos, tres de los cuales matarían a Cabral. Fariñas sobreviviría.

Cuando todavía 2,000 personas lloraban en la ciudad de Guatemala al artista en la escena del crimen, Fariñas testificó que el autor intelectual del asesinato había sido Alejandro Jiménez, un supuesto narcotraficante costarricense que lo quería muerto por haberse negado a venderle el Elite Night Club, el antro nocturno que regentaba en Managua. En el momento en que se presentaba al mundo como un empresario y promotor musical honrado, víctima de la coacción del narco, el teniente José León Gadea y el inspector Pedro Manuel Sánchez, de la policía de Nicaragua, ya lo tenían fichado. Desde 2010 le seguían la pista por pertenecer a una organización de tráfico de drogas internacional. Según la investigación, Fariñas entró a formar parte de la red liderada por Gabriel Maldonado Siller, un ex policía federal mexicano, el colombiano Francisco García, alias «El Fresa», y Alejandro Jiménez, «El Palidejo». Precisamente en el Elite Night Club, en sesiones privadas de mujeres, alcohol y miles de dólares, Fariñas trabó amistad con El Palidejo, quien depositó su confianza en él para gestionar la ruta en Nicaragua. La relación fructificó durante un año. No era extraño ver a Fariñas visitando a su amigo en Costa Rica, quien lo presentaba como un allegado a la familia.

En mayo de 2011, sin embargo, la ambición lo perdió. Las autoridades nicaragüenses capturaron a Siller y desmantelaron su banda, Los Charros. Fariñas, según las investigaciones policiales, aprovechó el descabezamiento de la organización para robar mercancía e intentar venderla por su cuenta. El Palidejo, según las autoridades, decidió vengarse.

Catorce meses después del asesinato de Facundo Cabral, la justicia nicaragüense condenó a Fariñas a 30 años de prisión, la pena máxima, por tráfico internacional de drogas, lavado de dinero y crimen organizado.

Cuando veía la sotana blanca asomarse por el pasillo, Alejandro Jiménez se escondía de inmediato. Los alumnos del Colegio Claretiano en Alajuela, Costa Rica, conocían la fama del padre Praxas Morillo, un ex boxeador que acostumbraba abofetear a los jóvenes que se portaban mal. Más de una vez le tocaron los golpes, como aquella ocasión en que puso una tachuela en el asiento de un profesor.

En un salón gigante, lleno de escritorios de madera, donde cuarenta jóvenes entre 13 y 15 años, vestidos con camisa blanca y pantalón negro leían la Biblia en silencio, se crió El Palidejo. Era un chico alto, muy delgado, que siempre portaba un reloj negro deportivo y lucía un peinado de puntas lleno de gel, al estilo de los New Kids on the Block, el grupo juvenil que causaba sensación a finales de los años ochenta. «Era muy promedio: ni brillante, ni problemático. Jugaba básquet. Era muy tranquilo, nada agresivo, ni mal hablado, ni vicioso… nunca destacó por nada», recordó Juan Fernando Varas, compañero suyo en la escuela durante más de 15 años. En un colegio de hombres, «de ambiente hostil y violento», Alejandro se caracterizaba por ser un niño callado que rehuía de los conflictos.

El día que Juan Fernando vio en la televisión a un tipo corpulento, de tez clara y cabeza rapada, con las manos esposadas y rodeado de policías, tardó en reconocerlo. Después de rebuscar en su memoria se llevó una sorpresa mayúscula al confirmar que ese nombre estaba entre los egresados en su promoción, 1991. «Nunca me imaginé que estuviera en malos pasos, a lo sumo fumábamos el típico cigarro de adolescentes». El mismo chico con el que en una ocasión debía hacer un trabajo de biología y en su lugar pasaron la tarde viendo la televisión; el mismo que llevaba siempre el almuerzo en *tuppers* a la escuela mientras los demás lo compraban en la tienda de doña Ana ahora aparecía ante las cámaras acusado de ser el autor intelectual del asesinato de Facundo Cabral y uno de los mayores narcotraficantes de Centroamérica.

La misma reacción de sorpresa de Juan Fernando recorrió el poblado de Alajuela el día de la captura de Alejandro Jiménez. En esta localidad de 100,000 habitantes, el clima es templado y la vida transcurre entre las compras en la tienda de la esquina, los partidos de la Liga —el equipo de fútbol—, y los domingos de chifrijo, un plato típico de chicharrón de cerdo. Desde que aquí nació en 1831 Juan Santamaría, uno de los héroes nacionales de Costa Rica, pocas cosas destacables han pasado en la ciudad. «Lo único característico es que todos aquí tienen un apodo», aseguró un vecino. En ese contexto de escenas costumbristas transcurrió la infancia de El Palidejo, que por aquel entonces era «El Chavo», por su parecido al Chavo del 8, personaje cómico de la televisión mexicana, interpretado por el actor Roberto Gómez Bolaños, que se hizo popular en toda América Latina.

Durante las vacaciones de Semana Santa, la familia se reunía en una finca a las afueras del pueblo. Los hermanos y los primos de

Jiménez jugaban al fútbol o corrían por el césped hasta caer rendidos. En la mesa de los adultos departían su padre, José Francisco, un tipo rudo y trabajador, y su madre, Ana Isabel, a quien desde la propia familia señalan como una señora altiva, presumida y apegada al dinero. Jiménez, mientras tanto, cavilaba en un rincón, callado. «Hablaba poco pero si te sentabas cinco minutos con él, te podía convencer de cualquier cosa», recordó un familiar. Sin trabajo conocido, quizá fue esa la cualidad que lo llevó a realizar el único sueño que se le conocía a ese niño introvertido:

—Yo de mayor voy a ser rico.

Después de su detención, el 12 de marzo de 2012, las autoridades nicaragüenses le decomisaron cuatro vehículos de gama alta, entre ellos una Hummer, y una quinta llamada El Retiro, donde, de acuerdo con la justicia de ese país, tenía su centro de operaciones. Desde 2009, según la fiscalía costarricense, que lo acusaba de lavado de activos, El Palidejo habría movilizado mil millones de colones (unos dos millones de dólares).

En Alajuela, el único que permanecía de su círculo cercano era su hermano, conocido como «El Picarita». La policía sospechaba que su padre y su hermana —investigados también por lavado de dinero— huyeron a Japón. Su actual mujer, Wendy Nancy Pérez, se marchó de la ciudad. Él esperaba a ser juzgado en una celda de cuatro por cuatro metros de la prisión de Fraijanes 2, en las afueras de Ciudad de Guatemala.

Lorena Viquez tenía 18 años cuando Alejandro Jiménez se presentó en la puerta de su casa para invitarla a salir. Fueron al cine y luego a cenar. En unos días, se convirtió en su primer novio y apenas unos meses después ya estaban casados. «Los peores cinco años de su vida fueron a su lado», dijo una fuente cercana a la familia, que pidió mantener su nombre en el anonimato. Nunca llegó a conocer al hombre con el que dormía. Pasaba semanas sin ir a su casa en Heredia, a unos minutos de Alajuela. Ella nunca supo a qué se dedicaba. Si se atrevía a preguntarle, le esperaba una paliza. «No sabía nada de él. Nunca salían juntos. La familia de él la humillaba porque no tenía dinero». Cada vez que él llegaba a casa, ella temblaba de miedo. Le repetía continuamente que era «fea y tonta». Llegó a violarla en un par de ocasiones.

Aunque tuvieron dos hijos, El Palidejo apenas convivió con ellos. A la más pequeña no la llegó a conocer, pues se divorciaron cuando ella estaba embarazada. Su padre tenía que pagarle gastos simples como pañales o el pediatra de su primer hijo, Julián, porque Jiménez se negaba a darle dinero. Un día, recuerda la fuente, el niño se puso a llorar de manera histérica al ver una película en la que un hombre encañonaba a una mujer. Su madre entendió que era porque recordaba aquella vez en que Jiménez la había amenazado de muerte de esa misma manera por reprocharle su ausencia.

Lorena aguantó cinco años hasta que su hijo le confesó que cuando salía con su padre siempre se veían con mujeres diferentes. Ella decidió contratar a un investigador privado. Descubrió que vivía con otra mujer en Santo Domingo. Al encararlo, él le pegó y la tiró por las escaleras. «Muerta de miedo le exigió el divorcio y él aceptó encantado, siempre y cuando no tuviera que pagarle una pensión». Desde entonces, Lorena, abogada penalista que rehízo su vida con otro hombre, nunca supo nada más de él. Ella y el niño estuvieron durante años en terapia psicológica por el maltrato al que fueron sometidos. Los Jiménez nunca se le acercaron, pero recibió amenazas en varias ocasiones.

Hacía unos días, su hija María José, de 7 años, vio que sobre la mesa del desayuno estaba el periódico con la foto de su padre en la portada. Lo observó durante unos minutos sin decir nada, hasta que lo tiró a la basura.

«El Palidejo vivía en esa casa amarilla de tejas naranjas», dijo el jardinero mientras podaba los arbustos. Señaló un amplio chalet a 20 metros de la rotonda principal en el Residencial Altos de Montenegro, en Canoas de Alajuela. «Hace unos meses la policía se lo llevó todo», contó el hombre como el mayor chisme que había pasado en ese tranquilo barrio de clase media alta. Nunca llegó a ver a Alejandro Jiménez en su propia casa, de hecho, casi nadie lo hizo. El único distintivo que tenía este lugar era que no había bolsas de basura en la puerta.

Para los alajuelenses, esa casa amarilla era sinónimo del progreso de El Palidejo comparado con aquel hogar sencillo en que creció jugando videojuegos en Canoas. Aunque estudió para ser topógrafo, nunca se dedicó a su carrera y pronto su camino se desvió hacia las malas artes. Primero se dedicó a falsificar placas de taxis y ganar dinero con licencias falsas. Después se pasó a la duplicación de tarjetas de crédito. Fue sentenciado y cumplió condena en la cárcel de La Reforma, a una hora de San José. Aunque ninguna de las fuentes consultadas sabía cómo, todas coincidían en que fue allí donde pasó a jugar en las grandes ligas de la delincuencia. En cierta ocasión, uno de sus familiares se cruzó con una caravana de camionetas con los cristales tintados que salían del Residencial. Se quedó sorprendido de ver tal despliegue en su tranquilo pueblo. Más todavía cuando uno de los vidrios se bajó y vio cómo Jiménez lo saludaba.

Fue de los pocos capítulos de ostentación que se recuerdan en Alajuela. Aunque vivía con todo el lujo con su segunda mujer, la discreción que lo caracterizaba desde niño lo seguía acompañando. Hasta el día de su detención, los vecinos apenas lo conocían. Durante mucho tiempo fue confundido con su hermano, El Picarita. Incluso las propias autoridades, que lo investigaban por lavado de dinero, mantenían abierto el «caso Picarita» por esta confusión. «Siempre se le ha confundido con su hermano y tal vez sea por eso que se sabe tan poco de él», explicó Carlos Alvarado, director del Instituto Costarricense sobre Drogas (ICD). La gente de Alajuela creía que El Palidejo tenía un puesto de verduras, aunque en realidad el propietario era su hermano. Al momento de su captura, la prensa empezó a difundir que un verdulero era el presunto asesino de Facundo Cabral, un rumor que todavía perduraba cuando visitamos Costa Rica. De Alejandro Jiménez sólo se supo que él era el famoso Palidejo, aquel día que el ICD llegó a esa casa amarilla para llevarse 15 pantallas planas, once camas y colchones y un menaje de lujo.

Algunos de los muebles que decoraron su estancia durante menos de dos años, se encontraban en el ICD, un edificio gris de pasillos en forma de laberinto. Los funcionarios se sientan sobre unos sillones clásicos de estilo barroco, parecidos a una reliquia familiar. Aunque eran viejos, la madera de cedro seguía brillante. Una mujer de pelo rubio teñido se contemplaba todos los días en el espejo que estaba frente a su computadora.

Antes de los allanamientos, Alejandro Jiménez ya había dejado Costa Rica. Con Fariñas detenido y gritando su nombre, El Palidejo se dio a la fuga a pesar de las recomendaciones de su abogado, Francisco Campos, quien le aconsejó que no lo hiciera. «Tenía miedo de lo que le podía pasar a su familia», señaló. Durante ocho meses estuvo escondido en Panamá supuestamente con la ayuda de otros narcotraficantes que también formaban parte de la red. Fue hasta el 12 de marzo, cuando llegaba en una lancha Eduardoño a la Bahía de Solano, en el departamento del Chocó, Colombia, que fue detenido.

Guatemala solicitó inmediatamente su extradición. Costa Rica también quería juzgarlo, aunque sólo por el delito de lavado de dinero. «Era evidente que Guatemala reclamaría a Alejandro. Argentina necesita a un culpable de la muerte de Cabral y Fariñas arregló todo para que Alejandro fuera ese culpable», afirmó Campos, quien pidió un jugo de naranja en una de las sodas más conocidas de San José.

Su defensa trataba de probar que Alejandro Jiménez era sólo un conejillo de Indias en esta trama. Según Campos, los sicarios que asesinaron a Cabral fueron sobornados para declarar en contra de él. A uno de ellos, afirmó, se le ofreció libertad bajo fianza y protección oficial si testificaba en contra de El Palidejo. Aunque había pedido su extradición en varias ocasiones, se resignaba a un caso que sabía difícil de ganar.

En esos meses, Alejandro Jiménez vivía aislado en su celda y recibía visitas cada 22 días, sólo de su abogado. Tuvo que ser trasladado de cárcel, debido a las amenazas de muerte que recibía de otros presos. Jiménez le dio a Campos cuatro cartas para su familia en las que aseguraba tener problemas cardiacos, la presión arterial alta y depresión. «Cualquiera se vuelve loco en esa cárcel —exclamó Campos, quien pidió el traslado de celda al enterarse de las amenazas—. Mucha gente lo quiere muerto, así que teníamos que buscar su seguridad. Está claro que los muertos no se defienden».

Todavía no amanecía el 9 de julio en la ciudad de Guatemala cuando Facundo Cabral se despertaba en su habitación del hotel Grand Tikal Futura y se vestía para ir al Aeropuerto Internacional La Aurora. Tenía que viajar rumbo a Nicaragua para continuar la gira de conciertos. En el *hall* se reunió con su representante, David Llanos, y con Henry Fariñas. Alrededor de las cinco de la mañana emprendieron la marcha a bordo de una camioneta Range Rover de color blanco, flanqueados por un Chevrolet Tahoe en el que viajaban los guardaespaldas de Fariñas. Ninguno de ellos advirtió que los seguían.

Las cámaras de seguridad del hotel grabaron cómo la comitiva se ampliaba con dos coches más, una camioneta BMW X5 y otra Santa Fe azul, que posteriormente las autoridades encontrarían abandonada en las afueras de la capital guatemalteca con armas y chalecos antibalas en su interior. Elgin Vargas, un hombre de cara redonda, rapado y con un evidente sobrepeso, manejaba el primer vehículo. Días antes, según la fiscalía de Guatemala, llegó a su celular un mensaje con la firma de El Palidejo: Fariñas estaba en la ciudad y era el momento de que pagara su traición. En el segundo circulaba un grupo de sicarios contratados para ejecutar el encargo. Si la media se cumplía, cobrarían entre cinco mil y diez mil dólares por el trabajo.

A la altura del bulevar Liberación con la calle 14, en la zona 7 de la ciudad de Guatemala, emboscaron el coche en el que se encontraba Facundo Cabral. Eran las cinco y cuarto. En 17 segundos unos sicarios guatemaltecos contratados por un supuesto narcotraficante costarricense para matar a su socio nicaragüense, apagaban una de las voces más importantes de Latinoamérica.

***

La omnipotencia del crimen organizado permite que unos traficantes, en principio de segunda fila, puedan destruir un símbolo de la cultura latinoamericana como Facundo Cabral. Llega a todos lados y todo lo abrasa. Destruye y a la vez transforma. Para algunos es simplemente la primera salida laboral; para otros una forma de identidad. Los actores cambian, mueren, se hacen viejos, los encarcelan, los asesinan, pero el negocio siempre continúa. Hay dictaduras de derechas, de izquierdas, democracias imperfectas, y la droga sigue inexorablemente su camino hacia el norte, saltando fronteras. Para unos, los narcos son demonios. Para otros, representan algo en qué creer. En el norte de México mucha gente se mueve en las mismas camionetas blancas que los grandes capos de la zona, que dictan qué está la moda. Algunas mujeres se operan, se dejan el cabello largo, negro, liso, para parecerse a las acompañantes de los jefes de la droga. Corridos en honor a grandes traficantes se escuchan en las radios. Y si la erótica del poder y el dinero no basta, siempre queda el plomo.

Nos han preguntado varias veces por qué hemos viajado por América Latina para hablar de lo feo, del tráfico de drogas, y no de la amabilidad de su gente, de los paisajes paradisíacos, de la música, de la comida callejera. No hemos encontrado un fenómeno que cohesione con tal visibilidad el continente. Los hombres de la cocaína proliferan en todos los países, vestidos de padrinos o de asesinos. Quizá, como dijo José Mujica, el ex presidente de Uruguay que regularizó la marihuana para quitarle el negocio a los traficantes, el otro fenómeno que lo vertebra es la religión católica. Hubo un tiempo en que los dos coexistían de manera paralela, relativamente pacífica. Hoy, si la cruz se atraviesa en el camino de la droga, tampoco existe el respeto. Porque el narco es omnipotente y hay una legión de hombres dispuestos a jugarse la vida para ser el próximo gran capo.

***

El sacerdote Carlos Alberto confesaba a un niño cuando escuchó un estruendo tan intenso que pensó que el techo de la iglesia se le caía encima. Giró la cabeza mientras sonaba otra ráfaga y vio cómo dos hombres —uno de ellos armado— huían del templo. El medio centenar de fieles que todavía oraban aquella mañana después de la celebración de la misa empezaron a gritar y a llorar. Una señora a la que el sacerdote había saludado minutos antes, se desangraba en un banco, a pocos pasos de la imagen del Santísimo, después de haber recibido tres disparos en la cabeza. Carlos Alberto corrió detrás de los sicarios hasta la plaza principal del pueblo, pero ya no había nadie.

—En un pueblito de 20 casas se perdieron... dos personas armadas se perdieron—, se lamentaba un mes después del asesinato, sentado en la misma sala en la que lloró de impotencia el día en que los narcotraficantes violaron el templo.

El cura regresó a la iglesia y le dio la extremaunción a la víctima.

Carlos Alberto caminaba junto a nosotros por un templo vacío, sin el murmullo de las oraciones, sin velas encendidas, sin un santo al que rezar. Afuera hacía un día soleado que calentaba el cuerpo a pesar de la brisa fresca, pero dentro del templo el ambiente era gélido. La Iglesia de Nuestra Señora del Carmen de El Dovio, un pueblo en el Valle del Cauca, al oeste de Colombia, estaba en cuarentena. En la fachada, de color blanco y presidida por un gran ventanal, se cruzaba una pancarta colgada del campanario: PADRE, PERDÓNALOS PORQUE NO SABEN LO QUE HACEN.

El Dovio celebraba sus fiestas, y a pesar del asesinato, la programación continuó durante un par de días. En este pueblo enclavado entre montañas, de casas coloridas y humildes, y suelo adoquinado, están acostumbrados a la violencia que ha azotado Colombia el último medio siglo: aquí nació Iván Urdinola Grajales, alias El Enano, uno de los cabecillas del Cártel del Norte del Valle, un capo importante en los noventa, cuando los últimos patrones de la droga colombianos todavía dominaban el negocio. Durante años controló la zona, puso y quitó políticos, y también hizo regalos e inversiones para el pueblo. El Dovio, además, es la puerta de entrada al Cañón de Garrapata, un enclave que por sus condiciones climáticas, su altura y el espesor de la vegetación es ideal para el cultivo de hoja de coca y el escondite perfecto para los laboratorios. Al otro lado del cañón aparece la salida al océano Pacífico: allí continúa la droga por mar rumbo al norte.

Lo que nunca habían visto los habitantes de El Dovio es que los sicarios rompieran una regla no escrita del negocio y violentaran la Cruz. Ese «doble sacrilegio», a la vida y a Dios, como lo definió Jairo de Jesús Ospina —el sacerdote de más edad y párroco de la iglesia—, llenó de indignación a los dovienses, que también sintieron cierta zozobra al ver su templo cerrado, epicentro de la vida del pueblo. Carlos Alberto huyó por orden del obispo de la zona. «Solo tienes un trasero, Carlos Alberto, si te lo llenan de balas, ¿con quién voy a compartir?», le dijo un cura amigo. Pero a los pocos días, este sacerdote veinteañero, estilizado y de maneras delicadas, volvió al pueblo donde escuchó un disparo por primera vez, convencido de que su responsabilidad como guía era mayor que su miedo a morir. «Nadie habla porque si hablas, chas. Extorsionan y no pasa nada. Hay violaciones y nada. Matan a una persona y nada. ¿Qué pensarían si su pastor no está aquí?», dijo entre risas nerviosas poco antes de acompañarnos por la iglesia vacía hasta el banco en donde se cometió el asesinato. La feligresa se llamaba Nelly Perea González, era una señora de 70 años muy conocida en el pueblo, muy beata, y también prima de un ex alcalde asesinado, cuñado del capo Iván Urdinola.

El Enano murió en prisión en 2002, pero su legado todavía tiene repercusiones nefastas. Como ocurrió con la desaparición de otros grandes capos colombianos, dejó un vacío de poder que han intentado llenar paramilitares que nunca abandonaron los fusiles, delincuentes comunes y mandos medios de los grandes cárteles, sobrevivientes de la guerra que libraron entre ellas las organizaciones de la droga y contra el Estado en los ochenta y noventa. En El Dovio y en el resto del país, el narcotráfico pasó a manos de estos grupos, conocidos como bacrim (abreviatura de bandas criminales), mucho más anónimos, atomizados y sin una estructura tan férrea como sus predecesores.

Las principales son los Urabeños y los Rastrojos y actúan en todo el país. Según la Corporación Nuevo Arco Iris, que estudia el conflicto armado en Colombia desde 1996, los Urabeños son «herederos de reductos paramilitares del departamento de Antioquia y de la costa Caribe y además cuentan con lugartenientes sobrevivientes del Cártel de Medellín»; los Rastrojos son por su parte «herederos de bloques paramilitares de los departamentos del Valle del Cauca, Chocó, Cauca y Nariño y cuentan además con lugartenientes que sobrevivieron a la guerra del Cártel del Norte del Valle». Tras la muerte de Urdinola, sus herederos políticos se aliaron con una de las bandas de la región, los Machos, y reinaron tranquilos unos años. Los Rastrojos querían apropiarse del lugar y empezaron una guerra. Vencieron, pero nunca consiguieron esa frágil estabilidad de la que gozaban los grandes cárteles. A Nelly Perea la asesinaron cuando rezaba en la iglesia porque habría ocultado a miembros de los Machos en su casa. Meses más tarde —en El Dovio dijeron que por venganza—, unos sicarios mataron a dos hermanos del alcalde actual, uno en el campo y otro en el velorio del primero. Cuentan que el edil tenía vínculos con los Rastrojos.

***

Había una vez en Sinaloa —estado de México del que toma su nombre el cártel de drogas más poderoso del mundo—, un ladrón generoso que se ocultaba bajo hojas de plátano para robarle a los terratenientes y familias de abolengo de finales del siglo XIX y principios del XX. La leyenda, porque su existencia, segura en la tradición oral, carece de comprobación documental, dice que como todos los Robin Hood del mundo, robaba a los ricos para darle dinero a los pobres y como los grandes delincuentes justos, nunca mató a nadie. El bandolero se llamaba Jesús, y por su particular forma de ocultarse, recibió el sobrenombre de Malverde. Su apellido es un enigma, así como su lugar de origen, que han reclamado varios barrios y pueblos del Estado. Si hacemos caso a las especulaciones, Jesús Malverde, como buen mito, murió joven, con apenas

30 años cumplidos, y aunque parece que en vida fue un hombre feo, se le representa como un guapo moreno de grandes ojos castaños y bigote fino. En 1909, el 3 de mayo, día de los albañiles, profesión que compaginó con su carrera como delincuente, fue capturado. Le pusieron una soga al cuello y lo colgaron de la rama de un mezquite. El Gobernador prohibió que ningún sinaloense se atreviera a sepultarlo dignamente para dar ejemplo. El cadáver de Malverde permaneció colgado, no se sabe cuánto tiempo, hasta que sus restos se empezaron a desprender y formar una masa informe. De esos despojos, aseguran los creyentes, nació un santo milagrero.

El hombre que descubrió los poderes sobrenaturales de Malverde fue un lechero que buscaba una vaca extraviada cerca del mezquite donde fue ahorcado el bandolero. Por pura casualidad agarró una piedra y la arrojó a los restos que los días ya habían convertido en masa: la vaca apareció al instante. El lechero propagó la noticia y el santo Malverde comenzó a ganar adeptos. En el lugar del ahorcamiento se apilaron piedras para pedir al delincuente. Así, poco a poco, se fue convirtiendo en el santo de los desfavorecidos y necesitados. La Iglesia Católica nunca ha reconocido la santidad de Malverde, pero eso no pareció importar a los sinaloenses ni a otros mexicanos del noroeste, que peregrinaban hasta el lugar desde estados como Sonora o Baja California para dejar modestas ofrendas como fotos o, en el caso de los pescadores, hasta camarones, un marisco muy típico de la zona. Cuando Culiacán, la capital de Sinaloa, se expandió, Malverde cambió de casa, desde el mezquite hacia una capilla construida en su honor. Con el paso de los años se abrieron sucursales en California, Tijuana o Colombia, porque quien pide al santo debe rezarle una vez a la semana y acudir a su iglesia, al menos una vez al año, algo complicado para los fieles que viven lejos de Sinaloa.

La marca Malverde se expandió entre los necesitados, que no olvidaban su origen humilde, y también entre los narcos, que no olvidaban que al fin y al cabo era un ladrón. La capilla de Sinaloa albergaba a veces a un anónimo campesino y a sicarios que en la noche iban a apretar el gatillo. Por la puerta cruzaban también devotos célebres, como Miguel Gallardo Félix, «El Padrino», de quien se cuenta que en una cena repartió a México entre los narcos, en una suerte de nueva federación de la droga; o el legendario Rafael «El Caro» Quintero, que está prófugo después de cumplir 28 años de condena por el asesinato del agente de la DEA Enrique Camarena —quien fue torturado y considerado el primer ejemplo del poder de terror del narco como mensaje a las autoridades—; o Amado Carillo, «El Señor de los Cielos», que murió en la sala de operaciones de un hospital de ciudad de México cuando se sometía a una reconstrucción de rostro y liposucción. Como estos delincuentes trataban de ser más mitos que hombres, aún circula la historia de que El Señor de los cielos, en realidad no murió en el quirófano y vive en libertad con un nuevo rostro. No se sabe. Lo cierto es que tres de los cirujanos encargados de su fallida operación, aparecieron cuatro meses después muertos en barriles de cemento, lo que acrecentó el debate de si se trataba de venganza o de imponerles el silencio sobre su huida. Malverde empezó a ser conocido como «El Santo de los narcos».

Otros motes que recibe son el «El Ángel Pobre» o «El Bandido Generoso». Ese último sobrenombre era el que intentaron publicitar unos de sus devotos décadas después, cuando algunos capos llegaron a desafiar frente a frente a todo un Estado mientras se ganaban la simpatía de los desfavorecidos. Los viejos narcos, procedentes de Sinaloa en su mayoría, descendían de familias que en la Segunda Guerra Mundial sembraron su tierra de amapola para surtir la demanda de morfina medicinal en las tropas estadounidenses. Después del conflicto, los norteamericanos cerraron el negocio, pero los mexicanos siguieron sembrando en la medida en que los propios estadounidenses continuaron pidiendo. En la sierra de Sinaloa comenzaron a gestarse estructuras familiares que dominaron primero el negocio de la heroína y años más tarde empezaron a traficar con marihuana y luego cocaína. Cuando los grandes cárteles colombianos cayeron en los noventa, los mexicanos que habían compartido el negocio, se hicieron poco a poco hegemónicos. En otras latitudes como Centroamérica, los mismos clanes familiares que contrabandeaban con queso o gasolina en las fronteras, se convirtieron en traficantes cuando entre los setenta y los ochenta el beneficio producto de la cocaína se hizo irresistible. Cuando las guerras civiles de esos países terminaron a principios de los noventa, las mismas rutas que servían para aprovisionar a guerrilleros y contrainsurgencias también fueron un terreno fértil para que por los mismos caminos cruzara el polvo blanco.

La nómina de estos viejos narcos se expandió por varios países de América Latina desde los setenta, en especial en Colombia y en México, pero también en lugares como Bolivia, el territorio de Roberto Suárez Gómez, «El Rey de la Cocaína», heredero de una de las grandes fortunas empresariales de ese país, poder en la sombra de la dictadura de Luis García Meza, y quien llegó a transportar dos toneladas de pasta base de coca al día desde la Amazonia boliviana. Nombres como los hermanos Orejuela –Gilberto y Manuel–, líderes del Cártel de Cali, que entre otros muchos destinos manejaban el devenir de la liga de futbol de Colombia; o Joaquín «El Chapo» Guzmán, que fue detenido, se escapó y fue apresado de nuevo después de encabezar la lista del FBI de los delincuentes más buscados. Todos ellos se rodeaban de familiares como hombres de confianza y se movían por un cierto código de honor. Se mataba para dar ejemplo, pero no como sistema. En los lugares bajo el dominio del narcotráfico, la colaboración de la población civil se gana de dos maneras: con el temor o con la caridad disfrazada de oportunidad. Los viejos narcos ejecutaban la segunda táctica, por eso, a pesar de ser delincuentes, aparecían ante los ojos de muchos ciudadanos como benefactores.

Pablo Escobar Gaviria es sin duda el que más ha impregnado el imaginario colectivo y el que mejor representa a esta casta de *bandidos generosos*. El 2 de diciembre de 1993, el día que cumplía 44 años, Escobar moría sobre el tejado de una vivienda en un barrio de Medellín –las autoridades dicen que abatido en un operativo, su círculo cercano, que se suicidó antes de ser capturado–. Los agentes colombianos y de la DEA, colocando los dedos en forma de

V de victoria, posaban para la foto con el cadáver del narco más célebre de la historia, el hombre que desafió al Estado colombiano, secuestrando, sembrando bombas, matando a cientos, quizá miles de personas y regando los Estados Unidos de cocaína. Algunos de los policías cortaron por los lados el bigote de Escobar antes de la autopsia para guardarlo como troteo.

En Medellín se dice que Escobar marcó un antes y un después en la historia de la ciudad. En 1991, mientras vivía escondido de autoridades y enemigos, la tasa de homicidios local ascendía a 433 habitantes de cada 100 mil, la mayoría hombres jóvenes: De cada 100,000 muchachos de entre 20 y 29 años 1,709 murieron asesinados ese año en la ciudad. En contraste, en 2010, el peor año de violencia en Ciudad Juárez, México, la tasa fue de 229. El Cártel de Medellín y su negocio de tráfico de drogas habían instalado una cultura de violencia y dinero fácil en las *comunas* –los barrios humildes de las montañas que rodean el centro. El escritor y periodista Alonso Salazar, alcalde entre 2008 y 2011, recordaba en su libro *La parábola de Pablo. Auge y caída de un gran capo del narcotráfico*, el cambio sociológico que habían experimentado las barriadas en los ochenta. «El capital financiero se desbordó [...], pero también se desbocó el espíritu. Todo se exhibía, especialmente la muerte. Enloquecidos, (los nuevos criminales) mataron a muchos, que por ladrones, que por viciosos, que por capricho; luego se mataron entre ellos por venganzas, por cuentas mal hechas, y más adelante mataron a autoridades y a opositores hasta lograr el dominio».

El reguero de muerte provocado por la ambición de Escobar no impidió que miles de personas acudieran a su entierro para despedir a su benefactor. Es cierto que muchos otros, a los largo de los años, desfilaron hasta la tumba para pisar con desprecio la lápida con los restos de aquél asesino que les había quitado todo. Como dijo un hombre que le vendió a Escobar ropa y provisiones durante su estancia en la cárcel: «Todo el mundo tenía que ver algo con Pablo». Su muerte inspiraría al pintor Fernando Botero, que dibujó un Escobar orondo, a su estilo, agujereado por las balas sobre los tejados del barrio Los Olivos, muy cerquita de Barrio

Triste. Hoy esa pintura se expone en el museo que la ciudad dedica al artista.

Durante nuestro paso en Medellín había un DVD pirata que se había convertido en el indiscutible rey de ventas. «¡La serie de Pablo, tengo la serie de Pablo!», gritaban los vendedores ambulantes. La telenovela *El Patrón del Mal*, basada en el libro de Salazar, emitida por Caracol, había alcanzado un enorme éxito de audiencia con un 26.9% de cuota de pantalla en algunos capítulos. En la carátula se veía a Andrés Parra, el actor que encarna a Escobar, con su copete peinado a la derecha y esa mirada turbadora llena de autoridad. A lo largo de la ficción se metía en un personaje descrito como Salazar como un psicópata, un hombre generoso, vengativo, buen hijo, ególatra, padre cariñoso.

«Los niños con los que yo jugaba al fútbol después se hicieron sicarios de Escobar. Un día, ya grandes, llegaban en motos nuevas al barrio, con zapatos Nike, cadenas de oro y ostentando un arma», contó José Alejandro Castaño, quien se sumergió en el legado de Escobar con la novela *Cierra los ojos, princesa* (2012). En su libro, Castaño cuenta la historia de un rey todopoderoso que de día amputa brazos u ordena sumergir a sus enemigos en ácido y de noche le narra cuentos a su niña.

Mientras en los barrios el *sicariato* se convertía en uno de los principales modos de ganarse la vida, en otras latitudes más favorecidas de Medellín, existía otra costumbre: visitar el zoo de Pablo. Amante de los animales, Escobar mandó traer de diferentes rincones del planeta jirafas, elefantes e hipopótamos a Nápoles, su hacienda. Los niños acudían de excursión al mismo lugar en el que se reunía con otros capos, como los hermanos Ochoa o «El Mexicano», y montaba fiestas que quedaron para la posteridad, en donde la bebida se combinaba con los encantos de las reinas de belleza colombianas. En la entrada hoy todavía se conserva un avión postrado sobre un arco. La leyenda dice que fue el primero con el que coronó una entrega de drogas a Estados Unidos. Nápoles se ha convertido en una reserva de animales y también en una de las paradas en los *tours* que ofertan algunas agencias turísticas.

Uno de ellos anuncia que durante cuatro días se podrá conocer la «verdadera historia del capo más grande del mundo». El viaje incluye, entre otras, paradas en el barrio Pablo Escobar, en el que en su día construyó 5,000 viviendas para la gente pobre, en una casa en las colinas donde se refugió días antes de morir y en la casa donde finalmente falleció. La gran atracción era poder hacerle preguntas a Roberto Escobar «El Osito», quien vivió al lado de su hermano el auge y caída del Cártel de Medellín.

La explotación del legado de Escobar desató un debate en Colombia: ¿Es legítimo comerciar con la imagen del criminal más grande de la historia del país? «Escobar despierta un morbo, una curiosidad y eso no es necesariamente malo. Está bien recordar —opinó Castaño—, el problema es que algunos nos proponen una memoria desde la admiración, no desde el espanto. Cuando un extranjero se pone una camisa de Escobar, se tatúa un brazo con su nombre, o cuelga una foto suya como se cuelga una foto de Bob Marley o John Lennon, escupe en nuestro dolor».

La fascinación por Escobar, quizá también se deba a que con él —y la muerte y extradición de los capos colombianos durante los noventa— la figura del gran padrino desapareció en Colombia. Aquella frase de «ha muerto el rey, viva el rey», se transformó en una intriga de herederos, primos lejanos, que se empezaron a pelear para ocupar el trono. El descabezamiento de los cárteles derivó en una suerte de equipo de fútbol sin entrenador, en el que cada individuo busca su cuota de poder y protagonismo. En esa caótica transición nacieron las bacrim, gestionadas por paramilitares y compuestas de mandos medios de los antiguos cárteles y delincuentes comunes. El negocio en Colombia sigue fluyendo, pero el narco es hoy más invisible, atomizado y volátil. Ya no hay *bandidos generosos*, hoy sólo hay hombres que ganan dinero a punta de pistola.

***

En Guatemala un hombre se autoproclamó pastor evangélico y desde entonces lo conocieron como el *hermano* Juan. El religioso se ganó el cariño de sus vecinos porque regalaba dinero a la señora que no tenía con qué pagar sus medicamentos y a la madre que quería comprar los libros de escuela para su hijo. Una canción en su honor, que todavía circula por internet, lo describe como *un hombre noble, en quien se encuentra siempre al amigo y la sonrisa franca*. El señor, de cabello abundante y entrecano, bigote fino, ojos achinados y cachetes carnosos, también poseía cabezas de ganado y extensas haciendas en las que empleaba a los campesinos de la zona. Vivía en el departamento de San Marcos, el más occidental de la frontera con México. Pero en marzo de 2011, las autoridades guatemaltecas, con apoyo de la DEA, capturaron al *hermano* Juan y el año pasado un avión lo transportó a una prisión en Estados Unidos para unirse a la lista de narcotraficantes guatemaltecos extraditados. Decenas de personas se vistieron de blanco y salieron a la calle portando flores, desamparados, para protestar porque se habían llevado a su benefactor.

Antes de su supuesta epifanía, Juan Ortiz, que así se llama el *hermano* Juan, era conocido por otro apodo: «Chamalé», y según la DEA era el amo del Pacífico guatemalteco. El territorio de Chamalé era «un tesoro», según Manuel Galeano, ex jefe de Inteligencia Civil de Guatemala, quien durante años persiguió el tráfico de drogas en el país. En el altiplano del departamento hacía meses que la policía no entraba después de un enfrentamiento con los campesinos, que habían cambiado el cultivo tradicional del maíz por el de la amapola. San Marcos era un «desgobierno», había dicho en esos meses el ministro de gobernación.

En un trayecto por carretera de dos horas se comunican tres de las ciudades más emblemáticas del narcotráfico guatemalteco:

1. Ocós, pueblo de pescadores compuesto por una calle principal rodeada de arena. El fin de semana los lugareños del departamento de San Marcos se acercan al lugar para asolearse, pero en los días laborables la vida parece recogerse. Cuando visitamos el pueblo, una 4x4 y una pick up nuevas estacionadas en un destartalado tendajón y la mirada furtiva de un par de personas que degustaban una cerveza fresca para paliar el calor, eran los únicos

elementos que se interponían entre la entrada al pueblo y la playa y el Pacífico. «Mucho tiempo hubo casas donde tenían a migrantes secuestrados en espera de un rescate y luego se los llevaban por el mar», dijo Monseñor Álvaro Ramazzini, arzobispo de San Marcos, una de las pocas autoridades que hablaba en público de narcotráfico y migración en San Marcos. Este feudo del Cártel de Sinaloa, de 60,000 habitantes, era vigilado por dos militares de la Fuerza Naval, 15 efectivos del ejército y seis policías. Cada día cruzaban lanchas cargadas de cocaína que remontaban hasta Salina Cruz, en el estado mexicano de Oaxaca.

2. Tecún Uman, una ciudad caótica en la que por un dólar se puede cruzar a México en una balsa, es también un punto donde confluían las rutas de migrantes y de la droga. En la frontera, el cruce de personas hacia la vecina Ciudad Hidalgo era frenético, casual. Se vendía un viaje a México como quien vende un servicio de taxi al centro de la ciudad. Un par de meses antes de nuestra visita, 40 migrantes habían sido secuestrados cuando pusieron pie en México, aunque, sorprendentemente, consiguieron escapar. «Es una ciudad con mucho miedo», dijo Ademar Barilli, un sacerdote recio, de temple de acero, que regentaba un albergue para ayudar a los migrantes centroamericanos en su camino hacia Estados Unidos.

3. Malacatán, un pueblo en el que sus habitantes aparcaban sus coches, muchos de ellos con vidrios polarizados, en la plaza central y al anochecer compraban un ceviche en uno de los puestos callejeros para disfrutar de la brisa nocturna. El paisaje sería anodino, de casas viejas de una sola planta, si no fuera porque estaba salpicado por grandes mansiones de los narcos de la zona. Una de ellas pertenecía a Chamalé.

En algunos puntos de ese «tesoro», el río Suchiate, la frontera natural en esta zona entre México y Guatemala, es sólo una exigua corriente de agua que se puede cruzar a pie en unos segundos. En Las Mercedes, un poblado guatemalteco de apenas 500 habitantes, un sargento del Ejército se paraba al lado de una palapa en la que se amontonaban barriles de combustible y un par de balsas. Era una pequeña guarida con las herramientas necesarias para contrabandear. El militar oteaba al horizonte cuando de repente señaló al fondo. Con una mano que acababa en unos dedos regordetes se cubrió del sol, y vio cómo un hombre a lomos de un caballo blanco, cargado de bultos, cruzaba la frontera fluvial como quien iba de visita a casa de su vecino. El sargento lanzó una sonrisa y volvió a la pick up en la que estaba patrullando.

Dentro del vehículo contaba que lo que acabábamos de presenciar era habitual, que muchos de los campesinos compaginaban las labores de campo con el contrabando. Por los vidrios se veía cómo las *motocross* y las camionetas, «vigilantes y transportistas», según el militar, circulaban entre las modestas casas de un piso que orillaban el camino de tierra hasta llegar a pocos metros del río. En ese enclave, a la derecha del coche, se erigía una pista de aterrizaje para avionetas y a la izquierda una inmensa finca que el sargento decía que pertenecía a «un tal don Óscar». No sabía más, tampoco había insistido, en realidad nunca había visto a ese hombre. La respuesta que había recibido siempre era sólo esa: don Óscar. El sargento encogió los hombros en señal de obviedad cuando le preguntamos sobre el tráfico de drogas en la zona, algo que el Ejército de Guatemala admite abiertamente. El gran golpe que había dado en los últimos meses, sin embargo, era la incautación de varios galones de gasolina. Aseguraba que nunca ha visto un fardo de cocaína aquí.

Sólo en la frontera con el departamento de San Marcos, el Ejército calculaba que había 54 puntos ciegos, pasos internacionales sin ningún tipo de vigilancia, como el de las Mercedes. A lo largo de los 572 kilómetros de la frontera entre México y Guatemala la cifra se elevaba a 152, según Rony Urízar, ex portavoz del Ejército guatemalteco y segundo comandante de la Brigada de la Policía Militar. Por esos agujeros negros fronterizos, sin registro de lo que entra y sale del país, llegaba combustible, cerveza, gas, aceite y dinero hacia el sur; drogas y personas camino a Estados Unidos cruzan hacia el norte. «La frontera es imposible de controlar», dijo Urízar, resignado, en sus oficinas del Cuartel Militar de Ciudad de

Guatemala, un habitáculo amplio decorado con viejas cámaras de fotografía y vídeo. Según un informe revelado por *WikiLeaks*, en 2011, en año anterior a nuestra visita, sólo 125 policías guardaban el lado mexicano; 200 el guatemalteco.

En los pasos controlados de San Marcos tampoco se interrumpía aquella cotidianidad de hombres que vivían con un pie en cada país. A pocos metros del puente que separa México y Guatemala en la frontera oficial del Carmen, decenas de personas cruzaban a pie el río con cargamentos a los hombros con todo tipo de mercancía como gasolina, gas y cerveza. Los policías los veían desde las vallas e igual que el sargento de Las Mercedes no hacían más que echar un rápido vistazo.

—Se van por el camino difícil para no pagar impuestos —dijo un cambista que nos daba casi 300 quetzales por 500 pesos, suficientes para comer y pagar el hotel de esa noche.

—¿Y cómo saben que no traen droga? —preguntamos a este señor, de origen humilde, que cada día volvía a su casa a media hora de la frontera, con miedo de que le robaran los quetzales cambiados.

—No se sabe —contestaba con frialdad, entre el bullicio de personas que cruzaban de un país a otro.

En los mapas los países se dividen por una línea arbitraria, pero sobre el terreno suelen comenzar a unos kilómetros de esa raya. La vida en la frontera pertenece a una categoría diferente. El término «fronterizos» define mejor a sus habitantes que cualquier gentilicio. El cruce intercontinental es un modo de vida. Los caminos de San Marcos estaban llenos de afiches que anunciaban gasolina mexicana *importada* a buen precio. Las divisas corren indistintamente. Las familias, en muchos casos, se conforman de habitantes de los dos países. Durante dos años cruzamos 17 fronteras, algunas por partida doble, y parecía que en ellas operaba un estado diferente, caótico, indefinido; el oportunismo y una suerte de cultura mestiza. Otros cruces eran lo más parecidos a la nada. A la frontera entre Bolivia y Paraguay, llegamos de noche, después de un viaje de 12 horas. El último tramo era un páramo sin pueblos. Cuando llegamos al control, el policía boliviano, el único que custodiaba la salida del país a esas horas, nos hizo un interrogatorio completo, fue agresivo, y nos amenazó con pasarnos a los perros por el Pointer. El único problema, decía, es que los animales estaban durmiendo. Una vez que comprobó que nuestro coche estaba todo lo limpio que podía estar —quitando un cenicero lleno de colillas, botellas de agua, revistas viejas, una vieja caja de madera llena de libros, tiendas de campaña, mochilas sucias— nos explicó que su nerviosismo era debido a que «a esas horas sólo pasan narcotraficantes». Del lado paraguayo dos agentes repitieron la misma aseveración. Dijeron que ellos de todos modos dejaban pasar a tráilers y coches hasta la base militar situada a pocos kilómetros de la frontera. Era el inicio del Chaco Paraguayo, región que representa más de la mitad de la superficie del país y sólo el 2.5% de la población. Los únicos habitantes en la frontera, además de los agentes, eran los mosquitos que revoloteaban en medio de un calor pegajoso.

En Pedro Juan Caballero, una de las cunas de la marihuana continental, se escuchaba el portugués y el español. Sólo una calle separaba al pequeño Paraguay del gigante Brasil. Si uno no conocía la ciudad, era muy común que traspasara la frontera sin darse cuenta. La calle central de Pedro Juan era un mercado enorme, en el que se comerciaba con guaraníes, moneda del Paraguay, y reales, moneda brasileña. En Guayamerín, entre Bolivia y Brasil, los brasileños acudían a gastar su dinero a las tiendas bolivianas cada fin de semana. En el sur de Texas, en Estados Unidos, estado que para el imaginario colectivo está compuesto por hombres blancos, rudos, que cuidan de sus ranchos, el 90% de la población es de origen latino y el idioma ha evolucionado hasta el *spanglish*, imposible de hablar para el resto de estadounidenses y mexicanos. Ahí había una expresión para los *despistes* de algunos patrulleros de frontera: el cigarro de los 10,000 dólares, que consistía en cuadrar las ganas de saciar el vicio con el momento en que cruzaba un vehículo que se sabía transportaba droga. En esos contextos, el tráfico y el contrabando encuentran un hábitat natural para sortear cualquier control.

El departamento guatemalteco de San Marcos era como el último tramo de cuerda sin quemar de la mecha de un cartucho de dinamita. El remoto rincón de una frontera con un padrino y una manera de hacer negocios sin sangre. «La táctica de ellos es siempre dar beneficios, trabajo, regalos, y aquí ha habido una mezcla de lo religioso y lo delictivo. Son padrinos, actúan como la mafia italiana. En San Marcos ha habido una ausencia de las fuerzas de seguridad y del Estado», dijo Monseñor Ramazzini.

Juan Ortiz pertenecía a la estirpe de los traficantes clásicos guatemaltecos, contrabandistas de frontera que se pasaron al negocio de la droga y formaron clanes familiares o mini cárteles. Uno a uno fueron cayendo: Waldemar Lorenzana, Mario Ponce, Walter Overdick. Con la ausencia del hombre que encarnaba un estado paralelo, en San Marcos la gente empezaba a especular sobre quién sustituiría al hermano Juan.

Desde Oriente a Occidente, el ex brazo armado del Cártel del Golfo había perpetrado matanzas que prendieron las alarmas de los guatemaltecos. Primero en el Petén, asesinando a 27 campesinos, y después en Huehuetenango, donde mataron a 17 personas mientras se celebraba una feria hípica. En el «tesoro» de Chamalé, si se encontraban siete laboratorios de drogas en ranchos de la zona se apuntaba a Los Zetas; si desaparecían cuatro policías sospechosos de corrupción, salía a relucir el mismo nombre, aunque no había pruebas. La única vez que el grupo de la última letra había irrumpido fehacientemente en ese feudo fue en diciembre de 2010 cuando liberaron de la cárcel de Malacatán a Élmer Haroldo Celada, supuesto sicario de la zona, acusado de asesinar a Carlos Mercedes Vázquez, futbolista del Deportivo Malacateco, de la liga Nacional. Mataron a un policía y a un civil. Doce integrantes de la banda fueron arrestados y condenados a 30 años de prisión. Una misión aislada que cuando se le preguntaba a cualquier lugareño sobre la violencia provocada por el narcotráfico, era la primera que le venía a la mente. Pero en un país dominado por viejos padrinos, los Zetas estaban creando una marca para los nuevos tiempos: el del horror como mensaje.

El comandante de Los Zetas en Poptún tenía 24 años y le gustaba demostrar que era uno de los jefes de la zona del Petén, un departamento selvático que hace frontera con Quintana Roo, en el caribe mexicano. Todos los habitantes del pueblo lo conocían y le temían. Cada día se metía en una de las tiendas, en la avenida principal, a beber alcohol e inhalar cocaína. Era su oficina. Ahí despachaba. Se sabía quién era y no le importaba. La única patrulla que había en la zona estaba a pocos pasos de la tienda, cuidándolo.

El hombre que contaba esta escena, y al que llamaremos Pedro por razones de seguridad, ha trabajado como agente de inteligencia durante los últimos siete años persiguiendo a Los Zetas. Se reunió con nosotros en un céntrico hotel de Ciudad de Guatemala, en un amplio restaurante de techos altos y numerosas mesas, ruidoso, perfecto para pasar inadvertido. Uno de esos lugares que aparentan normalidad en una ciudad oscura, degradada por la violencia. Pedro era un hombre grande, con pronunciadas entradas y cara redonda de rasgos duros. Para él la irrupción de Los Zetas era algo personal. Mientras disfrutaba de un copioso desayuno y varias tazas de café, hablaba como un cazador que persigue a su presa: «Un zeta se reconoce a 100 kilómetros de distancia. Se huele. Se siente». Pedro comenzó a desgranar la historia de violencia que azotaba Guatemala desde que el ex brazo armado del Cártel del Golfo irrumpió, dijo, el 20 de agosto de 2007.

Ese día se empezó a reescribir la historia del narcotráfico en el país. Los Zetas, ávidos de territorio, encontraron una oportunidad en el oriente —en la frontera con México, muy cerca de Honduras—, donde la poca presencia policial y militar, el terreno selvático y la difícil comunicación con el resto del país por sus caminos, fueron el territorio perfecto para un tipo de narcotraficantes nunca antes vistos aquí. Hasta entonces, Guatemala no se había encontrado en un Estado de sitio, ni con hombres decapitados en plazas públicas y mensajes en mantas amenazando con matar a gente inocente. Los traficantes guatemaltecos se distinguían por ser agentes libres, que aunque trabajaban sobre todo con el Cártel de Sinaloa, tenían el derecho de vender la mercancía al mejor postor. Matar era una posibilidad, pero la lógica de negocio imponía operar pacíficamente. Nada de lucha de plazas, ni masacres a campesinos. «Ellos (Los Zetas) rompen el esquema del narco tradicional, invaden la economía informal, utilizan a los migrantes, no tienen límite, así que empiezan a hacer una especie de franquicia en Guatemala. Los Lorenzana, los Mendoza y "Chamalé" tenían como grandes aliados al Cártel de Sinaloa. Los Zetas vienen a romper con esto», precisó Édgar Gutiérrez, ex canciller de Guatemala y director del Instituto de Problemas Nacionales. Pueblos como Morales, a unos cien kilómetros de Honduras, también Petén, fueron cerrados para los enfrentamientos entre capos, que dejaban cadáveres como parte de la estética. Masacres como la de Huehuetenango (con 17 muertos) en medio de una carrera de caballos, donde los narcos tenían hipódromos privados y militares garantizando su seguridad, cambiaron el idioma entre cárteles. En la finca Los Cocos, en La Libertad (Petén), 27 campesinos fueron decapitados el 16 de mayo de 2011 por supuestos nexos con el Cártel del Golfo. El gobierno ordenó dos estados de sitio, en Alta Verapaz y Petén, el último tras la matanza en La Libertad.

Los Zetas empezaron a dibujar un círculo desde el Petén, luego adueñándose de parte del territorio del Quiché, Alta Verapaz y luego de Izabal, al sur del país. Después irrumpieron en Huehuetenango y pelearon en Zacapa, Escuintla y Chiquimula, donde operaban en Puerto Quetzal —uno de las zonas marítimas con mayor trasiego de droga—. El cártel de la última letra controla la «ruta de ingenieros» —la droga proveniente de Honduras pasa por el departamento de Izabal, sigue a Raxruja (Alta Verapaz), cruza la frontera hacia México por Ingenieros (Quiché) y llega a San Cristóbal de las Casas, de ahí se abre en distintas vías hacia el norte.

Las mantas, amenazando al entonces presidente Álvaro Colom, y a cualquier posible enemigo, crearon un ambiente de espanto. El viernes 1 de abril de 2011, un autobús de pasajeros explotó en el oeste de Ciudad de Guatemala: una señora de 60 años perdió a su hijo ese día; dos jóvenes estudiantes, según los diarios locales, nunca llegaron al colegio; en total, seis personas murieron y ocho quedaron heridas. Marcela Rojas estuvo hospitalizada ocho días por una hemorragia interna a causa del atentado, que nunca fue resuelto. Días antes, el gobierno del ex presidente Álvaro Colom había recibido un comunicado supuestamente de Los Zetas, en el que amenazaban con «desatar una guerra» si las autoridades continuaban la persecución a ese grupo en Alta Verapaz. Para algunos expertos, como el ex canciller Édgar Gutiérrez, se trató de una imitación: «Hubo una cierta manía del gobierno de culpar a Los Zetas de todo, por eso ves zetas hasta en la sopa, porque eso vende y coloca el problema en México, como si este país fuera Costa Rica.» La Z ya había creado un *copyright*, como dice Édgar Gutiérrez, en un país donde la violencia «ya era endémica».

Guatemala sufrió la guerra civil más larga de América Latina, con 200,000 muertos, las maras luchan en el país y aunque desde 1976 existe un embargo de armas por parte de Estados Unidos debido a violaciones a los derechos humanos, no es difícil ni gravoso conseguir un arma. Una AK-47, por ejemplo, en la frontera con Honduras ronda los mil dólares. Los efectivos de la seguridad privada triplican a los de la policía y el Ejército, menguado en un 33% desde los acuerdos de paz de principios de los noventa. Los militares, en especial los kaibiles, un cuerpo de élite del Ejército guatemalteco, están en el punto de mira. En el Petén, según informes de inteligencia, donde está la escuela de kaibiles, se tiene registro de que las personas reclutadas son entrenadas y enviadas a México para participar en masacres como parte de su formación. Según las autoridades guatemaltecas, en un principio el cártel mexicano sólo reclutaba a ex kaibiles o a soldados del Ejército, por su experiencia, a cambio de unos diez mil quetzales al mes (unos mil trescientos dólares), pero debido a la demanda de mano de obra, empezaron a abrir el abanico a civiles y jóvenes. Existen informes que aseguran que por esos mismos campos también han pasado miembros de la Mara Salvatrucha, con «el objetivo de sembrar el horror». La última categoría de nuevos miembros, relata Pedro, el agente de inteligencia, empieza con el secuestro: «Los adiestran en las fincas a las que llevan a los migrantes. Los ponen a pelear hasta la muerte. Los 10 o 20 que sobreviven se quedan con ellos».

Desde el estado de sitio de Petén, los Zetas tuvieron que reestructurarse. Según informes de inteligencia, en estas áreas viven de la extorsión a finqueros y todavía no tienen una lógica militarista. De acuerdo con las investigaciones de la Secretaría de Inteligencia Estratégica, dependiente de la presidencia de Guatemala, la mayor parte de los llamados zetas en este país son locales que siguen la orden de un comandante mexicano. Sólo en ciertas misiones son enviados representantes del cártel en México. «Hay muchachitos de algunos pueblos que te dicen que quieren ser zetas porque Los Zetas son soldados invencibles», comenta Martínez Amador, profesor de Etnografías del Crimen Organizado en la Universidad Rafael Landívar.

Los ex militares han dinamitado el reparto del tablero de los cárteles tradicionales en un país por donde cada año pasan al menos 250 toneladas de cocaína y en el que las armas han sido tan cotidianas como el noticiero de la tarde. «Aquí no pueden ni van a entrar. En Guatemala acabamos de terminar una guerra de 30 años. Estamos acostumbrados —se indigna Pedro, antes de acabar su último café—. No nos va a asustar que vengan a pintar mensajes con las piernas de la gente (una práctica habitual de Los Zetas: utilizar extremidades recién mutiladas como brochas para hacer pintas de sangre). Aquí es donde se han hecho las masacres. Si vienen aquí por una guerra, la van a perder».

***

—Quiero hacer una película—, nos dijo convencido.

—¿Y de qué va a tratar?

—De narcotráfico, de qué va a ser si no —contestó el preso entre risas.

Se llamaba Rubén Martínez, era chiapaneco, tenía 52 años y una condena de 20 por tráfico de drogas. Como si quisiera reafirmar sus palabras, lucía una pluma en la solapa de su playera. «Es para escribir el guión», explicó con absoluta seriedad ese hombre de cejas pobladas y oscuras, piel tostada y unos ojos azules que a pesar de mirar a través de los cristales de unas gafas, seguían pareciendo enormes.

Martínez había llegado hacía un par de años a Costa Rica y compró un hangar para exportar mercancías, pero decía que su objetivo en esos momentos era prevenir a los niños de Chiapas sobre los peligros de la droga. Por eso quería contar en la gran pantalla cómo lo ilícito ha estado siempre presente en México: en los tiempos del tráfico de ganado, en la revolución zapatista... En los primeros veinte minutos de entrevista, apenas hizo un intermedio en el relato de su argumento para rememorar las décadas en que sobrevoló México, primero el sur y luego el norte.

—Allí piloteé varias veces avionetas del Mayo Zambada —uno de los históricos líderes del Cártel de Sinaloa—, pero que yo sepa sólo transporté pasajeros, nunca droga.

El piloto apuraba su segundo café, con poca azúcar, ya que era diabético. Conversamos en la sala de visitas de la sección de máxima seguridad de la cárcel de Reforma, a 30 minutos de San José de Costa Rica, alrededor de una mesa de plástico sobre la que uno de sus abogados, Gilberto Villalobos, había colocado un termo, unas galletas, algunas piezas de fruta y un expediente de cientos de páginas guardado en un archivador. Al lado, un colombiano y su mujer almorzaban en unos *tuppers*. Éramos los únicos habitantes de este pequeño patio de 5x3 metros rodeado de una alambrada. De vez en cuando las tertulias de las dos mesas se cruzaban ante la mirada de dos policías armados con fusiles que custodiaban a los reos.

—¿Quieren saber sobre narcotráfico? —nos preguntó el colombiano que estaba a nuestro lado, un treintañero corpulento y de cabello al rape.

Nos contó con una media sonrisa que había trabajado durante años en Panamá y Costa Rica como enlace de los cárteles de su país. Supervisaba las entregas hasta que la cocaína llegaba a manos de los mexicanos. Lo que narraba, en realidad, era un claro ejemplo de esa Costa Rica como punto de encuentro de las dos mafias más importantes del continente: la colombiana y la mexicana.

Mientras su vecino hablaba, Martínez hacía anotaciones en una pequeña hoja de papel. Reaccionaba a cualquier anécdota abriendo al extremo los ojos y guardaba largos silencios como incitando al interlocutor a que siguiera su relato. Nunca tenía la oportunidad de charlar con nadie, más allá de sus tres compañeros de celda y sus abogados. Su hija vivía en Chiapas y, la que era su novia, hacía tiempo que se había ido de Costa Rica. La última vez que se iba a encontrar con ella fue el 11 de octubre de 2010, en la frontera con Nicaragua. La Policía se lo impidió. El día anterior, una avioneta registrada a su nombre se estrelló con 177 kilos de cocaína escondidos en las alas.

En otro pabellón de la prisión cumplía condena un guatemalteco ciego y sin una pierna. Otto Monzón del Cid, de 63 años, había acabado en la cárcel de Reforma hacía dos, después de toda una vida volando avionetas. Fue lo último que hizo antes de ser detenido.

El 10 de octubre de 2010 se levantó cuando apenas amanecía y se dirigió al aeropuerto Tobías Bolaño de Pavas, a 20 minutos de la capital. Allí, acompañado de Máximo Ramírez Cotton, uno de sus socios, embarcó una avioneta Piper Navajo. Era un aparato que conocía bien: una bimotor ligera, rápida, una de las estrellas de las últimas décadas en la aviación civil. Un vuelo más para alguien tan experto. Sin embargo, a los pocos minutos, la avioneta empezó a tambalearse por el exceso de peso en las alas y se estrelló en el cauce de un río. Ramírez murió y Monzón perdió la vista y una pierna.

Las investigaciones enseguida apuntaron a Rubén Martínez. El chiapaneco era el presidente de las tres empresas para las que supuestamente trabajaba Monzón. El guatemalteco, además, lo señaló como su jefe. Según la acusación de la fiscalía, era el líder «de la organización criminal». Coordinaba todos los detalles de los operativos para que la droga llegara a su destino. También controlaba el dinero proveniente del tráfico.

—¿Cómo se enteró de que se había estrellado la avioneta?

—En la frontera, cuando me detuvieron —respondió Martínez sin perder en ningún momento la calma.

—¿Nadie le aviso al celular?

—Lo tenía apagado ese día.

—¿Pero la avioneta era de su propiedad, cómo no pudo enterarse?

Gilberto Villalobos intervino antes de que respondiera. Aseguró que unos días antes habían formalizado la venta del aparato a un guatemalteco. «Suponemos que él se dedica a algo ilícito —nos explicó—, pero ya saben que en estos temas es mejor no hacer preguntas por la seguridad».

—¿Por qué entonces estaba intentando cruzar la frontera justo el día después del accidente?

—Me iba a tomar unos días de descanso en Nicaragua con mi pareja.

Un oficial detuvo a Martínez —que iba acompañado por Elvis Mendoza, el cuarto integrante de la organización y quien también estaba en prisión— cuando intentaba cruzar por un punto «no autorizado» de la frontera. Portaba consigo un maletín con 70,000 dólares en efectivo. El agente afirmó que le ofrecieron «dádivas» como último recurso para que les dejara huir.

Las autoridades allanaron sus propiedades. En el hangar encontraron varias herramientas para la modificación de las aeronaves; en una de sus casas, el «embalaje típico» para los paquetes de cocaína. También una libreta en la que había anotaciones sobre los envíos.

Gran parte de los costarricenses, a diferencia de Martínez, se enteraron el 10 de octubre del accidente de la avioneta. Una noticia que en otros países de la región no hubiera ocupado más que un pie de página, en Costa Rica abrió las ediciones digitales de los diarios. Durante nuestra visita, casi dos años después, la Fiscalía Antidrogas lo consideraba uno de los casos más reseñables de su relativo éxito en la lucha contra el crimen organizado.

La Suiza centroamericana —como les gusta llamarse a sí mismos— es punto y aparte, como el vecino poco conocido que vive aislado en su fraccionamiento. Situada en la región más violenta del mundo, no tiene Ejército. Mientras los ciudadanos del norte circulan entre las fronteras con su documento de identidad, Costa Rica les exige pasaporte. Durante la décadas de los setenta y ochenta, mientras Guatemala, El Salvador y Nicaragua se desangraban librando guerras civiles, Costa Rica invertía en educación, salud y desarrollo. Sin ser un país rico, es el menos pobre. Aun con una tasa de homicidios de 10.0 por cada 100 mil habitantes —justo el baremo a partir del que la ONU considera la violencia una epidemia —, sus niveles son nueve veces inferiores a los de Honduras. Al país llegan cada año miles de turistas que visitan sus volcanes, sus parques naturales y sus playas. En el aeropuerto un cartel recibía a los visitantes: BIENVENIDOS AL PAÍS MÁS FELIZ DEL MUNDO. Sin embargo, antes de nuestra visita, el último Latinobarómetro —un estudio de opinión pública auspiciado por varias instituciones privadas y públicas que aplica anualmente alrededor de diecinueve mil entrevistas en 18 países de América Latina— indicaba que los costarricenses eran los centroamericanos con más sensación de inseguridad. Desde 2006 habían aparecido cuerpos mutilados, quemados, asfixiados, y se habían producido tiroteos a plena luz del día entre bandas de sicarios. Un fenómeno nuevo en Costa Rica que el ex zar antidrogas Mauricio Boraschi atribuía, en gran medida, a lo que él llamaba «la bajada de los mexicanos».

—He oído a colombianos reírse de los mexicanos, decir que son cavernícolas que aún en estos tiempos pelean las plazas y tienen una guerra contra la Policía y el Ejército —dijo Boraschi, un tipo menudo de maneras ligeras.

El zar resumía así el cambio de paradigma que sufrió su país a partir del año 2000. Después de la caída de los grandes cárteles colombianos, se produjo una reestructuración de las organizaciones criminales; bandas que habían estado al servicio de los sudamericanos durante años quedaron sin mecenas y nació una nueva estirpe: los *freelance*. Los cárteles mexicanos captaron de forma paulatina a estos grupos y se fueron adueñando del corredor centroamericano.

La presencia de narcotraficantes mexicanos en Costa Rica no era nueva. Algunos, como el mítico fundador del Cártel de Guadalajara, Rafael «Caro» Quintero, habían fijado su residencia en el país. La DEA lo capturó en 1985 mientras dormía en su mansión, en las cercanías del aeropuerto internacional. Entre sus pertenencias tenía una pistola incrustada con diamantes. Lo que cambió fue el papel de los mexicanos en la cadena. Hasta entonces, explicó Boraschi, eran organizaciones receptivas: los cárteles colombianos asumían el transporte y con ello el riesgo. En el nuevo milenio los mexicanos tomaron la iniciativa, mandaron a sus delegados a Costa Rica, asumieron el control de las operaciones, aumentaron su presencia y con ello las ganancias. Un kilo de cocaína aquí ronda los seis mil dólares, en México alcanza los 11,000, y en Estados Unidos 50,000.

—Si los colombianos hubieran luchado el territorio quién sabe cuántos muertos hubiéramos tenido —especulaba Boraschi.

El factor clave para él fue que las organizaciones post grandes cárteles aprendieron de los errores de sus sucesores y encontraron mercados más apetitosos: Europa y Asia. Desde entonces, Costa Rica se convirtió en una colonia mexicana.

Leonel Villalobos bebía un jugo de naranja, miraba constantemente el celular y saludaba a los vecinos que pasaban por la cafetería a unas cuadras de su casa. Conservaba el mismo trato amable y cercano que le valió un ascenso meteórico en su fase como político. Ex diputado, ex viceministro de seguridad y ex secretario del Partido de Liberación Nacional, en los corrillos del Parlamento se le llegó a apuntar como presidenciable. Esa posibilidad se diluyó hacía 16 años cuando lo encontraron con 1.5 kilos de cocaína en una casa al norte de la capital.

Estaba con una mujer con la que pretendía enviar más de treinta kilos de droga a Estados Unidos. Había caído en una trampa policial. Se le acusaba de estar aliado con el empresario Ricardo Alem, preso en una cárcel de Miami, y con quien supuestamente tenía una red de narcotráfico entre Colombia, Panamá y Costa Rica. Fue condenado a 12 años por tráfico de drogas, aunque sólo cumplió cinco días. Una vez en libertad, se convirtió en el «abogado de los narcos».

La mayor parte de sus clientes son costarricenses, luego mexicanos y después colombianos. «Cuando yo ingresé en la cárcel era egresado en Derecho. Salí y me gradué de abogado. Me especialicé en defender a todas las personas que estaban presas», agregó el abogado con una voz histriónica, acorde con su personalidad. Sonreía constantemente al explicar que muchos de ellos habían sido agentes libres, que trabajan al servicio de mexicanos o colombianos. Pero decía que hacía tiempo que los mexicanos eran predominantes. El Ministerio de Seguridad afirma que operan en el país el Cártel de Sinaloa, la Familia Michoacana y el Cártel del Golfo.

Hacía unos meses Leonel Villalobos, quien trabaja con Gilberto Villalobos —su «primo», por tener el mismo apellido—, buscó por todo San José una casa para que los mexicanos Rubén Martínez y Elvis Mendoza pudieran cumplir la prisión preventiva bajo arresto domiciliario. La encontró. Aunque la jueza autorizó el cambio, el gobierno se opuso. Los vecinos salieron a las calles a manifestarse. Alegaban que «el pueblo corría peligro».

—Es como si usted vive en una casa y, a la par suya, vive un violador y se le dice que no puede vivir allí aunque sea dueño de la casa. Se violó el derecho de propiedad y no ejecutaron la decisión de la jueza —expuso Villalobos, por unos instantes serio.

A su lado se encontraba Guido, un abogado italiano que llevaba toda la vida entre Costa Rica y Panamá. Decía que en algún momento vivió en casa de la cantante Yuri en la ciudad de México, que una vez vio a un narcotraficante con un Ferrari en La Habana y que, cuando estuviéramos en Colombia, le llamáramos porque nos podía presentar a un narcotraficante famoso en cuya casa, incluso, podíamos alojarnos.

Ambos hablaban sobre su experiencia en el mundo de la justicia costarricense. Alegaban que el delito de narcotráfico se había «satanizado» y que tanto a nivel político como judicial se hacía todo lo posible para cerrar un caso con éxito aunque se violen muchas leyes para hacerlo. En el caso de los mexicanos, Villalobos fue separado de la causa supuestamente por haber presionado a un policía testigo para que presentara un informe a favor de sus clientes. Meses después, el testigo reconoció que lo confundió con el otro Villalobos y lo restituyeron en el caso. Aunque puso una demanda por el error, fue desechada.

En 2011, otros clientes suyos, ecuatorianos, fueron acusados de transportar 320 kilos de cocaína, a pesar de que se les encontró lejos del cargamento. Cayeron gracias a las escuchas telefónicas que, según Villalobos, es el método que utiliza la Policía para actuar sobre algún sospechoso aunque está prohibido por la ley. «La mercancía encontrada nunca fue analizada —aseguraba el abogado—, nunca se supo si se trataba realmente de cocaína o harina para hornear.» Los ecuatorianos fueron condenados.

Leonel Villalobos llegó a su juicio con dos paquetes blancos plastificados y los puso sobre la mesa del juez. Enfrente de fiscales, abogados, testigos y acusados, el ex diputado comenzó a gritar en la sala: «Yo digo que estos son dos kilos de cocaína, ¿puede usted, señor juez, probarme que no lo son?».

Unos meses antes de nuestra visita, un helicóptero no identificado pasaba por el cielo de Costa Rica. Sin Fuerza Aérea, el sistema de vigilancia es precario. No existe un sistema de rutas aéreas, sólo hay alianzas de monitoreo con países aledaños y Estados Unidos. Por más que se le pidió al piloto que bajara para identificarse, nunca lo hizo. El helicóptero se fue a Nicaragua. «Nosotros no supimos qué pasó porque pasamos la estafeta al siguiente país en cuanto sale de nuestro territorio», afirmaba Carlos Alvarado, director del Instituto Costarricense sobre Drogas (ICD), que se encarga de realizar todos los decomisos de narcóticos y seguir las cuentas financieras de grandes narcotraficantes.

En su oficina, ubicada en un edificio laberíntico en el centro de la ciudad, Alvarado defendía la lucha pacífica contra el narcotráfico.

Las avionetas no eran una prioridad porque el mayor problema es el tráfico marítimo. La droga llega por las dos costas al país y se queda guardada durante meses en apartamentos o almacenes retirados para «enfriarse» y así sea más difícil de rastrear. Costa Rica es una especie de bodega de 51,000 kilómetros cuadrados. Después la droga se exporta. La mayor parte de las veces vía marítima, mientras que el dinero llega vía terrestre.

Uno de esos casos involucró a Don Mario, quien había sido chofer durante 40 años. Hacía tres meses un hombre lo llamó para un encargo. Consistía en llevar un tráiler de Nicaragua a Costa Rica. No sabía qué había en él. El hombre, de 65 años, se ofreció a hacer el recorrido porque su hijo no podía llevarlo aquel martes y la paga le venía bien. Lo hizo como siempre, como si llevara arroz o electrodomésticos en su contenedor. Al cruzar la frontera y enfrentarse a la revisión de costumbre, se percató de repente que pasaría la vida tras las rejas. Un millón de dólares estaban escondidos en su vehículo. Leonel Villalobos, su abogado, decía que tiene pocas posibilidades de salir: «Mientras lo detienen a él, otros 10 camiones están cruzando la frontera al mismo tiempo».

De 2002 a 2011, el ICD quintuplicó el número de casos sobre narcotráfico. Pasaron de 100 a 500 por año, indica Alvarado. El fenómeno también tiene que ver con la presencia de los mexicanos. Al hacerse cargo de la logística y por tanto, de la ganancia, los cárteles también cambiaron las formas de pago. El dinero fue sustituido por mercancía y así comenzó a crecer el mercado interno.

«Centroamérica dejó de ser una ruta de paso mecánico, intacto y empieza a transformarse con el uso de la cocaína y el *crack*. En el caso de Costa Rica uno puede explicar el incremento explosivo de la delincuencia común de forma paralela a como fue impactando y penetrando el *crack* en nuestra sociedad», dijo el ministro de Seguridad, Mario Zamora. Según la Encuesta Nacional sobre Consumo de Drogas, en los últimos 15 años el porcentaje de consumidores se triplicó, aunque continuaba siendo marginal (1.2%).

Al preguntar a todo tipo de autoridades cómo saben que se trata de mexicanos, todos insisten en la violencia. El fiscal Walter

301

Espinoza decía que sólo falta echar un ojo a los expedientes. En 2010 investigaron a tres costarricenses vinculados a organizaciones mexicanas que aparecieron quemados en cuanto la Policía supo de ellos. Recientemente dos mexicanos investigados habían sido encontrados asfixiados. Hasta hacía una década no era normal encontrar personas decapitadas, quemadas, envueltas en adhesivos y asfixiadas. «Nosotros lo atribuimos al desplazamiento de organizaciones mexicanas a nuestro territorio y a luchas internas entre ellos, ya sea por el tráfico o por controlar la plaza, o como acciones punitivas. La violencia es su único recurso para mostrar su fortaleza».

—¿Proceso de colonización? —le preguntamos

—Va de norte a sur y no se detiene.

Casi una treintena de mexicanos, según un informe de la Secretaría de Relaciones Exteriores de México, estaban presos en Costa Rica. Las autoridades los apuntaban como los jefes de las operaciones en el país, los que manejaban el nuevo esquema del narcotráfico: más violento, más pragmático e, incluso, más rentable. «Los mexicanos son más celosos con la plaza y presentan niveles de avaricia diferentes. Hemos detectado que no tienen interés en integrarse en la estructura social de nuestro país, sino que vienen a trabajar. Y su trabajo implica hacer lo que sea para conseguir el rédito que implica el tráfico de drogas. En cambio, el colombiano traía a su familia y pensaba que Costa Rica era un país donde podía hacer su vida», analizaba el Fiscal Antidrogas, Walter Espinoza.

En Costa Rica, la pena por un delito de narcotráfico (de ocho a 20 años) es más alta que la de homicidio (de 12 a 18). «A nivel político y judicial se considera que toda la problemática social es por el narcotráfico, sin analizar que todo deriva de la desigualdad social, la falta de oportunidades y una sociedad de consumo —aseguraba el abogado Leonel Villalobos—. Hay algunos que no han hecho absolutamente nada y están condenados. Condenaron a uno por el supuesto uso de un teléfono y ni siquiera estuvo en el lugar de los hechos».

A su juicio, los mexicanos seguían condenados por esta cultura. El de Rubén Martínez era el caso más mediático que le ha tocado defender. Dijo que hizo la apelación, que ha demostrado que Martínez vendió la avioneta días antes de que esta cayera con los paquetes de cocaína, que el dinero que portaba está inscrito en la notaría en México y que era legal, que sus transferencias bancarias han sido comprobadas por el banco HSBC. También, que ningún testigo podía ubicarlos en el aeropuerto los días previos a que volara la avioneta, que él ordenó que se desocupara el hangar antes de que pudiera volar ese día y que no existe ningún nexo causal que demuestre que los mexicanos hayan sido narcotraficantes. Todas estas pruebas, insistía, han sido desechadas.

—Es muy difícil ganar un delito de narcotráfico. Menos mal que yo sólo defiendo a inocentes —cerró mientras reía sarcásticamente.

A Martínez, su cliente, le preguntamos también sobre la inocencia.

—¿Si eres inocente por qué estás en la sección de máxima seguridad?

—Pues no sé, porque soy mexicano —respondió mientras encogía los hombros.

Antes de despedirse, pidió una pluma negra a su abogado para continuar con el guión de la película.

***

Eduardo Macedo tuvo una hora para elegir si se montaba en una camioneta y dejaba su vida atrás. La misma decisión tuvieron que tomar el resto de vecinos de Santa María del Sur, una pequeña comunidad compuesta de tres ranchos en la sierra de Guerrero, México. Ocho camionetas se alinearon en la calle de terracería para huir de sus casas y de sus cultivos. A Macedo, que no tenía vehículo, le sobró esa hora. Ya no había espacio para cargar ninguna pertenencia, más allá de la ropa que llevaba puesta aquel día y el poco efectivo del que disponía. Su hijo pequeño de 5 años se despidió de su becerro, toda la familia —su mujer, su madre y su hija, de 14— salió amontonada en la parte trasera de una de las furgonetas. El Ejército podía escoltarlos durante unas horas para bajar de la sierra por las angostas y serpenteantes carreteras de terracería. Aunque no confiaban demasiado en los militares, a los que habían pedido ayuda inútilmente para intentar permanecer en sus casas, cualquier cosa era mejor que bajar por la sierra sin ningún tipo de protección. Aquel día de junio de 2014, hubo unanimidad entre los vecinos y Santa María del Sur se convirtió en un pueblo fantasma. Los únicos habitantes que permanecieron fueron los perros y los traficantes que regentaban los campos de amapola.

Santa María es uno de esos pueblos de la mano de Dios que proliferan en México, de aguas puras, tierras fértiles y campesinos que no saben hacer nada más que ser campesinos. Eso es todo.

—Nunca le pedimos nada al Estado, votábamos por votar, ¿para qué necesitábamos gobernador?—explicó Macedo resignado.

La diáspora de los poco más de cien habitantes de la comunidad había comenzado unos meses atrás. Dos grupos rivales se enfrentaban con frecuencia por el control de los plantíos de amapola. Cuando uno de ellos se hizo dominante, les dio a los campesinos tres opciones: o trabajaban para ellos, o abandonaban el pueblo, o morían. La cuarta opción, en un país que funcionara, sería denunciarlo a las autoridades, pero en lugares como Santa María hace tiempo que México es un Estado —si es que existe el Estado— que no funciona.

Cuando Macedo asomó por la puerta de un salón de fiestas de Chilpancingo, la capital del Estado de Guerrero, reconvertido los últimos cinco meses en vivienda para todo su pueblo, lo tenía claro: «Si te metes con ellos, matan a tus hijos». El hombre, de 36 años, vestía la misma ropa con la que abandonó en su momento el pueblo: una camiseta sin mangas, unos shorts caquis y unas sandalias. Tenía un pequeño derrame en el ojo derecho y lucía un fino bigote al estilo Pedro Infante. Se sentó en una cafetería, a pocos pasos de su casa provisional, porque las autoridades impedían el paso. Con voz cansada contaba que los inodoros se atascaban, que se hacían largas colas en las duchas después de que algunos de los hombres, reconvertidos en albañiles, llegaran de trabajar por una miseria y que no contaba más porque vivían de ayudas estatales y de la caridad de algunas organizaciones. Algunas personas enfermaron al consumir el agua de la ciudad, acostumbrados a beber directamente del río. Los ancianos se desesperaban por el calor. El alcalde de Chilpancingo sólo los había visitado una vez.

—¿De qué vamos a vivir si no sabemos hacer otra cosa?—se seguía lamentando.

Macedo ahí hablaba en calidad de representante, porque él durante 18 años vivió en Estados Unidos sobreviviendo en trabajos eventuales. Pero la mayoría de sus vecinos nunca había salido del pueblo.

—Sentimos que no la podemos hacer aquí, pero tampoco podemos regresar.

Los que regresaron fueron algunos ancianos, que con narcos o sin narcos preferían ir a morir a sus casas.

Durante nuestra conversación Macedo nunca dio un nombre, no etiquetó a la banda que le privó de su casa en ningún momento. En muchas ocasiones los afectados no concretan por miedo a represalias, pero parecía que él no lo hacía porque le importaba muy poco y, además, no lo sabía.

Desde principios de los noventa en México se dibujó un mapa claro, con territorios definidos bajo el dominio de grandes cárteles como el de Sinaloa, el Golfo, Juárez, Tijuana o Guadalajara. La lógica del negocio era que con una buena repartición todos podrían sacar una generosa tajada. Pero al igual que ocurrió en Colombia, mientras los jefes tradicionales morían por pugnas entre cárteles o eran arrestados, proliferaron los nuevos grupos. La guerra frontal contra el narcotráfico propuesta por el ex presidente Felipe Calderón y la irrupción de Los Zetas, un grupo con un descomunal poder militar y sin territorio, aceleraron el proceso. Sólo Guerrero, según un informe de la PGR, operan 26 grupos criminales dedicados al tráfico de drogas, ramificaciones de cinco cárteles —Los Beltrán Leyva, Los Zetas, El Cártel del Pacífico, los Caballeros Templarios y el Cártel de la Barbie— y en todo el país hay 88 grupos. En México, país que domina el narcotráfico mundial, hoy conviven los viejos y los nuevos narcos. Un caso curioso es que los sinaloenses suelen bromear con que sus narcos son mucho más respetables, que mantienen la plaza tranquila, que hay unas normas claras que seguir y que utilizan la violencia sólo en casos puntuales, mientras desprecian a esa nueva estirpe que se dedica a colgar cadáveres en los puentes. El negocio, sea como fuere, siempre continúa. El único imprescindible en el narcotráfico es el dinero.

El 1 de octubre de 2014 fue detenido en un restaurante de San Miguel de Allende, en el Estado de Guanajuato, Héctor Beltrán Leyva, que después de la muerte de su hermano Arturo en 2009 se había hecho con el control del cártel que lleva sus apellidos. «Con su captura, la organización bajo su liderazgo pierde influencia en una decena de Estados», dijeron las autoridades. Cinco días antes, el 26 de septiembre, Guerreros Unidos, una de esas franquicias de nuevos narcos, surgidos al abrigo de los Beltrán Leyva, perpetraban la matanza contra los 43 estudiantes de Ayotzinapa.

En realidad, además de las tres opciones que los narcos les dieron a los habitantes de Santa María del Sur —trabajar para ellos, abandonar sus casas y morir— y de la propuesta de denunciar si México fuera un país normal, hay una quinta: armarse, algo que ha ocurrido en varios pueblos y municipios del país.

Eso hizo Amir Zapata, una mujer que regenta un restaurante en Xaltianguis, un pueblo de 10,000 personas a una hora de Acapulco. Si no conociéramos la historia de Zapata parecería cualquier mujer de pueblo, de esas extremadamente hospitalarias, que nos preparó unos tamales al carbón y un delicioso mole verde para la comida. Pero en este mismo negocio, conformado por una palapa con unas seis mesas de plástico y una tiendita de abarrotes, tuvo que esconderse en más de una ocasión. «Sabíamos que estábamos bajo el narcogobierno», dijo Amir, que sin perder la dulzura hablaba con seguridad. Una de esas ocasiones, mientras dormía en su cuarto escuchó los gritos de Sergio, como llama al traficante que dominaba el pueblo. Muerta de miedo se agazapó debajo de la cama. El narco, que era de buen beber, gritaba pidiendo cerveza.

Al final, él mismo se sirvió y se fue. A su hermano, en otra ocasión, le puso la pistola en la cabeza para reclamarle alcohol. En el pueblo también cuentan que borracho, Sergio mató a un adolescente porque estaba sentado en el banquito de la plaza donde le gustaba beber hasta perder el sentido y se lo llevó en la cajuela del coche para enterrarlo.

Los habitantes de Xaltianguis (que significa mercado en la arena), vivían entre el comercio, el cultivo de los alrededores y las discusiones a tiros de un par de familias asociadas a grupos de traficantes. Todo el mundo recuerda que hacía un par de años hubo una balacera que duró cinco horas en el campo de fútbol del pueblo. Según las cuentas del Ejército murieron cinco personas, pero las cuentas populares elevaban la cifra a unas 30. Presa del miedo y sin ayuda de la policía, decidieron aguantar hasta que la violencia se transformó en extorsión y vieron que era imposible sobrevivir. Los traficantes, también de un grupo indefinido, empezaron a pedir cuota a los comerciantes, unos 500 pesos semanales por negocio. Cada viernes pasaban a recolectar. Hasta que algunos locales pidieron ayuda a las autodefensas –grupos de civiles armados– de pueblos vecinos. Uno de esos viernes, cuando aparecieron los recolectores, fueron repelidos a tiros. A partir de ahí se formó la policía comunitaria de Xaltianguis.

Las mujeres se unieron cuando empezaron a ver que en el pueblo había una mafia de trata de blancas y secuestros de chicas. Zapata se enteró de que se habían llevado a una menor y la buscó, junto con otras compañeras, por los cerros de alrededor. Ocho días después encontraron sus huesos en una fosa.

El domingo era el día en que las autodefensas del pueblo hacían una ronda de inspección. Subidos en un camión y tres furgonetas un centenar de hombres patrullaban la zona, todos vestidos con una camiseta verde olivo en la que se leía Policía Comunitaria. Entre los agentes improvisados había adolescentes y señores mayores. Uno de ellos, después de un par de horas bajo el extremo calor, caería rendido de la furgoneta. Todos se mostraban orgullosos de haber ahuyentado a los traficantes del pueblo. En sus manos curtidas cargaban rudimentarias escopetas de caza. Aquí no parecía que hubiera llegado el dinero del narcotráfico, sino que sólo eran hombres desesperados sin más opción. Como decía Zapata, «algunos se corrompen».

En la costa de Guerrero y en Michoacán, estado vecino, algunas autodefensas que nacieron como solución para el pueblo se convirtieron después en su azote y en los dueños del negocio de las drogas. En ocasiones la violencia se reproduce con la misma lógica que los antídotos contra las mordeduras de serpientes, creados a partir del veneno que se le inyecta a un animal capaz de desarrollar anticuerpos que sirvan para combatirlo. En sociedades sin defensas, es muy probable que la enfermedad no se convierta en cura y no hay diferencia entre una y otra.

Durante el recorrido, en una esquina aparecía la fachada de una casa salpicada por agujeros de bala. Todos los agentes civiles se habían cansado de la violencia cotidiana y muchos tenían cuentas pendientes. Ángel González, un hombre de 45 años, gafas de sol y sombrero, contaba que se había alistado después de que el Cártel de la Barredora secuestró a su hermano en Acapulco, donde tenía una papelería. Los secuestradores le pidieron un rescate a su madre de 700,000 pesos (unos cincuenta mil dólares) de los que consiguieron juntar medio millón. Después de entregar el dinero, su hermano nunca apareció.

Aquel domingo soleado de historias de violencia fue un día tranquilo. Los agentes saludaban amablemente a la gente que se cruzaba en su camino, al fin y al cabo vecinos a los que cuando no se vestían de verde y cogían su fusil les vendían el pan o les servían unos huevos a la mexicana para el desayuno. Las autodefensas de Xaltianguis visitaron una comunidad vecina donde se iba a instaurar otra policía comunitaria. En un comedor improvisado conformado por dos largas mesas de plástico en la parte trasera de una tienda de abarrotes, que vendía cigarros con sabor caduco, degustamos un pozole casero cocinado a la leña, un plato típico de la región. La única incidencia del día fue la discusión de los 100 policías con tres hombres que disfrutaban de un día de campo con su familia. Los policías comunitarios se bajaron de los vehículos y los rodearon. Les hicieron abrir las cajuelas de los coches y después los cachearon. Los interrogados empezaron a enojarse.

—¿Buscan droga? ¡Busquen, busquen! —gritó uno de ellos, vestido con una camisa ceñida por la que asomaba una gran barriga.

El hombre se movía como un pollo sin cabeza, vencido por la ira, en busca de uno de sus tenis, que los policías le habían ordenado quitarse. Su mujer gritaba histérica e insultaba la hombría de los agentes.

—¡Todos juntos son muy valientes!

Los policías comunitarios comentaban que eran delincuentes habituales de la zona, aunque no encontraron armas o droga en su vehículo o entre sus vestimentas. Parecía que lo único que habían hecho era beber muchas cervezas de más. En un principio los dejaron marchar, pero mientras comíamos los mismos hombres llegaron de nuevo para increpar a los agentes. Algunos de ellos se levantaron de la mesa y acudieron a la provocación. Esta vez detuvieron a los hombres.

Cuando acabó la ronda y volvimos a Xaltianguis era de noche. En la comisaría, situada en el centro del pueblo, el centenar de policías se bajaron de los vehículos en el aparcamiento del edificio y formaron círculos para charlar. La familia de los hombres detenidos también estaba allí, sentados en un banco de madera. Una de las esposas se preguntaba quiénes eran esos tipos para encerrar a nadie. Lloraba de rabia.

Eliot Ness, el agente del Tesoro estadounidense, famoso por sus esfuerzos para hacer cumplir la Ley Seca en Chicago, celebró con una copa el fin de la prohibición. Durante 13 años, el alcohol fue vedado como consecuencia de las acciones del Movimiento de la Templanza, un grupo aliado a varios líderes religiosos que sostenía que la venta y consumo de licores llevaban a la decadencia social y eran los culpables de la prostitución, la delincuencia y algunas enfermedades. En 1919, la corriente prohibicionista, que tenía activistas como Carrie Nation —una mujer que rompía botellas y atacaba bares con un hacha en una mano y una Biblia en la otra— logró una enmienda a la Constitución y a partir de enero del siguiente año «las puertas del infierno se cerraron para siempre», en voz de los representantes de la Templanza.

Con la prohibición surgió el crimen organizado. Aunque la oferta se vetó, la demanda continuó. La venta clandestina de alcohol, que los traficantes producían en bodegas y almacenes de manera ilegal, o la importaban de Canadá y México, se disparó en las grandes ciudades, al igual que los precios en el mercado negro, y la mafia se extendió por todo el país aumentando drásticamente el homicidio, el robo y la corrupción.

Ya por 1930, la sociedad estadounidense culpaba a la ley de la criminalidad. Incluso el gran magnate John D. Rockefeller, que había apoyado la prohibición, cambió de parecer. «Ha aumentado el consumo de alcohol, se han multiplicado los bares clandestinos y

311

ha aparecido un ejército de criminales», refirió en aquel momento. Antes de la Ley Seca había 4,000 presos en las cárceles federales. Para 1932 la cifra llegaba a los 26,859. Tres tercios de la población apoyaban el fin de la veda y Franklin Roosevelt prometió en campaña su derogación. Un año después, cuando fue electo presidente, cumplió su promesa y la Ley Seca pasó a la historia.

La cocaína, la heroína y el *crack* son hoy lo que en su momento fue el alcohol.

«La ley seca convirtió en criminales a medio millón de personas, pero no produjo la condena de grandes traficantes o productores de alcohol», refiere el escritor Antonio Escohotado en su libro *Historia general de las drogas*. Al Capone, el líder de la mafia en Chicago, fue juzgado por delito fiscal y no por ser contrabandista o dueño de bares ilegales. Las cabezas del negocio permanecieron siempre indemnes por sus apoyos políticos y matones a su servicio. Algunas familias como los Kennedy, que durante una década se habían dedicado también al contrabando, se enriquecieron en cuanto se abolió la ley gracias a la inmensa bodega de whisky que tenía el patriarca de la familia, Joseph Kennedy. Un futuro, que según aquellos que se oponen a la legalización, podría pasar con la regulación de los narcóticos.

Una vez derogada la prohibición del alcohol quedaba saber qué pasaría con la Ley Harrison, que desde 1914 prohibía el consumo de narcóticos sin receta médica. Las organizaciones criminales que surgieron durante la veda estaban amenazadas por la ruina, pero tenían ante sus narices una oportunidad: una nueva restricción, una industria química que ya usaba la morfina, la heroína y la cocaína y un grupo social asiduo a las drogas. Escohotado afirma: «La ley creó al traficante de drogas y el traficante creó al adicto».

Varios médicos protestaron de que fuera la policía quien dictara cuánto y cuándo se podían recetar ciertas drogas. «La prensa corrompe de modo deliberado y sistemático a la opinión pública, presentando el vicio de ciertas drogas como si fuera una enfermedad», decía un grupo de doctores encabezado por E. Bishop en una editorial publicada en el *Journal* de la Asociación Médica

Americana. «Querer curar un vicio llamándolo enfermedad y delito es un modo infalible de convertirlo en enfermedad y delito».

Con la ley aumentó la corrupción. Varios policías infiltrados pedían droga a los médicos y después los encarcelaban. Además el contrabando se cuadruplicó y de 10,000 personas en prisión solo unas trescientas seguían abstemias a los cinco años de abandonar la cárcel. Para 1928, un tercio de los presos tenían que ver con opiáceos y cocaína, por lo que el gobierno tuvo que crear granjas narcóticas para combatir la sobrepoblación.

Durante la década de los treinta Estados Unidos vivía un auge de la marihuana. El cáñamo servía para la elaboración de hojas en los libros, de cuerdas para los barcos, así como de pinturas y barnices. De hecho, Henry Ford construyó su primer modelo de automóvil utilizando esta materia prima. Asimismo, el *cannabis* servía como medicamento para tratar ciertas enfermedades. No obstante, el Estado, encabezado por Harry S. Anslinger, primer comisionado del FBN (Federal Bureau of Narcotics), promovió junto con ciertas compañías privadas una campaña de desprestigio contra este narcótico denunciando que era nocivo para la salud y para la sociedad y que su consumo, cultivo y distribución debían ser perseguidos.

La transnacional Dupont, dedicada al negocio petroquímico, consideraba al cannabis como una seria amenaza porque de él se derivan fibras que reducen el consumo de nylon, un producto clave para la firma estadounidense que lo utilizaba como combustible vegetal y era su principal apuesta por los hidrocarburos. Al tiempo, la Hearst Company, del magnate William Randolph Hearst, controlaba la producción de papel y era proveedor de Kimberly Clark, por lo que se unió a la campaña, a través de su conglomerado de medios, para criminalizar la hierba. Hay un rumor nunca comprobado de que Anslinger se reunió con los empresarios más poderosos para pactar la guerra con el *cannabis*.

Para 1937 se tipificó la producción, dispensación y posesión de marihuana. Un informe de la alcaldía de Nueva York, que desapareció durante 30 años, negaba su carácter adictivo y la tendencia a la violencia que alegaban los antidrogas. Dos informes del Ejército sobre sus tropas en Panamá concluían que no era aconsejable vetar su consumo. Pero sin importar los documentos a su favor, ese año se aprobó la Ley de Tasación de la Marihuana, que caracterizó todas las leyes contra los narcóticos de los próximos años.

Cuando en 1961 se firmó la Convención Única sobre Estupefacientes, el tratado internacional contra el tráfico ilícito auspiciado por Naciones Unidas, la cocaína no suponía un problema global. Durante la Segunda Guerra Mundial, las rutas comerciales de la droga habían sido cortadas y el consumo era menor. Se le veía como una droga *chic* y sofisticada que usaban las élites, pero que era cara y difícil de conseguir. La década siguiente, sin embargo, nació una nueva demanda y con ella la historia del narcotráfico actual, cuando la cocaína se convirtió en esa reina blanca que domina al mundo.

En los años setenta el entonces presidente de Estados Unidos, Richard Nixon, declaraba: «El enemigo público número uno de Estados Unidos es el consumo de drogas y para derrotarlo hay que crear una nueva ofensiva.» Las protestas en las calles de Nueva York y Washington en contra de la guerra de Vietnam se aderezaban con el espíritu hippie y el consumo de la yerba al ritmo de Bob Marley. En los barrios de población negra, marginales y violentos de las grandes ciudades, proliferaban los usuarios de heroína. «Fue una política que nació por causas racistas. Una campaña en contra de sus enemigos políticos», aseguró Paul Gootenberg, especialista en historia de las drogas.

El plan de Nixon consistía en aplicar un castigo severo a los involucrados en la producción, distribución y consumo de drogas con la idea de que esto eventualmente reduciría su oferta y por tanto, su demanda. Más tarde se crearía la Drug Enforcement Administration (DEA), la agencia responsable de coordinar las investigaciones de narcóticos fuera del país. En 1971, la tasa de homicidios en el continente era de ocho por cada 100 mil habitantes, según la Oficina de las Naciones contra la Droga y el Delito. Cuatro décadas después de lo que se considera como el inicio de la guerra contra las drogas, en el continente americano los homicidios casi se han duplicado, con casos flagrantes como el de Honduras, el país más violento del mundo. Anualmente se han invertido unos 100 mil millones de dólares en la política prohibicionista y los consumidores han crecido cada año hasta llegar a los 300 millones en todo el mundo.

La cocaína, por aquel entonces, ni siquiera figuraba entre las mayores preocupaciones de Nixon. En aquellos años apenas cruzaba la frontera estadounidense una tonelada anual. Pero él convenció a un continente de que su principal enemigo era el enemigo común de todos.

La lógica de esta política, explicó Gootenberg, era que si se presionaba con medidas políticas y militares a los pequeños y localizados productores, situados en su mayoría en Perú, la oferta escasearía, el precio de la droga se incrementaría y el consumo descendería abruptamente. Las consecuencias fueron las contrarias: los contrabandistas extendieron sus redes para escapar de la presión policial, la cocaína se convirtió en un sustituto de la heroína y se democratizó, el precio se ha mantenido estable durante décadas y un negocio minorista y pacífico se convirtió en un problema global y violento. En los 90, después del auge de los grandes cárteles colombianos, la cantidad de cocaína que llegaba anualmente a Estados Unidos rozaba las mil toneladas. Hoy, cuando el mercado está mucho más diversificado hacia Europa, se calcula que todavía cruzan entre 400 y 600 toneladas. Es lo que Gootenberg llama el efecto boomerang.

En 2016 se celebrará en Nueva York la sesión especial de la Asamblea General de Naciones Unidas sobre Drogas (UNGASS, por sus siglas en inglés), un cónclave que no se lleva a cabo desde 1998, y que marca la hoja de ruta mundial en materia de política de drogas. «En la última reunión se marcaron objetivos risibles como acabar con la mitad de la producción de coca, esta vez va a haber un diálogo mucho más vigoroso», nos dijo Ethan Nadelmann, director ejecutivo de la Drug Policy Alliance, una de las fundaciones que están detrás del cambio de discurso de muchos presidentes y ex mandatarios latinoamericanos en materia de drogas. La fundación calculó en 2011, cuando se cumplían exactamente 40 años del discurso de Nixon, que Estados Unidos había gastado un trillón de dólares en combatir el tráfico de narcóticos.

Nadelmann nos contaba en su oficina de Manhattan que irónicamente uno de los principales impulsores de la búsqueda de políticas alternativas fue Felipe Calderón, «el campeón de la guerra contra las drogas». Mientras en México desataba una confrontación directa que causó miles de muertos, en Estados Unidos le decía a las autoridades que si no bajaba la demanda del vecino del norte, había que explorar otras medidas. El mismo discurso mantuvo en 2012, en su última comparecencia como presidente ante las Naciones Unidas. «Cuando lo conocí le pregunté si se refería a la legalización y me respondió que por supuesto», recordaba este hombre alto, calvo, que todavía asoma unos cuantos cabellos rubios.

Más allá de las palabras de Calderón, el punto de quiebre que solidificó el debate sobre una alternativa a una guerra que en términos de seguridad, salud pública y económicos, no ha conseguido sus objetivos, fue el informe publicado en 2009 por la Comisión Latinoamericana sobre Drogas y Democracia, creada por los ex presidentes Ernesto Zedillo (México), Fernando Henrique Cardoso (Brasil) y César Gaviria (Colombia). Era la primera vez que un texto público, con el respaldo de varios ex mandatarios, rechazaba frontalmente la prohibición. Desde entonces otras voces tan dispares como las del presidente de Guatemala, Otto Pérez, un ex militar; el presidente de Colombia, Juan Manuel Santos, el presidente Enrique Peña Nieto o el presidente de Uruguay, un ex guerrillero, José Mujica, han apoyado vías alternas.

Uruguay se ha convertido en el primer país del continente en regular la producción, distribución y consumo de *cannabis*. En 23 estados de Estados Unidos se ha aprobado la venta de marihuana con usos medicinales, y en Colorado y Washington también es legal su uso recreativo. En Holanda existe tolerancia con los *coffee shops*, establecimientos donde se vende y consume la yerba; en Portugal la tenencia no está penada; en España no es delito el consumo privado, aunque sí el público. En Corea del Norte, directamente, la marihuana y el opio no son consideradas droga. En el Distrito Federal de México también se prepara un proyecto para regularla.

El fracaso de la guerra contra las drogas, que ha derivado en más muertos y consumidores que nunca, está planteando un nuevo panorama en materia de políticas públicas: un paso a paso en el que la palabra prohibición quede sepultada, acercándose a una regulación escalonada de los narcóticos. La marihuana, una droga blanda aceptada socialmente más que el resto, es el primer objetivo.

***

Nelly Santos esperaba con preocupación a su hijo después de recibir una llamada de la escuela. Daniel llegó a casa cabizbajo, con la visera de la gorra tapándole la cara y los ojos enrojecidos. Lo habían descubierto fumando marihuana junto con otros compañeros. El primer pensamiento de Nelly, enfermera de 58 años, fue: «va camino a la perdición». Había escuchado historias de personas que cuando consumían *cannabis* se volvían locas, se convertían en criminales o arruinaban su vida y la de quien los rodeaba. Pero al ver la vergüenza, la apatía y el temor con el que su hijo cruzó el umbral de la puerta, cambió de actitud en pocos segundos. Lo abrazó y le dijo: «Espero que lo dejes pronto. Pero si no, esta es tu casa, tu refugio». Al poco tiempo, un 31 de diciembre, el día del cumpleaños de Nelly, Daniel encendió un *porro* y se lo pasó a su madre. Fue la primera vez que ella probó la marihuana.

Quince años después de esta escena, el 31 de julio de 2013, mientras en Uruguay se esperaba que el Congreso votara la ley sobre la producción, venta y consumo de esta planta, Nelly Santos enseñaba alguno de los cogollos (o brotes) de su última cosecha. Era una mujer morena y baja, de voz delicada, que vestía ropas holgadas y recogía su cabello negro azabache en dos largas trenzas. Hacía tres años que se había convertido en cultivadora, una de los alrededor de cinco mil que la Junta Nacional de Drogas de ese país calcula que hay, aunque la Asociación de Estudios del Cannabis del Uruguay (AECU) eleva la cifra hasta 12,000.

«Primero le permití a Daniel fumar en casa para protegerlo de la calle. Me daba miedo lo que podía pasar. Quería alejarlo de las *bocas de humo* (puntos de venta callejera de droga), así que después empezamos a plantar», decía Nelly en el salón de su modesta casa a las afueras de Montevideo, una construcción de piedra en la que vivía con su hijo, su marido y sus dos perros, mientras maceraba un mate de pezuña de vaca. «Yo sé que plantar es ilegal pero no me siento como una delincuente −reflexionaba−, aunque cada vez que pasa por aquí un coche patrulla por mi calle se me sale el corazón del pecho. Yo solamente quiero plantar en paz».

Un estudio reciente del Observatorio Latinoamericano de Drogas y Opinión Pública señala que la mayor parte de los latinoamericanos «ven con buenos ojos» la despenalización del consumo para tratarlo como un tema de salud pública. Pero hasta el momento, sólo Uruguay, un pequeño país de tres millones de habitantes, en el que la población de vacas es cuatro veces mayor que la de personas, y los índices de pobreza y homicidios son mucho menores que los de países vecinos, se ha atrevido a dar impulso a la regulación de producción, venta y consumo de marihuana en la región del mundo más afectada por el tráfico de drogas.

El entonces presidente José Mujica, ex guerrillero que vive en una modesta *chacra* (granja) −similar a la de Nelly− a las afueras de Montevideo, defendía la decisión de su gobierno que preveía la concesión de licencias para la producción nacional y el consumo de hasta 40 gramos al mes por persona a través de la venta en farmacias; también el autocultivo de seis plantas por hogar y la legalización de clubes de *cannabis* de entre 15 y 45 socios, y 99 plantas en total. «La ley intenta una regulación. Se intenta terminar con la clandestinidad. Identificar y tener un mercado a la luz del día. Si el consumidor está identificado podemos influir en él cuando se pase de la raya. Una cosa es que se fume un *porro* y la otra es que se hunda en el vicio y nadie le tira la soga», dijo en una rueda de prensa en 2013.

En otro punto geográfico de Montevideo, Juan Vaz nos contaba que cuando quiere advertir a sus hijos sobre los riesgos de caminar del otro lado de la ley, les habla de su particular Mordor, «donde los orcos se comen a los orcos» (haciendo alusión a la región más terrible del mundo planteado por el escritor británico J.R.R. Tolkien en sus sagas de *El Senor de los Anillos*): la cárcel, que conoció en 2007, después de que la policía allanara su chacra en las afueras de Montevideo. Los agentes incautaron casi medio centenar de plantas de *cannabis*, cinco de ellas en floración, la fase en que crecen los cogollos que contienen el THC, el principio activo de la marihuana. Fue condenado a dos años y cuatro meses.

Un anónimo, presumiblemente un vecino –lo más común en estos casos–, lo había denunciado. Vaz, quien tiene 47 años, lleva casi media vida plantando, pero desde que estuvo en prisión 11 meses –salió bajo palabra– se convirtió en uno de los activistas *cannábicos* más conocidos de Uruguay. Hoy, junto con su pareja, Laura Blanco, dirige la AECU desde un piso en el que nos muestra hachís del congelador y una caja de vaporizadores para fumar marihuana.

Entre otras actividades, la asociación celebra encuentros entre cultivadores, que han pasado de la clandestinidad a la privacidad, en la que se premian las mejores muestras, y también ha ofrecido asesoría legal a otros presos por cultivo o tenencia de la yerba. «Cuando estás un día ahí dentro no quieres que a nadie lo condenen a 40 años», nos decía mientras daba un par de *cates* –fumadas– a uno de los vaporizadores.

Uno de los casos más simbólicos en los que la AECU ofreció su apoyo, el que muchos señalan como el parteaguas para el arranque de la Ley de Regulación del *Cannabis*, fue el de la argentina Alicia Castilla. Cinco patrullas incautaron 29 plantas de su propiedad, el 30 de enero de 2011. Castilla, que tenía entonces 66 años, pasó 95 días encerrada. Sus artículos en la revista *Cannabis Magazine* y sus libros le valieron el sobrenombre de «la Señora Cannabis» y el respeto de la comunidad de cultivadores y estudiosos de la marihuana. Su reputación hizo que la indignación por su arresto trascendiera a los medios. «Sólo estaba probando qué semillas se adaptarían al entorno», aseguraba Federico Álvarez, abogado defensor que intervino en el proceso. Castilla, al contrario de lo que pueda parecer, ha criticado duramente la ley del gobierno de Mujica. Al día siguiente de que el Senado refrendara el texto, en diciembre de 2013, la activista expresó abiertamente su descontento: «El Estado no puede intervenir en el área privada de las personas, ni controlar que nadie se pase de la raya, ¿qué tipo de fascismo nuevo estamos inventando?». Del otro lado está Vaz, quien asesoró a los diputados para la elaboración de la norma. «No es una ley ideal pero rompe el paradigma de la prohibición. Hay que educar a la gente. Los funcionarios, por ejemplo, no saben nada de marihuana».

Desde la detención y encarcelamiento de Castilla, aseguraba el abogado Álvarez en su despacho, la dureza de las penas contra los cultivadores y consumidores de marihuana se rebajaron de facto. De hecho, en Uruguay el consumo estaba despenalizado desde 1974, en plena dictadura militar, aunque, recuerda el letrado, «si olían algo te ibas preso». Por aquella época, la psiquiatra Raquel Peyraube atendía a enfermos que presentaban delirios por el consumo de cocaína. Desde entonces se especializó en la reducción de daños sobre el consumo de drogas. Se convirtió en activista reconocida a favor de la regulación de la marihuana, pero ahora también mostraba reticencias sobre la regulación. «Muy pocas *bocas de humo* son de marihuana. Yo creo que habría que legalizar todas las drogas en su versión más pura».

El activismo de gente como Vaz, Castilla o Peyraube fue el germen de lo que derivó en la ley de regulación.

Julio Calzada recordaba que en su juventud la gente dejaba bajo el tapete de su casa el dinero para el lechero. El entonces Secretario Nacional de Drogas, a cargo de la institución coordinadora de la lucha contra el narcotráfico en Uruguay, también aseguraba que era costumbre que los coches y las casas se dejaran abiertos. Los escasos ajustes de cuentas hasta los noventa no pasaban de propinar una paliza con un palo, después pasaron a un disparo por debajo de la cintura. «En los últimos cinco años, sin embargo, ha aparecido el fenómeno del *sicariato*, que para nosotros es nuevo, sólo lo veíamos en las películas colombianas o venezolanas», explicaba este hombre pequeño de cabello gris y barba de tres días. La realidad es que en ese periodo la tasa de homicidios de Uruguay subió de 5 por cada 100 mil habitantes a 6.4, que no deja de ser una cifra mucho más cercana a los países europeos que a la gran mayoría de los latinoamericanos. «Una cosa es la realidad y la otra la percepción». En Uruguay, según las encuestas de 2013, la mayor preocupación de la sociedad era la seguridad. «Nosotros nos comparamos con nosotros mismos, no con Colombia o México, y para los uruguayos Montevideo se ha convertido en Ciudad Gótica».

Las organizaciones criminales de Uruguay no se parecen en nada a los cárteles de México o a las bacrim de Colombia. Son familias que se dedicaban al contrabando y se han pasado a un negocio más rentable, pero sin el nivel económico, la capacidad de infiltración en las instituciones y el armamento de otras latitudes. Sin embargo, decía Calzada: «Hemos visto que el incremento de la violencia está muy asociado al narcotráfico y no necesariamente al consumo. Entonces nos preguntamos: "¿cuál es el papel de la marihuana?". Y la marihuana es una sustancia con daños similares a los del alcohol. ¿Por qué, si tenemos uno regulado, no el otro?»

El modelo holandés, aunque con notables diferencias, fue la referencia para elaborar el proyecto. «La idea es que cada usuario que incorporemos al sistema legal es un usuario que le quitamos a los narcotraficantes, y los debilitamos un punto. El presidente (José Mujica) es un convencido de que un negocio con la rentabilidad de las drogas no se puede vencer con represión». Esta corriente de pensamiento, que ha ido ganando adeptos en los últimos años, aseguraba Calzada, ha hecho posible que la iniciativa de Uruguay de convertirse en el primer país latinoamericano que rompe con el paradigma prohibicionista sea posible. «Es cierto que ningún presidente ha hecho nada. Pero oyes a Santos (presidente de Colombia), que fue ministro de Defensa, o al General Óscar Naranjo, que luchó contra los grandes cárteles en Colombia, y te da qué pensar».

El objetivo del gobierno de Mujica es separar el mercado de la marihuana —22 toneladas se consumen al año en el país— del de la pasta base y otro tipo de drogas. Con ello, se le quitará al narcotráfico un 80% de las ganancias. ¿Se podría extender en un futuro la legalización a otras drogas? De momento ese debate no está sobre la mesa.

Aunque el proyecto uruguayo levantó gran expectación en otros países del entorno, Calzada dudaba del efecto contagio. La ley se plantea como una solución posible para Uruguay y su realidad. «Un país que tiene este Estado, que tiene legitimidad del sistema judicial, un país que resuelve 95% de los crímenes que se producen. No creemos que sea una realidad posible para Guatemala, que no resuelve un 98% de los crímenes, para Honduras o Venezuela». El secretario incluso duda de la posibilidad de que la ley genere un impacto en las políticas mundiales por su tamaño y condiciones. «Pero ¿qué va a suceder, en 2016, cuando cuatro o cinco estados más de Estados Unidos hagan plebiscitos para legalizar la producción y la venta de marihuana en sus mercados? ¡Eso sí que va a tener un impacto! Capaz que en los próximos 20 años vamos a mirar el 31 de julio de 2013 como parte de la prehistoria».

La legalización o regulación de la marihuana es uno de los dos ejes de cambio en UNGASS 2016. El otro, expuso Aram Barra, director de proyectos de Espolea, una de las organizaciones mexicanas enfocadas a debatir una nueva política de drogas, es descriminalizar la posesión. «Lo que se buscará en UNGASS es llegar a un pacto de mínimos. Es difícil ir más allá cuando hay países asiáticos (como Singapur o Taiwán) en que todavía se aplica la pena de muerte», señaló el activista que hasta el año pasado radicaba en Nueva York como parte de la preparación de la asamblea extraordinaria de la ONU.

En Estados Unidos la principal causa de encarcelamiento son las drogas. «El 78% de los presos por drogas son gente arrestada por posesión, por vender pocas cantidades, o adictos que venden para poder consumir. Los ricos no consumen menos que los pobres. Sólo los encierran más si eres pobre y tu piel es oscura. Esto es así en todo el mundo», aseguró Ethan Nadelmann.

En varios países de Europa hace tiempo que el consumo de drogas se ve sólo como un problema de salud pública. En España, la posesión se castiga con una multa y es conmutable por sesiones de concienciación sobre el uso de drogas. En Portugal, la posesión está despenalizada.

Nadelmann sostuvo que Estados Unidos debería haber aprendido sobre su experiencia con el alcohol en los años veinte: «Se prohibió, pero la gente podía seguir tomando. Murieron algunos porque el alcohol que les daban era de muy mala calidad y además el crimen aumentó». Y con el tabaco en el siglo xxi: «En mi país ha renunciado mucha gente al cigarrillo con la subida de impuestos, con espacios sin humo y con campañas. Y sin llevar preso a nadie».

Cuando nos preguntan qué opinamos sobre la legalización o cuál es la manera más efectiva de luchar contra el narcotráfico siempre decimos lo mismo, que no sabemos cuál es la solución, pero está claro que la guerra contra el narcotráfico no ha funcionado. Hemos trabajado tres años este tema, recorrido 55 mil kilómetros a lo largo de América Latina en coche —más los otros en avión o autobús por México y Estados Unidos en el último año— y visto cientos de caras involucradas con este fenómeno. Han muerto conocidos como consecuencia de la violencia que inunda el continente, la miseria sigue inundando con *crack* las calles de Brasil, 43 estudiantes siguen desaparecidos en México por un narcoestado, que al parecer no tiene fin. En los últimos meses participamos en las manifestaciones en Distrito Federal con una esperanza, con la intención de que algo en esta región se mueva, que alguien despierte y que la gente deje de morir. Así que lo único en que creemos es que esta es la hora del cambio.

***

P.D. Nuestro coche, ese Pointer todo terreno que como fiel corcel aguantó todas las embestidas −transitó los caminos del Vraem, subió a más de 5 mil metros de altura, cruzó el Caribe en un contendor, fue empujado por policías paraguayos, chocó en Venezuela contra una camioneta de vendedores de helados y en Bolivia contra un autobús de pasajeros, circuló por más de 35 horas seguidas para llegar a Brasil, quedó abandonado en las calles de Honduras, fue reparado una veintena de veces, nos hospedó para dormir, sufrió el polvo, la basura y el sobrepeso de libros, equipaje y hasta siete pasajeros− dio sus últimos jalones en Chile. El auto nunca se recuperó del todo del accidente en las curvas montañosas de Venezuela. El 31 de diciembre de 2013, horas antes de que empezaran los festejos de fin de año, dijo se acabó. En la ciudad de Puerto Montt, al sur de Chile, su motor dejó de funcionar para siempre. Dos días más tarde, el dueño de un desguace nos ofreció 447 dólares por sus piezas. Pablo le pidió las placas como recuerdo y el señor, desconfiado, nos dijo que se quedaba con la delantera. Por si acaso. Al final, lo único que guardamos del querido Pointer, nuestra sala de redacción durante dos años, cuelga de una pared del departamento de Alejandra y José Luis en la ciudad de México. Sólo queda un número. La placa 342-SWD.

Agradecimientos

Hemos escrito este libro a seis manos, pero sería imposible haberlo hecho sin las decenas de personas que nos encontramos en el camino. A ellos, nuestros coautores, están dedicadas estas páginas.

A todos los valientes periodistas locales que nos acompañaron en lugares desconocidos para nosotros, a aquellos que se tomaron un café o una cerveza y nos explicaron las realidades de sus países, a quienes nos dieron un número de teléfono o nos ayudaron a conseguir una entrevista, y a cada uno de nuestros colegas que nos inspiraron para siempre continuar. También a todos los que convirtieron sus casas en hoteles y a aquellos que conocimos en la ruta y hoy podemos llamar amigos.

A Jaled Abdelrahim, copiloto estrella, amigo entrañable y conversador infatigable, que durante casi un año nos demostró que a su lado un viaje nunca es aburrido.

A Felipe Soto, el genio distraído que logró poner en orden nuestras cabezas, sacar imágenes donde no sabíamos que las había, y que evitó peleas campales.

A Salvador Frausto y todo su equipo de la revista *Domingo* de *El Universal* por haber sido la primera ventana de esta historia y darnos la oportunidad de publicarla.

A los editores que nos han exigido ser mejores periodistas y nos enseñaron que hay que luchar por cada frase para sorprender al lector.

A nuestros amigos, que nos visitaron durante el viaje o siguieron con cariño cada uno de nuestros pasos desde la distancia.

Y sobre todo a nuestras familias por siempre confiar en nosotros. A los que están y a los que ya no están.